Innover par les usages

Editions d'Innovation
3 avenue Marie Reynoard
F 38100 Grenoble
www.innoverparlesusages.com

Achevé d'imprimer en juin 2014
sur les presses de BullePrint
à Chenôve, France

Dépôt légal : juin 2014

ISBN 978-2-9546196-0-6
29 €

Ouvrage dirigé par

Pascal Pizelle | Jonas Hoffmann
Céline Verchère | Miguel Aubouy

INNOVER PAR LES USAGES

I(nnovation) = [T(echno) + H(umain)^2] × M(éthodes)

Editions d'Innovation

Introduction

L'innovation n'est pas seulement une épreuve de courage et de détermination pour l'entrepreneur (ou l'équipe) qui tente l'aventure, elle est aussi, très souvent, une école de l'injustice pour le produit qu'il (ou elle) cherche à mettre au monde. Tel produit parfaitement conçu, à la pointe de la technologie, semblant répondre à un besoin, échoue à émerger. Tel autre produit difficile à manipuler, affreux et mal conçu, réussit là où personne ne l'attendait.

De ce point de vue, le développement fulgurant du SMS (« Short Message Service ») est édifiant. Le SMS fut d'abord ajouté aux téléphones mobiles comme une option de second ordre. De plus, à l'époque de son introduction, le SMS était une innovation très peu ergonomique. Il fallait taper son message sur un clavier trop petit qui avait été fabriqué pour numéroter et non pour écrire. De même, l'écran était à peine suffisant pour lire un numéro de téléphone. Or, le SMS est devenu l'une des innovations les plus massivement diffusées du siècle dernier. Un peu de sagacité permet d'expliquer, a posteriori, le destin paradoxal de cette innovation. Malgré tous ses défauts, le SMS faisait sens pour l'utilisateur. Il offrait aux adolescents l'opportunité d'une conversation qui échappe à la fois aux règles classiques de la grammaire et au langage non-verbal. Si l'on saisit l'importance parfois douloureuse du rapport au corps dans la vie des adolescents, alors on comprend le succès qu'il a pu rencontrer chez eux, entre autre. Le SMS n'était pas beau. Il n'était pas directement utile. Il n'était pas forcément attirant. Assurément, il n'était pas facile. Mais il avait du sens pour l'utilisateur. C'est très paradoxal. Très étrange, même. Dès lors, c'est passionnant à comprendre.

Au cours des années 1990 – 2010, au sein du bassin industriel et technologique grenoblois, un bon nombre d'acteurs locaux se sont emparés de la thématique de l'innovation en approfondissant la question du sens des usages. Ils se sont d'abord interrogés sur la manière d'innover en intégrant le « sens de l'usage ». Puis ils ont enrichi progressivement la question en l'intégrant très en amont dans les processus de conception d'innovations. Ce travail collaboratif a permis de façonner la méthode CAUTIC® présentée dans cet ouvrage. A partir de cette méthode et de son auteur principal (Philippe Mallein), il s'est constitué un noyau dur d'acteurs qui, tout en poursuivant leurs carrières respectives dans le privé ou le public, ont partagé leurs réflexions communes sur le sujet.

Cet ouvrage est le résultat de ces années de maturation sur la question des usages dans l'innovation.

Bien sûr nous ne sommes pas les seuls sur ce terrain. De nombreux autres acteurs ont eux-aussi développé de telles approches (notamment au sein de grands groupes tels qu'Orange Lab, Xerox, Nokia, Intel Labs, etc.). Le courant des « usages » rencontre au niveau international les démarches de type « user experience » ou conception centrée utilisateur (« user centered design »[1]). La spécificité de notre approche est qu'elle s'intéresse à la relation d'usage qui se produit entre l'utilisateur et un (futur) produit (ou service). En entrant dans le « monde des usages », et dans cet entre-deux figurant la relation entre usage et objet, le vocabulaire change : là où l'on parlait auparavant de cible, de segment, de substitution, de besoin, on parlera désormais de signification, de projection, de pratique, de désir, de créativité.

Cet ouvrage vise à fournir des entrées pratiques sur la question du sens de l'usage dans les processus d'innovation. Il s'adresse avant tout aux innovateurs (entrepreneurs, professionnels, directeurs et managers de l'innovation et de la R&D en PME/PMI et grands groupes). Notre volonté est de sortir des explications *a posteriori*, qui sont intéressantes pour comprendre, mais qui perdent de leur intérêt lorsqu'il faut agir. Les acteurs de l'innovation ont besoin d'éléments de compréhension *a priori*, afin de pouvoir concrètement, eux-aussi, éprouver cette approche dans leur conception d'innovations. Ainsi, notre approche est appliquée. Pour autant, il ne s'agit pas d'un kit « tout terrain » qui permettrait de résoudre l'ensemble des problèmes de conception. Il s'agit de fournir des clefs pour avancer dans le processus d'innovation, en déjouant les pièges les plus évidents, et donc les plus importants.

Les démarches présentées dans cet ouvrage concernent essentiellement le management opérationnel des projets d'innovation. Il existe en effet différents niveaux d'intervention dans la gestion de l'innovation :

- A un premier niveau se situe la stratégie de l'innovation qui permet de définir les objectifs en lien avec la stratégie d'entreprise et les axes d'innovation. Ce niveau concerne la direction générale.
- A un deuxième niveau se situe le management de l'innovation qui définit la « roadmap » projets, c'est-à-dire, les projets d'innovation à mettre en place, en fonction des objectifs et de la gestion organisationnelle, en termes de compétences, d'organisation / fonctionnement et de gestion du changement.
- A un troisième niveau se situe le management opérationnel des projets d'innovation avec la définition et application des méthodes et outils pour y arriver et la gestion dynamique des équipes projet. C'est ici que nos méthodologies prennent tout leur sens.

L'innovation dont nous parlons est radicale : elle est susceptible d'apporter un changement notable dans les usages. Elle bouleverse potentiellement

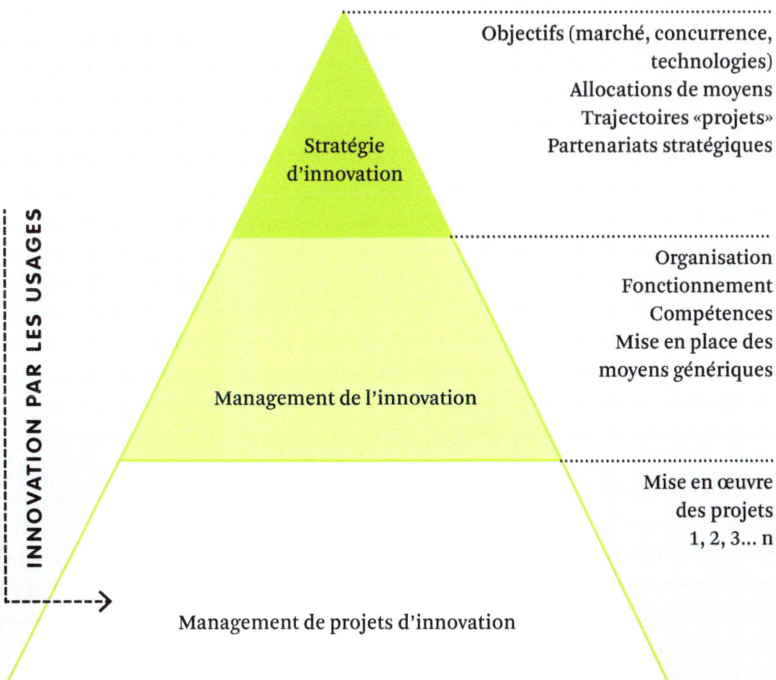

Fig. 0.1
La gestion de l'innovation

l'écosystème de l'entreprise qui va la fabriquer. C'est une innovation qui provoque un changement qualitatif, quand bien même il serait de faible ampleur. Dans tous les cas, nous ne considérons pas le cas d'une innovation incrémentale, c'est-à-dire l'amélioration d'un produit déjà existant. Le sujet de cet ouvrage est l'effet de surprise qui apparait inévitablement avec une innovation, la première fois que l'utilisateur y est confronté. Notre expertise est de savoir qualifier cet effet de surprise. Notre objectif est d'anticiper le rejet. Notre promesse est d'être capable d'en améliorer les conséquences dès les premières étapes de la conception technique de l'innovation.

Tout projet d'innovation est habituellement découpé en quatre étapes. Ces étapes ne sont pas nécessairement linéaires. Elles peuvent être itératives. Elles sont représentées comme suit :

- Découvrir (phase de recueil d'informations : observer et amasser de la connaissance) ;
- Définir (phase d'idéation et de choix : faire émerger des idées et choisir quelle idée va se concrétiser dans la conception) ;
- Développer (phase de réalisation de l'idée : mise en place du plan de réalisation) ;
- Diffuser (phase de diffusion du produit : mise en place d'un plan de communication et de diffusion).

Les approches Usage interviennent principalement avant la phase de développement (qui est une phase d'ingénierie relativement stabilisée). Elles s'inscrivent en amont, dans les périodes où l'incertitude est plus grande et où il convient de façonner et rendre matures à la fois la technologie, les idées d'application, les marchés potentiels et les usages à venir !

L'ouvrage est structuré en deux temps. La première section présente les méthodes et outils permettant de mettre en action des démarches d'innovation « orientées usages ». La seconde section met en relation ces méthodes avec des approches telles que le design ou l'innovation collaborative, dans le but d'élargir le champ d'actions.

Les quelques leçons d'innovation contenues dans cet ouvrage n'ont pas vocation à se substituer à celles qui proviennent, en amont, de la technologie ou, en aval, du marketing. Elles ont bien plus certainement vocation à les compléter. Cette approche vient enrichir le travail des ingénieurs qui vont fabriquer l'innovation, au final, et faire en sorte qu'elle fonctionne. Entre la bonne idée de l'ingénieur et le produit nouveau qui devient un succès, se trouve un terrain où dominent les dimensions symboliques, culturelles, historiques et sociales de notre rapport aux choses. C'est seulement en prenant en compte toutes ces dimensions, très tôt dans le processus de conception, que l'on est capable de guider le travail des ingénieurs des équipes de conception vers l'accomplissement des promesses contenues dans la technologie.

Nous vous souhaitons une bonne lecture !

PASCAL PIZELLE
JONAS HOFFMANN
CÉLINE VERCHÈRE
MIGUEL AUBOUY

NOTE

1. http://www.allaboutux.org/uxwhitepaper

SECTION

I.

Mettre en action une démarche d'innovation « orientée usages »

Une démarche d'innovation comprend quatre étapes (découvrir, définir, développer, diffuser). L'approche par les usages vient particulièrement enrichir les deux premières étapes qui sont les moins stabilisées. La première section de cet ouvrage décline les différentes approches permettant de mettre en action les étapes « découvrir » et « définir ».

Tout d'abord, et dans le but de préciser le périmètre dans lequel s'inscrit cet ouvrage, une définition des principes fondamentaux est proposée, avec notamment une présentation de la méthode CAUTIC®. Puis une démarche globale de projet d'innovation est présentée, en soulignant l'intérêt d'articuler l'ensemble par « les points de baseule » (première et deuxième partie). Sont ensuite exposés les outils et méthodes opérationnels dont la mise en œuvre permet d'éviter les pièges les plus évidents (troisième et quatrième parties). Dans ces chapitres, les aspects fondamentaux propres aux démarches par les usages sont abordés, en lien avec la créativité, le design et la stratégie. L'émergence d'idées, l'exploration de concepts, la projection dans l'usage et l'évaluation de l'acceptabilité sont autant d'éléments constitutifs de ces approches.

Cette section se termine par un cas d'étude coordonnant les approches proposées dans une logique de projet dynamique et agile (cinquième partie).

1

Les significations des usages

1. INTRODUCTION

La sociologie des usages et plus spécifiquement l'approche Usage essaient de comprendre le processus d'appropriation d'une innovation. Il s'agit d'analyser la dynamique que met en place l'utilisateur pour intégrer un objet nouveau dans ses façons d'être et de faire quotidiennes. En effet, pour s'approprier une innovation, l'utilisateur doit ajuster ses façons de faire habituelles et l'innovation doit subir, elle aussi, une série de modifications.

Replacer l'utilisateur au centre des questionnements, cela signifie ne pas s'appuyer sur des critères uniquement techniques. On retrouve ici l'opposition classique entre « techno-push » – l'innovation s'intègre dans la société surtout grâce à ses qualités techniques – et « market-pull » ou « socio-push » – la société exprime des besoins que la technologie va honorer. La sociologie des usages se place dans une troisième voie, entre le « techno-push » et le « market-pull », où travailler sur l'Usage consiste à questionner *un processus d'ajustement réciproque* par lequel on cherche à croiser les connaissances et compétences de l'utilisateur d'un côté, la conception du produit ou service innovant de l'autre et enfin leur constante interrelation. Dans ce cadre, « la demande devient ‹ partie prenante › du processus d'innovation dans la construction de l'offre » (Mallein, 1996). Ainsi, dans les développements que nous allons suivre, l'usager n'est pas un consommateur passif de produits et services qui lui sont offerts: il est un acteur qui construit ses usages selon ses sources d'intérêts[1]. De plus, l'usage d'un produit original peut amener à transformer ce produit et en changer les caractéristiques et/ou les orientations.

Après être revenus sur les définitions des approches Usage, nous expliciterons le terme « significations d'usage », avant d'expliquer dans quels types de démarches peuvent s'inscrire ces types d'actions.

2. LES APPROCHES USAGE : FACILITER LA CRÉATION DE VALEURS

2.1 Eléments de contexte

Historiquement, les approches Usage, en France, se sont développées à partir de travaux universitaires qui, dans les années 1970, visaient à rompre avec une vision quantitative de l'usage (analyse en termes de taux d'équipement, etc.) pour privilégier des approches plus qualitatives et s'attacher au processus de construction sociale des usages (c'est-à-dire à la dimension sociale des usages).

Un des premiers à s'être intéressé aux formes d'inventivité des utilisateurs, à l'analyse du déploiement de « ruses », des formes de « braconnages » et du « sens tactique » insérés dans les pratiques quotidiennes, est Michel de Certeau avec « L'invention du quotidien: 1. Arts de faire »[2], donnant ainsi naissance à la sociologie des usages. Cette « école des usages » – on parle volontiers de « collège invisible »[3] – récuse l'idée de considérer le changement technique comme autonome et sans lien avec l'évolution de la société. Elle pense au contraire qu'il est nécessaire de réhabiliter la parole de l'usager et ses capacités d'action pour comprendre, voire anticiper, les logiques à l'œuvre dans l'innovation. L'accent est ainsi mis sur l'observation et l'analyse de la dynamique lente de la formation des usages, dont notamment la prise en compte du poids des habitudes.

L'Usage peut être compris comme « l'aboutissement d'un processus de négociation et de convergence entre un dispositif technique, des réseaux et des groupes sociaux, des imaginaires et des formes spécifiques d'appropriation » (Bajolet, op.cit.).

Plusieurs périodes successives ont fait évoluer la place et le rôle des études d'usages, s'insérant dans des approches académiques autant que dans des prestations plus techniques dans des environnements industriels (voir chapitre 12). Ainsi, actuellement, alors que la sociologie des usages trouve sa résonnance dans des sphères académiques (CNRS, Universités de Sciences Humaines et Sociales), elle connaît aussi un essor dans des EPIC (Établissement Public à caractère Industriel et Commercial) ou des entreprises privées, sous la forme d'approches méthodologiques visant à rationaliser le processus de conception d'innovations. En prenant en compte l'Usage dans la boucle de conception, son rôle est alors de réduire les risques de non-appropriation des innovations en cours d'émergence, pour des usagers futurs. Historiquement, les études d'usage servaient à observer les pratiques par « retour d'expérience », permettant ainsi de mieux cerner les réussites ou échecs de l'insertion des nouvelles technologies (par exemple, retour d'expérience sur le Minitel, voir Mallein & Toussaint, 1994[4]). Désormais, l'intervention des « usages » se situe plus volontairement dans la phase antérieure au développement, une phase dite « amont » où l'incertitude est grande en termes de technologies, de marché, de financement, mais où, dans le même temps, « les possibles » sont plus ouverts et plus négociables. L'approche Usage peut ainsi permettre de gagner en « itération » dans le processus, réduisant *in fine* le coût de développement, en cadrant dès l'amont les conditions de réussite du futur produit.

2.2 Quelques principes de l'approche Usage

2.2.1 Une entrée par l'Usage (*usage*) plutôt que par l'usager / l'utilisateur (*user*)

L'approche Usage donne la priorité à la compréhension de l'Usage en tant qu'activité, beaucoup plus qu'à l'usager en tant que tel. On considère en effet avant tout les usages d'un dispositif plutôt que « les usagers » de ce dispositif. Les notions d'appropriation et de sens sont, elles aussi, tournées vers l'Usage (on parle d'ailleurs de « sens de l'Usage »). Cette distinction permet d'éviter de mettre les personnes un peu trop vite et de manière définitive dans des « types ». En effet, selon le contexte, la situation et la trajectoire de vie de chacun, les usages évoluent, ce qui peut amener les individus à changer de type. Evidemment, il est difficile, concrètement, de séparer individu et activité dans une analyse typologique par exemple (découpage par types). Les classements se font donc via les individus, comme on peut le retrouver dans la méthode CAUTIC® présentée dans cet ouvrage. Néanmoins, il faut avoir à l'esprit qu' « on voit les gens comme des activités »[5]. Ainsi, au moment de l'enquête, l'entretien et la « parole des enquêtés » peuvent paraître confus voire ambivalents (c'est d'ailleurs plutôt bon signe !) : peu importe puisqu'à l'analyse, nous cherchons à saisir « le sens de l'Usage » et les « significations d'usage » et que, pour ce faire, nous nous fondons avant tout sur une analyse reposant sur des catégories prédéfinies et propres à l'étude des significations d'usage.

1

2.2.2 Faire sens : la relation entre un Usage et un dispositif innovant

L'approche Usage, telle qu'abordée dans une visée opérationnelle, a pour objectif de comprendre les interactions entre un individu et un dispositif, dans un contexte qu'il s'agit d'analyser (règlementations, enjeux du domaine, évolutions plausibles, etc.), afin de pouvoir orienter ensuite la conception d'innovations de manière à réduire les risques d'échec lors de leur introduction sur le marché.

L'individu, dit « usager ou utilisateur potentiel » n'est pas neutre : il se présente avec des pratiques, des représentations, un imaginaire qu'il mobilise dans sa vie quotidienne pour orienter ses choix. De même, le dispositif évoque lui-aussi d'autres dispositifs (antérieurs ou concomitants) et impose, en quelque sorte, de par sa constitution et ses fonctions, une sorte de « script » d'Usage à l'usager (Akrich, 1987). C'est l'ensemble de ces formes d'échange et de négociations que nous étudions et qui fournissent des clés pour comprendre le « sens » de l'Usage.

La notion d'Usage est intéressante à mobiliser dès lors que le dispositif émergent semble pouvoir modifier les pratiques des utilisateurs, autrement dit, dès lors qu'un changement peut potentiellement se produire dans la vie de l'utilisateur.

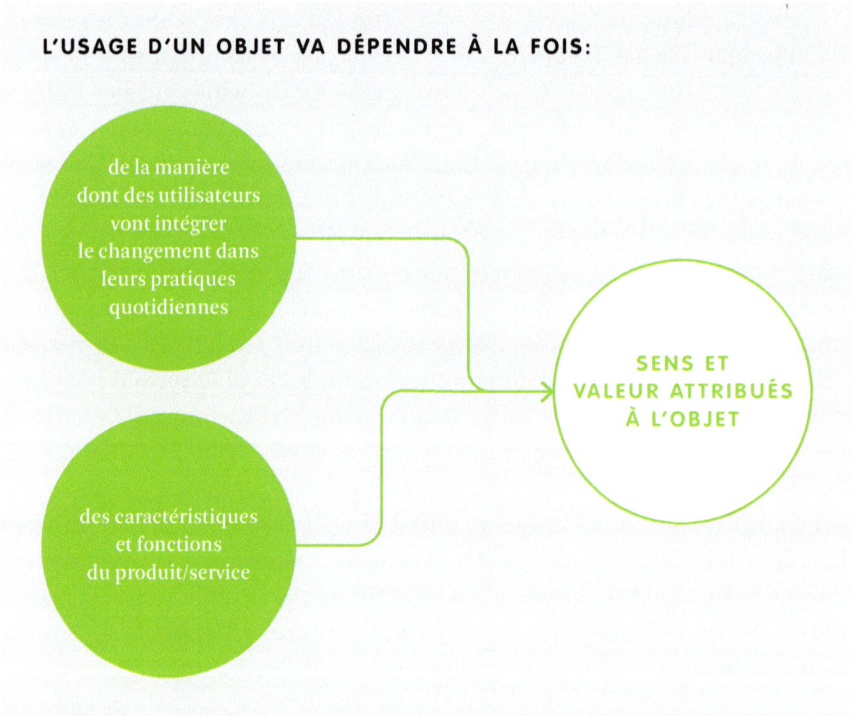

Fig. 1.1
Les composantes de l'usage d'un objet

2.2.3 S'hybrider aux systèmes existants : les relations entre « les technologies » et la société

Lorsque l'on pense à la manière dont un produit peut « percer » sur un marché, deux postures existent : soit on imagine que, parce que le produit est le meilleur (le plus performant, le plus beau, etc.), il va s'imposer *de facto* à la société et aux consommateurs et révolutionner leurs quotidiens ; soit on imagine que ce produit peut entrer en concurrence avec d'autres produits existants, demander un apprentissage pour s'intégrer dans la vie de ses utilisateurs, etc. On se situe dès lors dans une tout autre posture qui appelle la nécessaire négociation entre offre et demande, logique sociale et logique technique.

C'est ce que Philippe Mallein appelle « les deux types de rationalité d'Usage »[6] : d'un côté, l'Usage est entendu en termes d'impact : il s'impose à la société (rationalité de la performance techno-sociale, dite aussi « logique du coup de force ») ; de l'autre, l'Usage est considéré comme le fruit d'une négociation entre la conception et les usages existants et il implique une démarche participative visant à l'ajustement des logiques sociales aux logiques techniques (rationalité de la cohérence sociotechnique, dite « logique de la négociation »).

Si le concepteur adopte la première logique, cela signifie, à son échelle, qu'il entre dans un processus de persuasion où il va chercher à imposer son innovation, avec les risques que cela comporte. Dans le second cas, il est dans une logique de négociation, plus consommatrice en temps au départ puisqu'elle demande de prendre en compte l'Usage dès l'amont et de mener des allers-retours avec le terrain (étude des usages existants), mais qui réduit les risques de rejet de l'innovation, puisque les tests de solutions vont permettre d'identifier et de caractériser les problèmes dès l'amont d'un projet de conception.

Philippe Mallein considère qu'il existe quatre couples d'opposition conceptuelle à partir de ces deux rationalités d'Usage, en partant de 4 entrées qui servent de base à la plupart de ces analyses (techniques, pratiques, identité, environnement).

Dans cette vision, l'approche Usage s'appuie sur la logique 2, c'est-à-dire qu'elle considère que l'acceptabilité d'une innovation va résulter d'une négociation : l'enjeu du processus d'innovation par les usages sera dans cette optique de faire en sorte que les usages à venir, qui intègrent l'innovation, « s'accrochent » aux usages existants (en termes de techniques, pratiques, identité, environnement ; on parle, avec ces 4 entrées, de « système de l'Usage »). Autrement dit, dans la conception, il s'agit de répondre à la

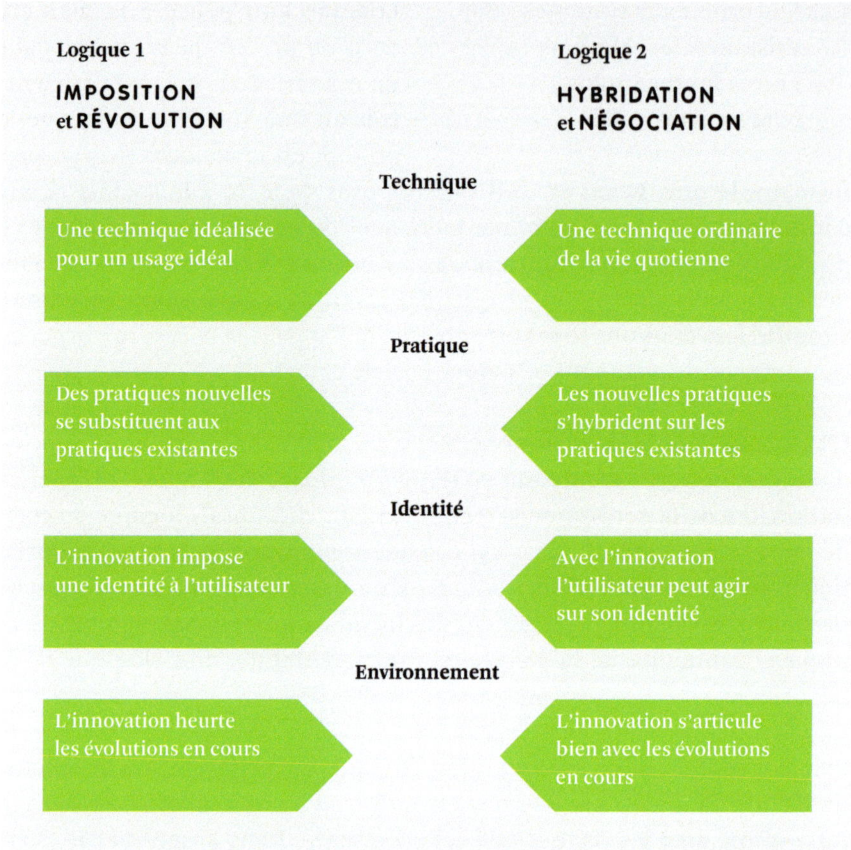

Fig. 1.2
Les deux logiques qui lient innovation et usage

question suivante : comment faire en sorte *d'hybrider* le système de l'Usage qui naitra (avec l'innovation), aux techniques / pratiques / identité et environnement existants (système de l'Usage existant) ?

2.3 Un raisonnement en termes de valeur d'usage

Alors que les méthodes classiques s'appuient sur la notion de besoin pour la conception de nouveaux produits, la démarche Usage privilégie une approche par les attentes et les désirs.

En effet, la notion de besoin est très opératoire quand les marchés existent et, de ce point de vue-là, l'approche marketing est tout-à-fait pertinente (le marketing est alors « reflet et porte-parole du marché » et permet de comprendre et de répondre aux besoins, utilités et évolutions du marché). Dans ce cadre, les modalités d'évolution du marché sont plutôt stables, les utilisateurs étant connus et « segmentés », ce qui permet de cadrer, voire d'anticiper, sur des bases relativement solides une évolution possible des marchés lors de l'introduction d'une innovation.

Lorsque l'on se situe dans une innovation de « rupture » (où par exemple est introduite de la microélectronique dans un produit manufacturé, modifiant dès lors « l'identité produit »[7]), le concepteur se trouve face à de nombreuses incertitudes : quels marchés potentiels cela ouvre-t-il ? Pour quels usages ? Quels concurrents à ce produit ? C'est dans ce cadre que l'approche Usage est intéressante. Elle permet de raisonner en termes de valeurs d'usage, ou plus précisément d'identifier à quel niveau peut émerger la valeur. Une fois la valeur identifiée, d'autres compétences peuvent alors rentrer en ligne de compte, permettant la capture (business model), l'exploitation (ergonomie-design) et enfin la diffusion (marketing) de celle-ci.

Ce raisonnement place les approches Usage en amont, ce qui demande donc d'intégrer la participation des utilisateurs potentiels dans les boucles de conception (intervention ponctuelle ou itérative) dès le début du projet. Dans ce cas, l'utilisateur permet d'explorer, de structurer, de valider la technologie ou l'innovation. Ainsi, l'innovation envisagée n'est plus considérée comme une somme de « contraintes à lever » (afin de « rencontrer » un marché) mais au contraire comme un champ de possibles et d'opportunités à exploiter et à transformer…

Fig. 1.3
Faire émerger la valeur d'usage

3. LES SIGNIFICATIONS D'USAGE : DEUX REGISTRES POUR ABORDER LES LIENS ENTRE USAGE ET INNOVATION

Les significations d'usage correspondent donc aux éléments d'une innovation qui font sens pour les usagers. Ces éléments se traduisent à travers deux registres : les pratiques et les représentations. Les pratiques renvoient à ce qui fait qu'un individu va interagir avec l'environnement des objets et des autres individus. Les représentations évoquent des dimensions plus subjectives. Il s'agit de la manière dont un individu confronte l'innovation à son système de valeurs, ses croyances ou ses opinions.

L'individu ne construit pas une « pratique » *a priori* et une bonne fois pour toutes ; au contraire, à l'usage, il met en place un système d'ajustement. Il est donc tout-à-fait important d'étudier le système d'interrelations qui lie individu et innovation [8].

3.1 Comprendre les pratiques des utilisateurs

Les significations d'usage ne se centrent pas sur l'« utilisation » mais bien sur l'« usage ». Elles partent du principe qu'avant de comprendre si un objet est bien façonné pour permettre de réaliser la tâche auquel il est destiné (dimension que traite l'ergonomie [9]), il faut comprendre s'il fait sens pour l'usager. On s'intéressera alors à la connaissance que l'individu a de lui-même et de l'environnement dans lequel il évolue depuis l'enfance. Ses apprentissages successifs, ses connaissances, les situations qu'il rencontre ou a rencontrées constituent alors autant d'éléments de son expérience que les approches Usage vont prendre en compte pour évaluer le potentiel d'une innovation.

Par exemple, l'usage du SMS trouve des ramifications dans des pratiques anciennes (la téléphonie fixe) ou dans la pratique des relations à distance (les correspondances épistolaires). Mais il s'est profondément actualisé à l'usage, grâce notamment à l'apprentissage de l'informatique largement démocratisée avec l'avènement d'Internet pour le grand public autour des années 2000. Il est intéressant de noter que le SMS (et plus largement la fonction texte) émerge dans les années 2000 alors que le support (le téléphone mobile) n'a pas été inventé pour cela. D'un point de vue ergonomique (facilité d'usage), le téléphone n'est *a priori* pas adapté pour cette tâche (du fait qu'elle est compliquée à exécuter : composer un message texte avec un clavier à nombres oblige à une gymnastique des doigts assez originale !). Or, cette fonction fait « sens pour les usagers » à tel point que ceux-ci adoptent et s'adaptent à ces options technologiques pourtant peu « ergonomiques » au départ. Cet engouement va amener à modifier les téléphones en conséquence, afin de permettre un usage plus convivial du SMS. On peut aussi se rendre compte que les offres mobiles ont fortement évolué pour proposer des forfaits bloqués quasiment sans appels vocaux mais avec l'envoie de SMS quant à eux illimités. Plus récemment, avec l'arrivée massive des Smartphones sur le marché, les opérateurs ont proposé des forfaits où l'envoie de SMS et l'accès Internet mobile sont illimités [10]. Devant l'ampleur du phénomène, on se rend compte à quel point l'usage massif du SMS est venu façonner l'offre mobile.

La réalisation d'une tâche peut s'avérer compliquée dans le cadre d'un contexte d'usage quotidien et conduire au non-usage d'une innovation. Prenons l'exemple d'un test en laboratoire où un concept nouveau de téléphone mobile est évalué. Cet outil est piloté par des mouvements, par une rotation du poignet similaire à celle réalisée pour appuyer sur la poignée d'une porte. La réalisation du geste ne pose aucun problème à l'utilisateur qui exprime le confort, la facilité et l'intérêt d'un tel geste *au sein du laboratoire*. Pourtant, à la question « Est-ce que vous feriez ce geste dans votre vie actuelle et dans quelle situation ? », les participants fournissent une réponse doublement négative. La plupart se voient mal réaliser ce geste dès lors qu'il doit être effectué en public. On comprend ici que la question du sens et de la mise en pratique, dans un contexte donné, est essentielle.

3.2 Comprendre les représentations des utilisateurs

La prise en compte des significations d'usage consiste aussi à ne pas faire l'impasse sur des dimensions sociales (qu'on appellera aussi les normes sociales) qu'il est difficile de capter dans les gestes, les façons de faire ou les pratiques des individus. Il faut employer d'autres moyens pour les mettre à jour [11]. Les utilisateurs transportent ces normes, les incarnent autant qu'ils les transmettent à leur tour : elles transparaissent à travers les sentiments, le goût, l'idée que l'on se fait de la propreté, etc. Tout jugement d'un utilisateur auquel on propose une innovation est traversé par cet ensemble de normes sociales. Nous pensons aussi aux valeurs culturelles, morales, esthétiques, éthiques, idéologiques (politiques) : celles-ci guident le comportement de l'utilisateur, orientent son avis et son jugement de l'environnement qui l'entoure. L'innovation, bien plus qu'un objet technique, doit être appréhendée sous l'angle des valeurs, comme un « miroir social dans lequel un groupe se reconnaît. » (Millerand, 2002, p. 182). Il est important de comprendre alors quels systèmes de représentations émergent de la relation entre l'individu et l'innovation, en les replaçant dans des situations concrètes, et de les prendre en compte dans l'analyse des significations d'usage.

L'usage du téléphone mobile a engendré de nouveaux comportements. Ainsi, une des phrases les plus prononcées dans les conversations sur mobiles est « t'es où ? ». Elle témoigne d'un changement radical par rapport à la téléphonie fixe. Là, la disponibilité est permanente au point que les utilisateurs se sont réappropriés cette possibilité en dormant à côté du mobile avec une personne à l'autre bout du fil/réseau, en se souhaitant bonne nuit par SMS comme si les interlocuteurs étaient au même endroit (Licoppe, 2002). Dans le même registre, on observe que l'usage du texte uniquement est nuisible dans certaines situations à la compréhension : l'humour, le ton, l'intensité, les gestes, sont bel et bien manquants dans cette communication par le texte. On retrouve alors un ensemble d'inventions pour répondre par le ludique à un problème d'interaction : les smileys, la ponctuation excessive ou le sous-titrage de l'action. Enfin, l'avènement des communications électroniques a permis un usage que nous pourrions qualifier de stratégique : le SMS est une présence moins engageante car il permet parfois d'éviter un appel, d'oser ce que l'on n'ose pas en face à face (séduction, rupture, mensonge) – (Flichy, 2004).

Les significations d'usage permettent de faire le lien entre le point de vue local (les pratiques, les façons de faire, la connaissance, l'apprentissage, les réflexes, etc.) et le point de vue global (les représentations, les valeurs, le collectif, le social, les normes, etc.). Véritable passerelle entre ces deux façons de regarder l'interaction entre l'individu et l'innovation, l'approche Usage permet de rendre compte des changements individuels et sociaux. Les deux aspects ont ici été séparés pour la clarté de l'exposé mais les pratiques et les représentations sont évidemment le plus souvent entremêlées dans le discours des utilisateurs.

4. LES DÉMARCHES PAR L'USAGE

Lorsqu'elles visent à améliorer la conception d'innovations, ces démarches s'intègrent dans les processus d'innovation habituellement mis en œuvre à cet effet. Intervenant avant la phase de développement (phase d'ingénierie relativement stabilisée), elles s'inscrivent en amont, dans les périodes où l'incertitude est plus grande et où il convient de façonner et rendre matures à la fois la technologie, les idées d'application, les marchés potentiels et les usages à venir !

Habituellement[13], quatre étapes constituent le processus d'innovation. Elles consistent à progresser, à partir d'observations (observations d'usage typiquement), vers des idées d'innovation, puis vers une matérialisation de ces idées, qui ensuite, évoluent encore pour prendre une forme qui se devra d'être techniquement faisable et viable économiquement (pour l'entreprise et sur un marché). Ces étapes ne sont pas linéaires, elles peuvent être itératives. Elles sont le plus souvent découpées et représentées comme suit :

- *Découvrir* (phase de recueil d'informations : observer et amasser de la connaissance)
- *Définir* (phase d'idéation et de choix : faire émerger des idées et choisir quelle idée va se concrétiser dans la conception)
- *Développer / Réaliser* (phase de réalisation de l'idée : mise en place du plan de réalisation)
- *Diffuser* (phase de diffusion du produit : mise en place d'un plan de communication et de diffusion)

Les méthodologies utilisées dans les démarches par l'Usage sont pertinentes sur les deux premières étapes principalement, notamment pour appuyer la phase de Découverte puis la phase de Définition. Pour chaque avancée, il est intéressant de garder l'approche Usage comme ligne directrice: ainsi, dans les chapitres qui suivent, les compétences et savoir-faire complémentaires (créativité, « business model », design, etc.) sont orientés « Usage ».

Notre démarche vise à analyser les processus de formation des usages et des pratiques associées qui cherchent à aller du côté des usages concrets et matériels des objets (approches incarnées). Les approches sociologiques et ethnographiques sont donc bienvenues dans la phase de Découverte.

5. CONCLUSION

Les approches Usage sont particulièrement intéressantes pour faciliter l'émergence et la création de valeur (d'usage) pour une innovation. Pour cela, il s'agit d'instruire une démarche qui repose sur des principes, dans le but d'identifier le sens de l'usage et les significations d'usage. Cette démarche s'inscrit par ailleurs dans les processus de conception d'innovations ; elle est particulièrement appropriée dans les phases de découverte et de définition.

1

Le social est fait d'évolutions, de transformations autant sur le registre des pratiques que de celui des représentations. L'art d'une prise en compte des usages consiste alors à saisir la manière dont l'individu et l'innovation s'ajustent en permanence l'un à l'autre. Sachant que l'individu autant que l'innovation sont pris dans des dynamiques, il est logique que leur rencontre ne soit ni nécessairement une *adoption*, ni davantage un *rejet*, mais une *négociation* ou encore un *ajustement* : l'appropriation d'une innovation est donc un processus qui fonctionne par boucles d'itération, depuis sa conception jusqu'à sa diffusion sur un marché. L'adoption de l'innovation offrira même des surprises, le « détournement par les usages » étant plutôt le signe d'une bonne appropriation de l'innovation !

NOTES

1. L'individu est considéré comme un être autonome, « créatif », capable d'avoir un retour réflexif – qui n'est ni totalement construit, ni exprimé et conscient – sur ses pratiques et ses « savoirs tacites » : en somme, il est capable d'opérer des choix en fonction des situations données.
2. De Certeau, M. 1990. *L'invention du Quotidien*. Paris : Gallimard.
3. Jouët, J. 2000. Retour critique sur la sociologie des usages. *Réseaux*, 18 (100) : 487521 ; Jaureguiberry, F. 2008a. Sociologie des usages des TIC. « L'école Française » des années 1980. Congrès AISLF. Istanbul.
4. Mallein, P., and Toussaint, Y. 1994. L'intégration sociale des technologies d'information et de communication : une sociologie des usages. *Technologies de l'information et société*, 6 (4) : 315–335.
5. Becker, H. S. 2002. *Les ficelles du métier*. Mailhos, J. trans. Paris : Guides repères.
6. Mallein P. 1997. La conception assistée par l'usage. Conseil Scientifique de France Telecom. *Mémento*, 7 : 69–78.
7. Imaginons un instant que l'on mette de l'électronique dans une table, et que cette table devienne donc communicante (« un smart object »). Par exemple, via cette table, on peut commander ses courses, rechercher des recettes de cuisine, jouer à des jeux vidéo avec ses enfants, etc. Cette table peut-elle être encore définie en tant que table ou est-elle devenue autre chose ? Pour le porteur de projet, les questions se posent : les fabricants de tables classiques sont-ils encore les concurrents de ce futur produit ? Ou bien faut-il finalement revoir sa copie sur un certain nombre de points (chaîne de valeur, identité produit… et clients potentiels de la table) ? C'est en tout cas ce type de questions que se posent très rapidement les entreprises qui cherchent à innover en ajoutant de l'électronique à leurs produits et l'approche Usage peut permettre d'orienter et de cadrer la démarche de conception en intégrant dès l'amont ces questionnements.
8. Pour en savoir plus : on trouve ici des travaux de l'interactionnisme symbolique qui se sont attachés à étudier et à décrire les interactions verbales et non verbales entre les individus dans des situations banales et quotidiennes. L'idée force de cette théorie est la co-construction du sens au fur et à mesure de la rencontre entre deux (ou plus) individus. L'inter-action est une action réciproque, c'est la raison pour laquelle on parlera souvent d'ajustement en temps réel d'un individu par rapport à son interlocuteur. Quelques auteurs ont particulièrement bien pris en compte les objet de l'environnement dans les interactions interpersonnelles : on pense à Erwing Goffman (Goffman, 1993) à Anselm Strauss ou, plus récemment, Isaac Joseph et Susan Leigh Star. La sociologie des techniques s'est attachée, quant à elle, à suivre les innovations afin d'étudier leurs transformations et réinventions au contact des individus et des groupes : « Tant qu'il ne se présente pas d'acteurs pour incarner les rôles prévus par le concepteur (ou en inventer d'autres), son projet reste à l'état de chimère : seule la confrontation réalise ou irréalise l'objet technique. » (Akrich, 1987, p. 3). Plus en aval, les théories de l'activité et des sciences cognitives, américaines en particulier, se sont tournées vers l'interaction entre l'individu et l'innovation. Les travaux de Bernard Conein (Conein, 1990) et Christian Licoppe (Licoppe, 2008) permettront d'avoir une vue d'ensemble sur ce champ particulièrement riche.
9. D'ailleurs, on ne teste pas les deux de la même manière : on parle d'utilisabilité pour l'ergonomie et de tests d'usage dans notre cas.
10. Une remarque toutefois sur l'usage du terme « illimité » puisque le nombre d'heures d'appels, le nombre de destinataires des SMS ou la quantité de données envoyées et reçues sont encadrés par les opérateurs, sans toutefois que ces cadres soient explicites.
11. Cela nous renvoie à un champ très large des sciences humaines et sociales ayant notamment pour entrée l'ethnologie et l'anthropologie (voir les travaux de Dominique Desjeux).
12. Le Masson, Weil B., and Hatchuel, A. 2006. *Les processus d'innovation : conception innovante et croissance des entreprises*. Paris : Hermes Science Publications.
13. On retrouve différents modèles de ces processus dans les ouvrages ou pages web suivants : http://www.designcouncil.org.uk/designprocess ; « How do you design? » _ Four Stage design process after Nigel Cross (2000) ; 4D software process and variations ; IDEO 2004 ; The Design Funnel, A manifesto for Meaningul Design, by Stephen Hay, 9 juillet 2008).

2

Le concept « orienté usages »

1. INTRODUCTION

Le développement de l'innovation appelle un certain nombre d'interactions avec les utilisateurs pour évaluer les significations d'usage. Ces interactions ont une importance particulière lors de l'étape de Définition, où l'on fait émerger des idées et où l'on sélectionne celle(s) qui vont se concrétiser dans la conception. L'élaboration et l'évaluation du concept peuvent intervenir ensuite. Il s'agit de réaliser une première analyse de son acceptabilité et de son potentiel de marché. L'évaluation de l'acceptabilité fait l'objet du chapitre suivant sur la méthode CAUTIC®.

Dans l'approche Usage, nous cherchons à élaborer un concept « orienté usages », c'est-à-dire un concept qui prenne en compte la question du sens de l'Usage. Cette notion élargit celle couramment utilisée en marketing : la proposition de valeur. La valeur s'entend au sens de « bénéfice client ». En termes de pratiques, cela signifie que « quelque chose me donne un avantage par rapport à une situation antérieure »[1]. Il s'agit d'une *proposition de valeur*, car l'innovation n'acquiert véritablement de la valeur qu'au moment où elle trouve une utilisation[2]. Ainsi, un logiciel qui ne trouve pas d'utilisateur n'a aucune valeur, quand bien même serait-il performant !

Dans la manière dont nous la construisons, cette proposition de valeur est «orientée usages» dans la mesure où elle intègre la question des significations d'usage, c'est-à-dire du sens que peut avoir l'innovation pour des utilisateurs potentiels (voir chapitre 1). Le concept doit ainsi 1) porter un potentiel d'usage et 2) supporter une valeur d'usage.

Ce concept «orienté usages», une fois créé, est le support pour évaluer l'acceptabilité et le potentiel de marché de l'innovation. Le processus d'élaboration du concept «orienté usages» comprend six étapes :

a) Identification des utilisateurs potentiels
b) Identification de la valeur pour les utilisateurs
c) Identification des concurrents potentiels
d) Priorisation des segments cibles
e) Définition du positionnement
f) Création du concept

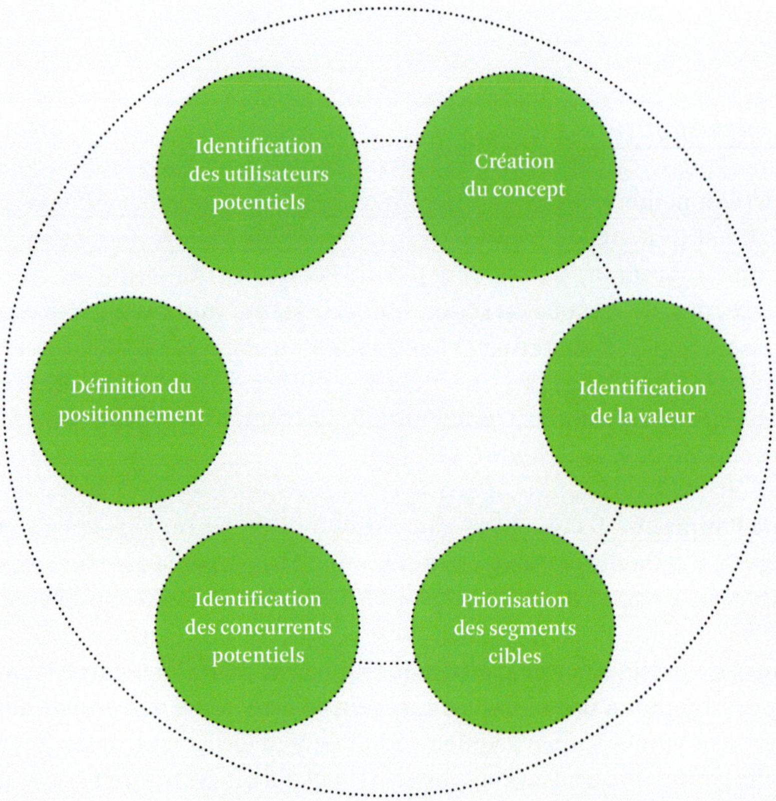

Fig. 2.1
Élaboration du concept «orienté usages»

2. IDENTIFICATION DES UTILISATEURS POTENTIELS

Tout inventeur ou porteur de projet a une idée des utilisateurs potentiels de son invention. Dans cette étape, il s'agit d'aller plus loin et de faire ce travail d'une manière exhaustive. Le porteur ou l'équipe projet pourront faire cette identification seuls ou accompagnés, selon leurs moyens. Notre expérience indique qu'il est fort intéressant d'intégrer tout au long de l'élaboration du concept un regard externe, que ce soit par la présence de membres d'autres équipes au sein de l'entreprise ayant un lien avec le marché, ou de consultants (internes ou externes). Ceci permet au porteur ou à l'équipe projet de ne pas prendre « ses rêves pour des réalités ».

Un travail documentaire de veille du marché est nécessaire s'il n'a pas été fait en amont lors de l'étape de Découverte. Dans tous les cas, il s'agit de l'actualiser car cette connaissance peut orienter le travail d'identification des utilisateurs. Le brainstorming représente un outil intéressant pour cette étape. L'équipe projet doit répondre à trois questions:

1. Quels problèmes cette innovation pourrait-elle résoudre ?[3]
   Qui rencontre ces problèmes ?
2. A quelles attentes supposées cette innovation répond-t-elle ?
   Qui, potentiellement, a ces attentes ?
3. Quels désirs cette innovation éveille-t-elle ?
   Qui, potentiellement, a ces désirs ?

3. IDENTIFICATION DE LA VALEUR

Il s'agit ensuite de préciser, pour chaque groupe d'utilisateurs identifiés, quelle est la valeur potentielle que peut apporter l'innovation. L'accompagnement du porteur ou de l'équipe projet par des experts ou consultants en contact avec le marché est recommandé. Les différentes formes de valeurs dont l'innovation peut être porteuse pour un utilisateur sont : performance / efficacité (par exemple, un nouveau composant permettant l'augmentation de la productivité d'une machine), coûts (par exemple, un nouveau procédé permettant de réduire la consommation d'énergie), ergonomie (par exemple, les interfaces « touch screen » améliorant l'interaction avec un téléphone mobile), esthétique (par exemple, le plaisir associé aux éléments sensoriels d'un nouveau produit), signification (elle crée une « expérience utilisateur » qu'il considère comme enrichissante et intéressante pour lui).

Nous classons ces sources de valeur en deux groupes : fonctionnelles et de communication. Schématiquement, cela peut se résumer ainsi : le premier groupe renvoie à l'efficacité, il est de l'ordre du besoin, en opposition

2

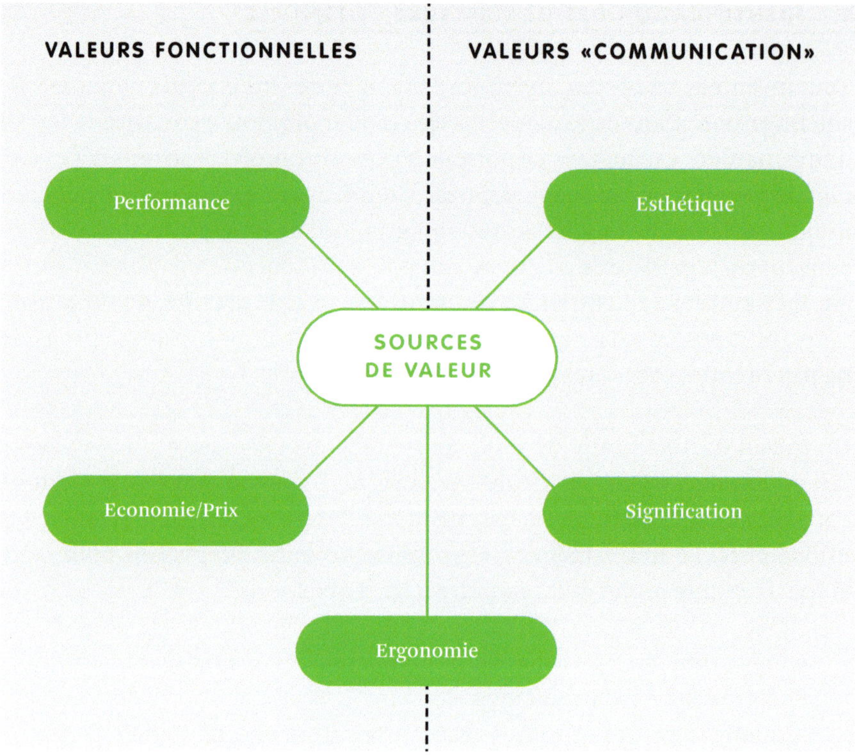

Fig. 2.2
Les différentes sources de valeur

au désir, plutôt « cerveau gauche ». Le deuxième groupe est de l'ordre de l'hédonique et du symbolique, plutôt orienté sur le désir et « cerveau droit ». L'ergonomie permet de jouer et de relier ces deux groupes, d'où sa position intermédiaire.

Les mêmes questions posées dans l'étape antérieure pourront être utilisées pour identifier les sources de valeur pour chaque groupe d'utilisateur :

1. Quels problèmes cette innovation pourrait-elle résoudre ?[4]
2. A quelles attentes supposées cette innovation répond-elle ?
3. Quels désirs cette innovation éveille-t-elle ?

S'il s'agit d'une organisation (par exemple une entreprise), une question supplémentaire peut être posée :

4. En quoi l'innovation aide-t-elle à mieux répondre aux problèmes de ses clients ?[5]

Chaque source de valeur est ainsi une « application » de l'innovation pour un utilisateur potentiel[6]. Un groupe d'utilisateurs s'intéressant à une même application sera défini comme un « segment de marché potentiel ».

La prochaine étape pour le porteur de projet ou l'équipe projet est de s'interroger sur les autres solutions dans le marché offrant une source de valeur similaire à celle proposée par l'entreprise. Cette réflexion peut se faire au sein de l'équipe ou peut être accompagnée par un consultant extérieur. Il s'agit d'apporter des réponses aux questions suivantes :

- Qui sont les concurrents potentiels pour chaque source de valeur ?
- Pour chacun de ces concurrents, quelles sont leur forces / faiblesses relatives ?

Pour cette étape, pour reprendre le terme de Kim et Mauborgne[7], le « canevas stratégique » représente un outil intéressant. Il est construit suivant trois étapes :

1. Sélectionner les sources de valeur (bénéfices) impactant le plus le choix du client qualité, facilité d'usage, esthétique, efficience, vitesse de livraison, fiabilité, etc. Ces sources de valeur seront affichées en abscisse dans le canevas (voir illustration ci-dessous).
2. Positionner les concurrents par rapport à ces bénéfices (ligne en noir dans le canevas).
3. Identifier les sources de valeur à éliminer, réduire, augmenter et créer pour développer une proposition de valeur différenciée. Dessiner sous forme d'une courbe de valeur (en vert).

Fig. 2.3
Courbe de valeur pour une innovation

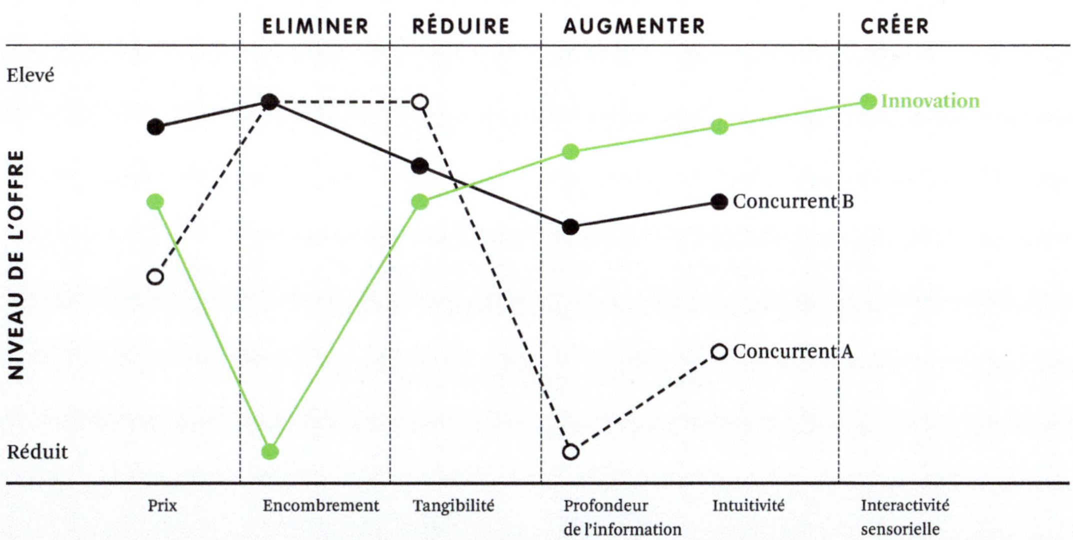

Si l'innovation arrive à identifier une source de valeur qu'elle est la seule à offrir, pour un certain groupe d'utilisateurs donnés, alors elle a potentiellement trouvé un « océan bleu », c'est-à-dire une situation de marché avec une compétition réduite ou inexistante, ce qui potentiellement sera plus favorable à l'émergence de l'innovation.

5. PRIORISATION DES SEGMENTS CIBLES[8]

Les motivations des clients pour résoudre un problème ne sont pas homogènes. Une manière intéressante de choisir les groupes d'utilisateurs les plus intéressants pour l'introduction de l'innovation, c'est-à-dire des segments de clients, est d'élaborer une matrice croisant les différentes applications et les différents types de comportements supposés des clients. En d'autres termes, il faut chercher ce qui pousse le client à résoudre un problème. La résultante sera la priorisation des segments les plus à même de s'intéresser à l'innovation : nous les nommons « les segments cibles ».

6. DÉFINITION DU POSITIONNEMENT

Cibler consiste à choisir un ou plusieurs segments pour lesquels un concept sera développé, en anticipant son positionnement. Le positionnement consiste à définir quelle est la perception souhaitée pour l'innovation, par rapport au segment cible et par rapport aux offres concurrentes[9]. Dans le travail de positionnement, on détermine, pour l'innovation, ce qui sera le principal facteur attractif susceptible de créer de la valeur (déclenchant l'utilisation et potentiellement l'achat). Nous rentrons ici dans le domaine du marketing traditionnel avec ses étapes bien identifiées[10]. Il est important pour l'équipe projet d'avoir des individus avec des compétences marketing ou, pour le porteur de projet, de se faire aider. Ce travail peut sembler simple, mais il est finalement complexe et déterminant pour la suite. Un bon positionnement présente cinq caractéristiques :

1. Synergie entre ses composants
2. Différence perceptible avec la concurrence
3. Puissance de l'expression du concept et de ses bénéfices
4. Qualité de la formulation pour la cible
5. Justesse stratégique des choix effectués en relation avec la stratégie de l'inventeur ou de l'entreprise

L'expérience montre souvent un écart considérable entre les possibilités concrètes et « l'idéal » projeté par le ou les porteurs de projet. On trouve notamment trois défauts :

- *Un défaut de focalisation.* Si une entreprise est insuffisamment focalisée, elle risque de devoir supporter des coûts élevés et d'avoir un modèle économique compliqué à mettre en œuvre et à mener à terme.
- *Un défaut de différenciation.* Un manque de différence à l'égard des concurrents est plutôt le signe d'une stratégie de suiveur qui ne permet guère de sortir du lot.
- *Un défaut de slogan.* Une entreprise qui n'a pas de slogan percutant est probablement très centrée sur elle-même. Elle recherche l'innovation pour l'innovation, sans grandes perspectives commerciales ni capacité de décollage.

L'élaboration du concept suit cette étape d'anticipation du positionnement.

7 . LA CRÉATION DU CONCEPT

Les étapes *a)* à *e)* auront permis de réunir les informations nécessaires pour définir le concept « orienté usages ». En pratique, cela reviendra finalement à répondre aux sept questions suivantes, d'apparences anodines, mais qui bénéficieront du travail scrupuleux réalisé antérieurement :

1. Qu'est-ce que c'est ?
2. A qui ça s'adresse ?
3. A quoi ça sert ?
4. Qu'est-ce que ça apporte ?
5. Comment ça s'utilise ?
6. Comment ça marche ?
7. Comment cela se situe?

La réponse à ces questions est possible avec l'intégration des informations issues des étapes *a)* à *e)* et d'une réflexion sur les significations d'usage de l'innovation. Les étapes *a)* à *e)* permettront de répondre aux questions **1** à **4**. Les questions *5* et *6* relèvent du domaine de l'ergonomie et font référence aux pratiques des utilisateurs. Ce sont les questions *3*, *4* et *7* qui s'intéressent le plus aux représentations, aux pratiques des utilisateurs, avec une projection sur un usage « contextualisé » (comment cela se situe ?).

Une première ébauche de réponse aux sept questions peut être réalisée par l'équipe projet ou par le porteur de projet. Il est fortement recommandé qu'il(s) soi(en)t ensuite accompagné(s) par des consultants formés aux approches Usage pour l'élaboration définitive du concept. Ce discours est la base de travail pour la scénarisation du concept (voir chapitre 8) et pour le test d'acceptabilité du concept, dont un exemple de méthode nous est fourni en chapitre 3.

NOTES

1. Normann, R. (2001), *Reframing Business*, Chichester: John Wiley & Sons.
2. Vargo, S.L. & Lusch, R.F. (2004). Evolving to a new dominant logic for marketing. *Journal of Marketing*, 68, 1–17.
3. Christensen, C., Cook, S. et Hall, T. (2005), Marketing Malpractice: The Cause and the Cure, *Harvard Business Review*, 83, 12 (December).
4. Christensen, C., Cook, S. et Hall, T. (2005), Marketing Malpractice: The Cause and the Cure, *Harvard Business Review*, 83, 12 (December).
5. Normann, R. (2001), op.cit.
6. Millier, P. (2011), Stratégie et marketing de l'innovation technologique, 3e ed. Paris: Dunod
7. Kim, W. C. et Mauborgne, R. (2005), *Blue Ocean Strategy*, Harvard Business School Press, 2005; voir aussi Sempels, C. et Hoffmann, J. (2012), Les Business Models du Futur, Pearson.
8. Cette étape est expliquée en détail par Millier, P. (2011), Stratégie et marketing de l'innovation technologique, 3ème ed. Paris: Dunod. Nous en donnons ici juste une description succincte.
9. L'ouvrage de référence est celui d'Al Ries et Jack Trout: *Positioning: The Battle for Your Mind*, McGraw-Hill, 2000.
10. Voir des ouvrages tels le manuel *Marketing Management* de Kevin Kotler, dans l'une de ses nombreuses éditions.

3

Evaluer un concept avec la méthode CAUTIC®

1. INTRODUCTION

Les significations d'usage sont au cœur de la méthode de Conception Assistée par l'Usage pour les Technologies, l'Innovation et le Changement – CAUTIC® – développée par Philippe Mallein[1] et son équipe[2]. Cette méthode est centrale dans la démarche de conception d'innovations par les usages, depuis le test de concepts jusqu'à la validation des idées et des objets intermédiaires rencontrés dans la conception (concepts, maquettes, prototypes). Des « retours d'expérience » (REX) peuvent aussi être menés en utilisant cette méthode.

L'objectif de la méthode CAUTIC® est d'évaluer le degré d'acceptabilité d'une innovation, en vue de formuler des voies d'amélioration à destination des porteurs de projet. Elle aborde les deux registres de l'usage : les pratiques et les représentations. Il s'agit d'une méthode qualitative, essentiellement déployée dans le cadre d'entretiens en face-à-face et de réunions de groupe (« focus group »). Elle est fondée sur le discours des individus interrogés, par rapport à un sujet (d'innovation) qui leur est présenté. Au moment où est appliquée cette méthode, l'acceptabilité va constituer une « preuve de validité » de la conception elle-même et elle va orienter le cadre dans lequel va se développer l'innovation. Une fois les résultats acquis, les contraintes d'entreprise, les contraintes techniques mais aussi les enjeux propres au développement de l'innovation sont, à leur tour, inscrits dans la démarche avec l'apport d'approches complémentaires pour l'analyse (design, marketing, ergonomie, etc.).

Nous verrons cependant que la méthode CAUTIC® peut, à un stade intermédiaire, permettre l'exploration et pas uniquement l'évaluation. Grâce à la technique spécifique des « filiations d'usage », nous observerons de quelle manière il est possible de faire un lien entre l'« exploration » (chapitre 6), les « significations d'usage » (chapitre 1) et CAUTIC® (ce chapitre). La méthode CAUTIC® fonctionne avec deux outils :

1. Les critères CAUTIC® de qualité d'usage
2. Les profils d'identité par rapport au changement

2. POSITIONNEMENT DE LA MÉTHODE

Cette méthode part du principe qu'une innovation n'arrive pas dans un « désert social » (elle n'émerge pas *ex nihilo*) mais qu'elle va rencontrer, via son usage par des utilisateurs, toute une série de pratiques, de représentations et de normes déjà en place ou existantes. Ainsi pour que l'intégration sociale d'une innovation puisse avoir lieu, elle doit passer par une prise en compte des logiques sociales préexistantes.

Il s'agit donc de s'inscrire dans une logique d'hybridation de la technique nouvelle aux techniques existantes (via des ajustements et des négociations avec les usages existants), plutôt que de penser que la technique nouvelle va s'imposer de fait et « révolutionner » les usages en se substituant totalement aux pratiques anciennes (logique d'imposition : voir Mallein et Toussaint, 1994[3]). Aussi, dans la logique CAUTIC®, il est entendu que ce n'est pas parce qu'une innovation rencontre un usage que les usages qui lui précèdent vont radicalement disparaître. L'ensemble de ces pratiques va connaître des réajustements : Par exemple la lecture d'œuvres littéraires sur les tablettes numériques ou les Smartphones n'éradique pas pour autant les livres « papier ». Donc, la place du livre papier pourra évoluer dans les pratiques tandis que les tablettes pourront acquérir elles-aussi un nouveau statut.

La méthode CAUTIC® part de ce principe, qu'elle inscrit en amont dans la démarche de conception : via cette méthode, il s'agit d'anticiper quelles formes d'hybridation pourraient se mettre en place, afin d'évaluer dans quels usages l'innovation va pouvoir s'inscrire (on parle ainsi de « système d'usage »). La méthode s'utilise donc dans les processus de conception d'innovation et peut intervenir à différentes étapes (amélioration d'une idée d'innovation, test de concept, diagnostic d'usage par retours d'expérience, etc.).

De plus, cette méthode se fonde sur l'idée qu'aucune innovation ne va s'imposer de fait dans une société donnée sans négociation, interaction et ajustement avec les utilisateurs et leurs usages. Ainsi, la méthode est fondée sur l'idée que, même s'il est important de considérer les qualités techniques, les performances et l'esthétique d'une innovation, il faut avant tout se pencher sur sa capacité à s'insérer dans la quotidienneté des usages : il s'agit donc de comprendre, dès l'amont, ce qui va créer de la valeur, la construire, avant même de considérer comment exploiter cette valeur.

Pour cela, la méthode cherche à repérer quels systèmes de significations d'usage sont projetés par les individus sur l'innovation qui leur est proposée, autrement dit quel sens ils donnent à cette innovation par rapport à leurs croyances, représentations et pratiques quotidiennes. Si les significations d'usage sont positives à l'issue de l'analyse réalisée via la méthode CAUTIC®, alors cela signifie que l'innovation peut rencontrer des usages, c'est-à-dire qu'elle est suffisamment flexible et plastique pour que les utilisateurs puissent projeter des pratiques à venir, « fabriquer » un rapport à cet objet nouveau qui viendra s'insérer dans leurs pratiques. Dans le cas contraire (significations d'usage négatives ou encore « validés sous conditions »), il faudra faire évoluer le dispositif innovant afin de l'ajuster aux éléments rapportés par les utilisateurs.

3. LA DÉMARCHE DANS SON ENSEMBLE

Comme toute étude qualitative, cette méthode demande de :

- Comprendre l'innovation et ses enjeux problématiques (enjeux sociaux, nouveautés potentielles amenées)
- Constituer un plan de collecte :
  - Comprendre et mettre en forme l'innovation sous un angle orienté « usages »
  - Définir le terrain (échantillon à interroger[4], durée potentielle de l'étude, conception du guide d'entretien CAUTIC®)
- Réaliser le terrain
- Mener l'analyse à partir de la grille des critères CAUTIC®
- Dégager des préconisations pour améliorer l'innovation à partir de l'analyse des significations d'usage

Concrètement, la mise en œuvre de la méthode CAUTIC® se traduit par le recrutement d'une dizaine de personnes à interroger. Outre la maitrise des techniques d'entretien en face à face ou de focus groups, elle demande la maîtrise des grilles d'analyse CAUTIC® afin d'assurer la collecte (en entretiens le plus souvent) puis l'analyse des données recueillies en identifiant les significations d'usage. Il s'agit ensuite de savoir interpréter les résultats obtenus afin de fournir, à l'équipe projet, les préconisations pour améliorer l'innovation proposée. Les significations d'usage repérées par les études sur les usages sont ainsi utilisées comme matériau ressource pour le travail de conception. La durée d'exécution de la méthode est d'environ un mois.

DÉFINITIONS DES TERMES CLÉS DE LA MÉTHODE

INNOVATION: introduction d'un objet nouveau (technologie, produit, service, action de changement, processus...) dans un milieu existant et impliquant un changement des pratiques et des savoir-faire.

CHANGEMENT: processus de transformation d'un milieu existant après l'introduction d'une innovation (différents degrés de changement).

USAGE: manière dont un individu agit et s'imagine agir avec un objet ; manière dont un individu utilise et envisage l'utilisation d'un objet (produit ou service) ; manière, enfin, dont un individu identifie des caractéristiques intéressantes ou transforme un objet et ses représentations pour l'adapter à ses pratiques.

UTILISATEUR: celui qui fait (ou pense faire) usage, au sens décrit ci-dessus. On distingue 3 rangs : L'usager final (consommateur), usager intermédiaire (prescripteur, utilisateur potentiel) ou porteur de projet et personnes investies dans le travail de conception[5].

4. L'OUTIL 1 : LES CRITÈRES CAUTIC® DE QUALITÉ D'USAGE

Il s'agit de critères (19 au total) qui permettent de cadrer et de rationnaliser la démarche : ils visent à comprendre si l'innovation peut faire sens pour un utilisateur potentiel, ce que nous traduisons dans notre jargon par : « l'innovation proposée génère-t-elle des significations d'usage positives pour l'utilisateur ? »

4.1 Le préalable : élaborer avec le porteur de projet un concept « orienté usages »

Avant d'appliquer cette grille de critères, il faut avoir élaboré, avec le chef projet, un concept « orienté usages » (voir chapitre 2), dont on a vu qu'il devait répondre aux sept questions suivantes : *qu'est-ce que c'est ?* ; *comment ça marche ?* ; *à quoi ça sert ?* ; *qu'est-ce que ça apporte ?* ; *à qui ça s'adresse ?* ; *comment ça s'utilise ?* ; *comment cela se situe ?*

Il s'agit surtout d'aider le chef projet à transformer une idée d'innovation (souvent peu formalisée) en éléments qu'une tierce personne pourra comprendre (sur le plan de la description technique) et qui ait du sens pour elle (il peut imaginer que le concept s'intègre dans sa vie quotidienne).

4.2 Rôle des critères CAUTIC®

Les critères CAUTIC® constituent la base :

1. De la grille d'analyse : ils permettent de « coder » l'entretien : significations d'usages positives (validé = V), négatives (non validé = NV), ou sous conditions d'amélioration (validé sous conditions = VSC).
2. Du guide d'entretien : à partir de la grille des critères se décline un guide d'entretien qui sera adapté à la problématique traitée.

Lors de la réalisation d'un entretien ou d'un focus group, la grille d'analyse est transformée en guide d'entretien, c'est-à-dire que chaque critère est « localisé » sous forme de questions renvoyant précisément à l'innovation testée. Muni du guide d'entretien, les pratiques et habitudes de l'utilisateur sont interrogées de manière suffisamment structurée pour permettre d'entrevoir dans quelle mesure l'innovation s'inscrit en rupture ou en continuité avec les connaissances, compétences et savoir-faire du répondant. Une fois l'entretien réalisé, la grille des critères est reprise pour coder l'entretien.

4.3 Contenu des critères

Quatre niveaux constituent cette *grille des critères fondée sur le principe d'hybridation* (l'innovation va s'hybrider à des techniques, des pratiques existantes, à l'évolution sociale et enfin à l'identité de l'utilisateur).

Les critères d'acceptabilité (**4 A**)

1. L'**A**ssimilation de la technique nouvelle aux savoir-faire techniques coutumiers de l'utilisateur.
2. L'**A**ffiliation de l'innovation aux pratiques courantes de l'utilisateur.
3. L'**A**ppropriation de l'innovation à l'identité privée ou professionnelle de l'utilisateur.
4. L'**A**daptation de l'innovation à l'environnement privé ou professionnel de l'utilisateur

Chaque niveau est constitué d'une série de principes et de questions.

3

1.1 Le concept suscite-t-il a priori de l'**intérêt** chez l'utilisateur?

1.2 Le principe technique du concept est-il **suffisamment compréhensible** pour l'utilisateur?

1.3 L'utilisateur peut-il **raccrocher les techniques** mobilisées par le concept à des techniques existantes?

1.4 L'utilisateur peut-il trouver facilement et choisir les **fonctions qui l'intéressent** dans le concept?

1.5 Le concept est-il envisageable, pour l'utilisateur, dans un **usage courant**?

Fig. 3.1
Les critères d'Assimilation de la technique nouvelle aux savoir-faire techniques coutumiers de l'utilisateur

2.1 Le concept semble-t-il **simple à utiliser** pour l'utilisateur?

2.2 Le concept **complète-t-il**, sans les concurrencer, les **pratiques** existantes de l'utilisateur?

2.3 La comparaison avec les pratiques existantes **valide-t-elle les nouvelles pratiques**, proposées par l'utilisation du concept?

2.4 Le concept **résout-il** au moins un **problème** rencontré par l'utilisateur?

2.5 L'utilisateur imagine-t-il une **nouvelle organisation personnelle** de ses pratiques avec le concept?

Fig. 3.2
Les critères d'Affiliation de l'innovation aux pratiques courantes de l'utilisateur

3.1 L'utilisateur comprend-il que le concept le concerne et sait-il à qui d'autre celui-ci peut s'adresser?

3.2 Avec le concept, l'utilisateur peut-il agir/jouer personnellement sur son rôle privé ou professionnel?

3.3 Le concept est-il compatible avec les valeurs personnelles ou professionnelles de l'utilisateur?

3.4 Le concept suscite-t-il un imaginaire d'appropriation chez l'utilisateur?

3.5 Le concept laisse-t-il à l'utilisateur la possibilité d'imaginer des extensions d'usage?

Fig. 3.3
Les critères d'Appropriation de l'innovation à l'identité privée ou professionnelle de l'utilisateur

4.1 Le concept est-il en phase avec les évolutions en cours, son arrivée sur le marché est-elle plausible?

4.2 Le concept est-il adapté à l'évolution des relations clients-fournisseurs/familiales de l'utilisateur?

4.3 Le concept est-il adapté à la place occupée par l'utilisateur dans sa filière économique/son cercle familial?

4.4 Le concept est-il adapté à l'organisation de travail/à la manière de vivre de l'utilisateur et à son évolution?

Fig. 3.4
Les critères d'Adaptation de l'innovation à l'environnement privé ou professionnel de l'utilisateur

4.4 Quelques clés pour comprendre la construction de la grille des critères

a) *Pour chaque niveau, les critères CAUTIC® sont construits selon une logique « ancrage – actualisation – devenir »*

- *L'ancrage* consiste à évaluer la manière dont l'utilisateur parvient à raccrocher l'innovation qui lui est présentée à une somme d'éléments qu'il connaît, dont il a fait l'expérience. CAUTIC® va certes s'intéresser au changement mais en évaluant les liens entre l'usage futur et ce que l'utilisateur perçoit comme « usages existants ».
- *L'actualisation* se penche sur la manière dont l'innovation transformerait l'existant. On cherche à évaluer l'adéquation entre les pratiques actuelles de l'individu et les pratiques nouvelles auxquelles invite l'innovation présentée. On sera particulièrement attentif à ce que l'innovation apportera à l'individu en termes de résolution de problèmes.
- *Le devenir.* Dans ce processus progressif, on cherche enfin à approfondir le devenir de l'innovation et son inscription dans les usages, pour ne pas la restreindre à son acceptation au moment de l'entretien, mais évaluer surtout son potentiel d'adoption sur la durée.

b) *Banalisation, hybridation, identité et évolution : les quatre dynamiques dans lesquelles s'inscrit l'innovation.*

Les critères permettent de mieux saisir :

- la *banalisation* des nouvelles techniques par rapport aux anciennes : une innovation parvenue à s'insérer dans les pratiques et représentations sera celle qui deviendra presque banale, celle que l'on va finir progressivement par oublier, celle à laquelle on ne fera plus vraiment attention tant elle est présente et accompagne nos gestes quotidiens et s'inscrit dans nos relations aux autres.
- l'*hybridation* des nouvelles pratiques aux anciennes : dans la mesure où CAUTIC® s'appuie tout au long de son utilisation sur des pratiques existantes, on évalue la manière dont le nouveau « se fond » dans l'existant pour donner naissance à quelque chose de différent : des pratiques nouvelles qui font évoluer les précédentes, des comportements ou actions rendus possibles grâce à l'innovation proposée.
- la possibilité pour l'usager d'avoir une *identité active* : une composante centrale de la méthode est l'interaction entre l'innovation et l'identité de l'utilisateur qui l'évalue. On étudie ici la manière dont l'innovation va rendre possible, va mettre en scène une possible interaction entre la technique et l'humain.
- L'*accompagnement de l'évolution* de l'environnement social[6] : parce que l'innovation doit nécessairement être associée à un changement – c'est

sa définition intrinsèque – on la situe dans un environnement dynamique. Elle devra s'y inscrire, en accompagnant les transformations liées à son développement.

Si ces quatre dynamiques sont réunies lors de l'analyse par la méthode CAUTIC®, il y aura *validation des critères de signification d'usage*. On dira alors que l'innovation a un sens pour les utilisateurs potentiels.

Par contre, si l'analyse des critères démontre l'*idéalisation* des nouvelles techniques proposées par rapport aux anciennes ou la *substitution* des pratiques anciennes par les nouvelles, ou encore l'imposition d'une *identité passive* à l'usager ou enfin la *révolution* de son environnement social, alors le dispositif devra sans doute être repensé afin de générer des significations d'usage davantage négociées avec l'utilisateur. On ne raisonne pas en termes d'adoption ou de rejet – des formes bien trop manichéennes d'intégration de l'innovation qui supposent que ni le concept, ni l'utilisateur n'évoluent. Au contraire, des dynamiques telles que la négociation, l'adaptation ou l'ajustement constituent les manières de penser l'innovation en lien avec des utilisateurs.

Un autre élément-clé de la méthode CAUTIC® est l'appréhension des *possibilités d'ouverture générées par la technique*. En effet, cette démarche reconnaît que l'interaction entre l'usager et l'objet technique peut être génératrice de sens mais peut également conduire à des « extensions » et « détournements d'usage »[7], l'interaction entre technique et individu s'inscrivant dans la complexité et l'ambivalence.

LES FILIATIONS D'USAGE

C'est justement à ce niveau que se situe la technique particulière des filiations d'usage[8]. Elle a pour *objectif* d'explorer les différentes formes de filiations d'usage pouvant exister entre les pratiques projetées à partir du dispositif présenté et les pratiques d'utilisateurs dits potentiels[9]. Par exemple, un objet comme des lunettes « intelligentes » pourra être mis en correspondance par des utilisateurs avec un « MSN pour les yeux » ou encore un « talkie walkie visuel ». La filiation se fait ici par les pratiques (« c'est comme si j'utilisais MSN, mais avec les yeux ») et non par l'objet (les lunettes).

Sur la base de la méthode CAUTIC®, les individus hybrident des pratiques nouvelles à des pratiques qu'ils connaissent déjà et raisonnent par analogie pour construire les pratiques nouvelles (« c'est comme... » ; « ça me fait penser à... »).

Quelques éléments permettent de mettre en pratique ce type de technique spécifique : il faut tout d'abord construire un panel d'utilisateurs dits potentiels, supposés avoir un lien, même ténu, avec le sujet exploré (par exemple, dans notre cas, les individus pourront utiliser des Smartphones et avoir des activités « photos » et « films » avec cet objet). Il faut ensuite réaliser un focus group « exploration des valeurs d'usage » (environ 12 personnes et deux animateurs) pour lequel on construira un guide d'animation en ouvrant la thématique (ne pas dévoiler immédiatement la thématique « lunette intelligente » mais au contraire, faire reconstruire la thématique par les utilisateurs eux-mêmes et la dévoiler petit à petit). Lors de l'animation en focus group, les animateurs vont chercher à faire émerger les formes analogiques, les associations que font spontanément les individus ou bien qu'ils construisent grâce aux exercices proposés. Enfin, lors de l'analyse, ces analogies vont permettre de préciser et d'enrichir l'espace d'exploration et la recherche de solutions. On pourra en dernier lieu passer par une phase de créativité pour traduire ces solutions sous forme de concepts.

Finalement, cette technique des filiations d'usage pourra donc conduire à un travail d'élaboration de concept (chapitre 2) ou plus généralement d'idéation en étant confondue avec le matériau issu des observations (méthode des Trois Clés chapitre 4 ou Phases d'exploration chapitre 6).

5. L'OUTIL 2 : LES PROFILS PAR RAPPORT AU CHANGEMENT (LES 4 PROFILS CAUTIC® SITUÉS PAR RAPPORT AU CHANGEMENT)

Plusieurs travaux ont mis en évidence que les individus n'ont pas la même attitude par rapport au changement[10]. Ces travaux, couplés aux recherches de l'équipe qui a développée la méthode, ont permis de caractériser quatre profils par rapport au changement. Ces profils traduisent les comportements et les enjeux (personnels et sociaux) d'un individu autour de la notion de changement.

5.1 Rôle des profils CAUTIC®

1. Les profils servent à structurer l'échantillon. A partir de quatre questions posées lors du recrutement de l'échantillon, les personnes

interrogées sont classées dans l'un des quatre profils. Ainsi, il est possible grâce à cet outil de composer, dès l'amont, l'échantillon en fonction des profils des personnes interrogées. Il est à noter que ces quatre questions sont à nouveau posées une fois l'entretien en face à face réalisé, afin de valider le profil voire de l'affiner.

2. Les profils servent aussi lors de la phase d'analyse : ils permettent notamment de pondérer le discours des personnes interrogées. En effet, nous pouvons penser par exemple qu'une personne dite « réfractaire au changement » aura tendance à dénigrer de manière plus ou moins systématique toute innovation proposée, parce que cela entrera en contradiction avec ses valeurs et opinions sur les questions de changement social, de progrès, indépendamment de la qualité de ce qui lui est présenté. Lors de l'analyse, nous pondérerons son discours par rapport à celui d'un « pragmatique de la continuité » ou d'un « pragmatique du changement » qui portent d'avantage un regard sur l'innovation « en tant que telle », sans connoter négativement l'objet dès le début de l'entretien.

5.2 Contenu des quatre profils CAUTIC®

Pour définir ces profils, quatre variables sont utilisées : *le rapport au temps, le rapport à soi, le rapport aux autres et le rapport au territoire*. Les caractéristiques de l'individu interrogé peuvent ainsi se situer entre deux extrêmes :

- *Pour la temporalité.* L'échelle va de la rupture à l'inertie, c'est-à-dire qu'il existe des personnes pouvant adopter facilement les innovations et d'autres qui préfèrent conserver leurs habitudes.
- *Pour le soi.* L'échelle va du sujet qui s'impose (actif) à l'individu objet de son environnement (passif).
- *Pour la sociabilité.* L'échelle va de l'ouverture complète à la fermeture complète aux autres.
- *Pour le territoire.* L'échelle va de l'appropriation d'un territoire sans limite au refuge dans une citadelle ; cela signifie que certains individus cherchent sans arrêt à vivre de nouvelles expériences alors que d'autres préfèrent vivre la plupart du temps en se limitant à ce qu'ils connaissent déjà.

Le jeu de ces différentes variables conduit à une segmentation des utilisateurs selon 4 grands profils face à l'innovation et au changement (Figure 3.5). Les utilisateurs, une fois « profilés », sont nommés :

- Passionnés
- Pragmatiques du changement
- Pragmatiques de la continuité
- Objecteurs

VARIABLES / PROFILS	LES PASSIONNÉS	LES PRAGMATIQUES DU CHANGEMENT	LES PRAGMATIQUES DE LA CONTINUITÉ	LES OBJECTEURS
TEMPORALITÉ	La rupture	Le changement avec acceptation d'un certain degré de continuité	La continuité avec un certain degré de changement	L'inertie
SOI	Etre le sujet pour le soi qui impose	Etre le sujet pour le soi qui négocie	N'être le sujet que dans un environnement restreint	N'être qu'un objet
SOCIABILITÉ	L'ouverture complète aux autres	L'ouverture sélective	Le repli sélectif	la fermeture aux autres
TERRITOIRE	L'appropriation d'un territoire sans limites	L'appropriation négociée d'un territoire large	L'acceptation d'un territoire restreint	Le refuge dans une citadelle
L'ENTREPRISE	**Libres / Autonomes** par rapport à l'entreprise (ils travaillent comme ils vivent)	**Leaders / Dynamisants** Ça part d'eux et ils négocient (vivent pour travailler)	**Tenus** Ça part de l'entreprise et ils s'adaptent (travaillent pour être bien intégrés)	**Dominés / Réactifs** Se replient dans la fuite, le désinvestissement, la planque OU l'opposition individuelle, refus de tout ce qui est culture d'entreprise / contre dépendance (travaillent pour vivre)

Fig. 3.5
Les 4 profils face à l'innovation et au changement et leurs variables

LE PASSIONNÉ (PAS)	LE PRAGMATIQUE DU CHANGEMENT (PCH)
Disposition favorable à toute proposition d'innovation. Dans le cycle de diffusion d'une innovation, c'est le premier (parfois le seul!) segment de marché conquis. Il constitue souvent un des «lead users» dans un domaine.	Attitude négociatrice «proactive» à l'égard d'une innovation. Dans le cycle de diffusion d'une innovation, c'est le profil qui a la capacité de «tirer» le décollement commercial d'un produit / service de masse.
LE PRAGMATIQUE DE LA CONTINUITÉ (PCO)	**L'OBJECTEUR (OBJ)**
Attitude négociatrice «passive» à l'égard d'une innovation. Il cadre son acceptation sur ce qu'il connaît et imite le plus souvent les pratiques de personnes de sa connaissance. Dans le cycle de diffusion d'une innovation, c'est le segment qui suit le pragmatique du changement.	Grande méfiance «de principe» à l'égard de l'innovation. Dans le cycle de diffusion de l'innovation, c'est segment de marché qui est le dernier «conquis».

Fig. 3.6
Description des 4 profils

5.3 Description des profils

La principale clé du succès d'une innovation est de sortir du marché des « passionnés » pour toucher les pragmatiques du changement, autrement dit, de passer le gouffre de Moore[11].

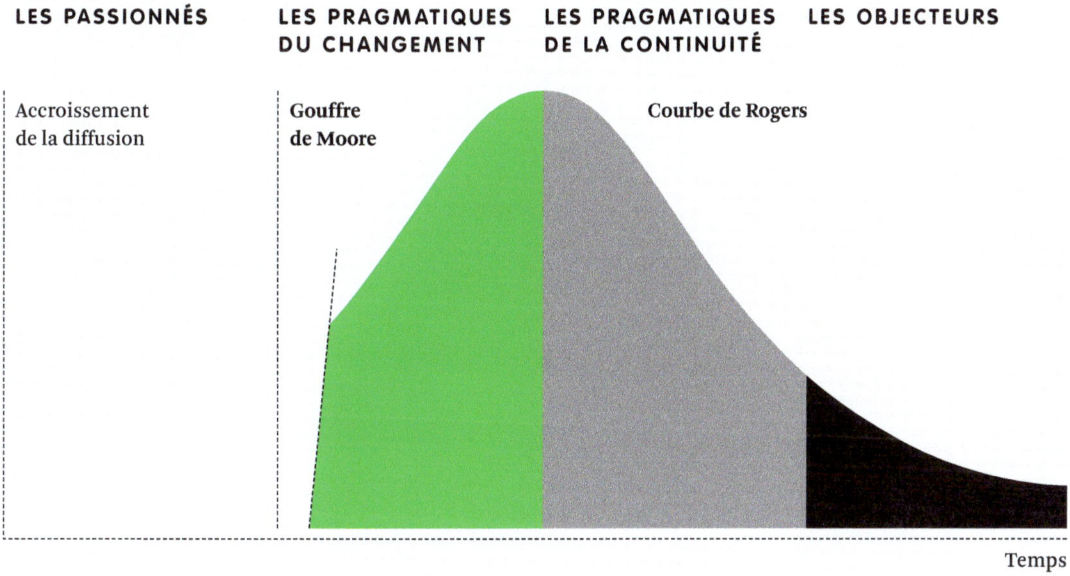

Fig. 3.7
La diffusion d'une innovation : les profils face à l'innovation et au changement

Une autre représentation des profils permet d'affiner la répartition par profils. Cette dernière figure (Figure 3.8) permet de mettre en valeur :

- *Des sous-ensembles, concernant notamment les profils de pragmatiques.* D'un côté, il y a les pragmatiques du changement (PCh) opportunistes, ouverts à une prise de risque, c'est un profil similaire à celui des adoptants précoces ou des connecteurs. De l'autre, il y a un groupe avec une décision plus mûrie et une gestion accrue des risques. Concernant, les pragmatiques de la continuité (PCo), nous trouvons deux groupes : un premier groupe caractérisé par un réalisme gestionnaire, une décision lente, aboutissant à la fabrication d'une norme d'après le modèle de référence ; et un deuxième groupe caractérisé par une gestion de « père de famille », ne prenant aucun risque, administrateur de la norme.
- *Le clivage stable / instable.* Les passionnés et les objecteurs sont des profils qui évoluent peu dans le temps. Ils sont dans une logique binaire (logique du OU[14]) et tranchée. Les pragmatiques ont des profils susceptibles d'évoluer dans le temps : ce sont en effet des profils renvoyant à des individus susceptibles de négocier et de s'adapter en fonctions des situations (logique du ET) : leur position vis-à-vis des Technologies d'Information et de Communication peut évoluer au fil du temps.

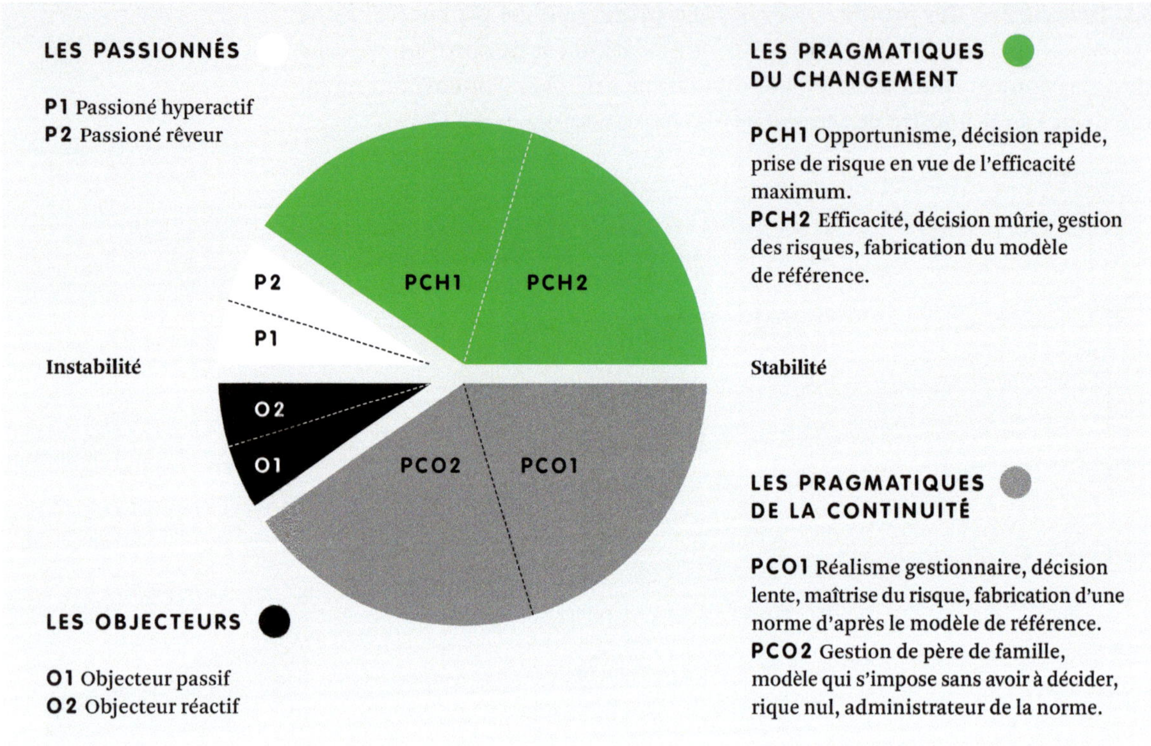

Fig. 3.8
Sous-ensembles des profils face au changement et à l'innovation

5.3 Adaptation de l'analyse des profils aux types d'études réalisées

Il est nécessaire, lors de l'évaluation des résultats de la grille CAUTIC®, d'identifier le profil CAUTIC® des répondants. S'il s'agit d'une innovation dite de rupture, il est intéressant de privilégier l'étude des passionnés (PAS) et des pragmatiques du changement (PCh). Pour des innovations incrémentales, par contre, l'étude des pragmatiques du changement (PCh) et de la continuité (PCo) s'avère plus intéressante. Il est donc central d'identifier le profil CAUTIC® de l'utilisateur, en le mettant toujours et uniquement en lien avec la nature du concept évalué et du cycle de diffusion de l'innovation, dans le cadre d'une étude CAUTIC®.

6. L'ANALYSE ET LES RÉSULTATS OBTENUS AVEC LA MÉTHODE CAUTIC®

L'analyse permet de déterminer les significations d'usage projetées sur l'innovation grâce à un principe de classement en trois catégories. En effet, pour chaque individu, on va déterminer par l'analyse si le critère de la grille d'analyse est Validé (V), Validé Sous Conditions (VSC) ou Non Validé (NV).

Si les significations d'usages sont «positives» (critères majoritairement validés) pour la cible visée, on dira alors que l'innovation fait sens pour les

NIVEAU	CRITÈRE	VALIDE ✓	VALIDE SOUS CONDI-TION ∿	NON VALIDE ⊘	NON CODABLE	COMMENTAIRE
Niveau 1	1.1					
	1.2					
	1.3					
	1.4					
Niveau x	x.n (intitulé)					

Fig. 3.9
Format de grille d'analyse de la méthode CAUTIC®

utilisateurs et qu'il y a une forte acceptabilité du produit testé. Dans ce cas, le produit a toutes les chances de se diffuser largement. Si les significations d'usage sont « négatives » (critères majoritairement non validés) pour la cible visée, on dira alors que l'innovation ne fait pas sens pour les utilisateurs et qu'il y a une faible acceptabilité du produit testé. Il peut aussi y avoir une « acceptabilité sous conditions » : les conditions exprimées et identifiées désignent alors des zones de problèmes à résoudre qui sont notifiées dans l'analyse afin d'améliorer la conception du produit à venir.

7. CONCLUSION

La méthode CAUTIC® permet l'appréhension des significations d'usage dans le processus de développement des innovations. Elle a une plus grande valeur lorsque l'étude est réalisée en amont dans le processus d'innovation. Les quatre niveaux d'analyse de la méthode (**4A**) – à savoir : l'assimilation aux savoir-faire techniques, l'affiliation aux pratiques courantes, l'appropriation à l'identité et l'adaptation à l'environnement - capturent les conditions pour que l'innovation fasse sens pour l'utilisateur. Les profils CAUTIC® constituent quant à eux un repère pour orienter la collecte de données et interpréter les résultats. La mise en œuvre rapide et relativement balisée de la méthode dans des plannings de « projets d'innovation » souvent serrés ainsi que ses relatives facilitées de compréhension et d'exécution constituent de véritables atouts. Ainsi, la méthode CAUTIC® permet de rationnaliser la démarche Usage et constitue une bonne base pour consolider la proposition de valeur dans la démarche d'innovation par les usages. Un exemple de déploiement réussi de la méthode CAUTIC® est explicité dans le chapitre 12.

NOTES

1. Mallein, P. (1996), Conception Assistée par l'Usage pour les Technologies, l'Innovation et le Changement - CAUTIC®, enveloppe SOLEAU, 1999.
2. La méthode CAUTIC® est issue d'un travail d'équipe mené sous la direction de Philippe Mallein au sein de la Maison Rhône Alpes des Sciences de l'Homme (Grenoble). Le Club CAUTIC®, créé en 1995 par l'association DICAU, a compté parmi ses adhérents au fil des années: le CSTB, le CNET, SCHNEIDER ELECTRIC, France Telecom, EDF, BOUYGUES Etudes et Énergie, le magazine BREF Rhône-Alpes, le MINISTÈRE DE L'AGRICULTURE, GRENOBLE APLES METROPOLE, le POLE UNIVERSITAIRE EUROPEEN DE GRENOBLE, SWISSCOM. Actuellement, la mise en œuvre de la méthode se fait sous licence d'exploitation, accordée par le CENTRE NATIONAL DE LA RECHERCHE SCIENTIFIQUE (CNRS) et l'UNIVERSITE PIERRE MENDES FRANCE (UPMF).
3. Mallein P. et Toussaint Y. (1994), «L'intégration sociale des TIC: une sociologie des usages», Technologie de l'information et société, 6(4) : 315-335.
4. On construit l'échantillon avec des «utilisateurs potentiels»: il s'agit d'une personne qui est potentiellement liée au sujet traité et pour qui l'innovation proposée, si elle se diffuse, amènerait à des modifications dans sa vie quotidienne, en termes de pratiques et de représentations.
5. Les significations d'usage vont en effet circuler au sein de deux types de réseaux: celui formé par l'équipe de conception (industriels, sociologues praticiens, chercheurs, etc.) et celui qui lie des utilisateurs potentiels de la technologie en développement à l'équipe de conception.
6. Forest, F. (2003), «Des sociologies de la réception à la conception assistée par l'usage des techniques d'information et de communication: héritage et enjeux», *Konex*, 1.
7. Voir chapitre 13 dans cet ouvrage.
8. Technique développée au sein du laboratoire Usages du CEA-LETI (Céline Verchère, Miguel Aubouy), en partie élaborée dans le cadre du projet ANR «IAM» (Intelligence Ambiante en Mobilité) avec les partenaires de l'IEP-PACTE (P. Trompette) et de l'INP-GSCOP (E. Blanco).
9. A noter: il s'agit bien de *filiation d'usage* et non de filiations d'objets comme peut les décrire l'histoire de l'art ou les notions de «filières d'objets» et de «filières d'usages» développées par Pierre Chambat: Usages des technologies de l'information et de la communication (TIC): évolution des problématiques, Technologies de l'information et société, vol. 6, n°3, 1994. En effet, la technique n'est pas centrée sur l'objet mais sur l'individu qui pourra mentionner des filiations parfois éloignées techniquement du sujet d'innovation.
10. Ces résultats font écho notamment aux résultats de Rogers (2003) sur la diffusion des innovations et l'identification de cinq profils d'adoption: innovateurs, adoptant précoce, majorité précoce, majorité tardive et retardataires (Rogers, E. (2003), *Diffusion of Innovations*, 5th ed., Free Press); voir aussi Hoffmann, J. (2007), Développement et Test d'un modèle des Déterminants Individuels de l'Adoption des Innovations Technologiques dans L'Industrie des TIC, Thèse de Doctorat, Université Pierre-Mendès France, Grenoble, 11 juin 2007; voir enfin Midgley, D. (2009), The Innovation Manual, Wiley, pour une révision de cette typologie.
11. Moore, G. (1999), *Crossing the Chasm: Marketing and Selling High-Tech Products to Mainstream Customers*, Harper Business, 256 p.
12. Rogers (2003), op. cit.
13. Midgley (2009), op. cit.
14. Morin E, 2005, Introduction à la pensée complexe, ed. Seuil, Paris.

4

Les 3 épreuves de l'innovation

1. INTRODUCTION

Depuis une dizaine d'années, les entreprises sont en prise avec « l'économie de l'innovation », ce qui les oblige à redéfinir en partie leurs modes organisationnels et renouveler certaines approches opératoires pour générer de l'innovation. Plus largement, dans un contexte où les NTIC (Nouvelles Technologies de l'Information et de la Communication) et plus spécifiquement la microélectronique envahissent la sphère des objets manufacturés (les objets deviennent *communicants*), la question de l'innovation à fort contenu technologique se pose, et avec elle, celle des méthodologies appropriées pour faciliter son émergence. En effet, dans un environnement où le délai moyen de conception tend à s'accélérer, les approches traditionnelles de conduite de projet ont largement montré leurs limites. D'une part, elles ne sont pas faites pour tirer parti d'un potentiel technologique et le mettre en lien avec un renouvellement / accroissement possible de marché. D'autre part, elles peinent à gérer la question de l'innovation de « rupture »[1]. Pour toutes ces raisons, une « science de l'innovation » est en cours d'émergence, qui mêle différentes approches venues de disciplines variées (sciences de l'ingénieur, sciences humaines et sociales[2], marketing, design). Il s'agit de comprendre la conception d'innovations technologiques, ainsi que les mécanismes qui peuvent en faciliter l'encadrement.

Ce chapitre puise son inspiration d'une méthode[3] et d'un livre[4]. Cette méthode «des trois clefs» s'inscrit à la frontière de trois domaines: le Design, la Créativité et les Usages. D'un point de vue méthodologique, elle vise à mettre la question de l'usage au centre des préoccupations, en l'intégrant très en amont dans les processus de conceptions.

2. GÉNÉRALITÉS

La plupart des méthodes décrites dans la littérature proposent des outils au service de l'innovation[5]. Ce ne sont pas des outils pour innover. Par exemple, en créativité, la séquence divergence-convergence est un outil pour produire des idées originales[6]. Dans le champ des sciences humaines et sociales, le «focus group» est un outil qui permet d'appréhender les comportements d'utilisateurs potentiels. Produire des idées originales ou étudier le comportement d'un utilisateur potentiel sont des éléments importants de l'innovation, mais ceci ne constitue pas directement l'innovation. Il manque très souvent à ces méthodes de décrire précisément ce que l'on cherche avec les outils qu'elles nous proposent, et puis surtout le lien entre ce que l'on cherche et l'innovation. Si l'on cherche une idée originale, comment la reconnaître ? Et surtout comment passer de l'idée originale au produit innovant, la seule chose qui importe, au final ?

Cette manière de faire, qui consiste à facetter le problème en une myriade d'outils, ne permet pas toujours de saisir où se trouve la véritable difficulté d'innover. En particulier, elle ne permet pas de comprendre que la maîtrise d'une seule technique, fut-elle très puissante, ne suffit pas à réussir. Dans ce chapitre, nous proposons une réflexion sur l'innovation en termes de jalons, que nous appelons des épreuves. Ce faisant, nous décrivons une structure très générique pour l'innovation à l'intérieur de laquelle chacun des métiers, et des outils qui lui sont associés, peut trouver à la fois son utilité et son sens. Un aspect essentiel de notre travail consiste à décrire les conditions d'une articulation propice entre ces différents métiers.

La plus grande difficulté de l'innovation tient au fait qu'il ne s'agit pas d'une seule épreuve. L'innovation est une série de trois épreuves qui se succèdent. Tant que l'on n'a pas réussi à «dépasser» la première difficulté, il est parfaitement inutile de se lancer dans la deuxième: on ne pourra l'atteindre. De même, c'est une perte de temps, d'énergie et de moyens que d'aborder la troisième difficulté si l'on n'a pas auparavant triomphé des deux premières épreuves. C'est un peu comme si l'on devait ramasser trois clefs pour ouvrir trois portes successives, chacune donnant accès à un niveau supérieur. C'est au bout du dernier niveau seulement, que se trouve l'innovation.

Chacune de ces épreuves demande des qualités différentes qui sont parfois contradictoires. De fait, ce sont rarement les mêmes personnes qui sont capables de triompher de l'une ou de l'autre de ces difficultés. C'est pourquoi très peu de gens arrivent à innover seuls. Sachant cela, dans les entreprises par exemple, on pourrait imaginer mettre, non pas une seule personne, mais un groupe au service de l'innovation, en choisissant ceux qui vont le composer en sorte que toutes les qualités soient réunies pour remporter successivement les trois épreuves. Encore faudrait-il connaître chacune des épreuves pour pouvoir choisir les bonnes personnes. Et puis il faudrait que chacune de ces personnes comprenne son rôle dans la succession des épreuves : quelle est sa zone d'influence ? Comment son travail s'articule-t-il avec celui des autres ? Enfin, il est essentiel qu'un dialogue puisse s'instaurer entre les différentes expertises, afin que ce qui est gagné à un moment serve à avancer le moment d'après.

Toutes ces questions sont le sujet de ce chapitre. Son originalité essentielle tient à ceci : être capable de définir le plus précisément possible ce que sont ces trois épreuves, et fournir les premiers conseils (ceux qui sont véritablement utiles) à ceux qui voudraient tenter l'aventure.

Le jeu de l'innovation comprend quatre niveaux. Au tout départ, nous sommes au niveau le plus bas, qui est celui des désirs. Tout commence par un désir qui ne trouve pas de satisfaction dans la réalité. C'est la condition première, *sine qua non*. Ce désir peut prendre plusieurs formes : le désir de comprendre ce qui demeure inexplicable pour le chercheur ; le désir de fabriquer un objet pour l'inventeur ; le désir d'accomplir un destin pour un homme, le désir de perdurer pour une entreprise… Dans le domaine des entreprises, on trouve souvent le désir de devenir numéro un dans son domaine d'activité. Très bien. Ou bien le désir de faire fortune. Parfait. Mais, il faut que ce désir acquière un caractère d'importance et d'urgence : qu'il envahisse l'esprit au point de devenir obsessionnel. Bien entendu, il faut que ce désir ne trouve pas de moyen évident de s'accomplir simplement. Sinon, à quoi bon innover.

3. LA PREMIÈRE ÉPREUVE

La première épreuve consiste à passer au niveau supérieur, qui est celui des inspirations. Cela semble facile : tout le monde a un minimum d'inspiration. Mais la première inspiration venue ne fera pas l'affaire. Avec n'importe quelle inspiration, on aura le sentiment d'évoluer au niveau supérieur, en vain. Rien ne se passera, et l'on retombera invariablement dans le désir insatisfait, avec le risque de la frustration grandissante. Tout se passe comme si la porte du niveau supérieur était en permanence disponible à l'ouverture, mais seule une clef très particulière permettait de déverrouiller l'issue, en sorte que l'on puisse vraiment évoluer dans le niveau supérieur, sans risque de retomber (Cf. Figure 4.1). Il faut une observation clef pour passer au niveau supérieur. Trouver cette observation est le but de la première épreuve.

La première épreuve est donc une épreuve d'observation. Il s'agit de trouver la bonne question à se poser. La difficulté tient au fait que cette question n'est pas évidente. Elle est en quelque sorte cachée. Il s'agit de presque rien, d'un minuscule détail qui passe inaperçu pour la plupart d'entre nous.

C'est par exemple l'ingénieur américain Percy Spencer qui travaille sur un générateur d'ondes électromagnétiques, appelé un magnétron. Un jour, il constate que les aliments qui se trouvent à portée du magnétron sont légèrement tièdes. Ce n'est pas grand-chose. N'importe qui passerait outre pour se concentrer sur l'expérience en cours. Mais ce détail l'inspire. C'est une observation clef: les ondes électromagnétiques générées par cet appareil sont capables de réchauffer les aliments. En étudiant ce phénomène, Percy Spencer inventera le four à micro-ondes.

C'est par exemple le biologiste anglais Alexander Flemming qui observe que l'une des boîtes de pétri qu'il avait laissée sur sa paillasse n'a pas été

Fig. 4.1
La première épreuve dans le labyrinthe du processus d'innovation

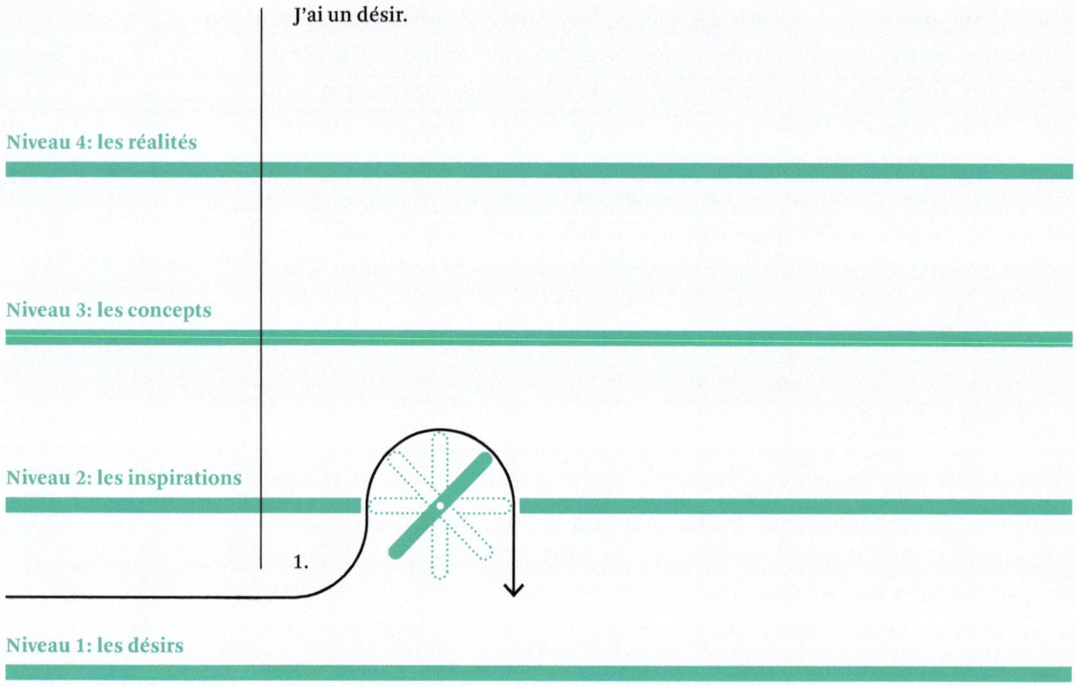

contaminée par les poussières contenues dans l'air. Ici encore, ce n'est qu'un détail. Il ne s'agit que d'une seule boîte parmi tant d'autres. N'importe qui, à sa place, pesterait plus volontiers contre sa propre inattention qui l'a conduit à perdre toutes ses boîtes. Mais ce détail l'intrigue : pourquoi aucune bactérie n'est venue souiller cette boîte en particulier ? De nouveau, c'est une observation clef: quelque chose s'est déposé dans la boîte qui a empêché les bactéries de se développer. En poussant ses investigations, Alexander Flemming découvrira la pénicilline.

Pour réussir cette épreuve, il est nécessaire d'avoir accumulé de la connaissance. Mais la qualité primordiale est celle de l'attention curieuse. Il s'agit d'être à l'affût du moindre détail qui peut se révéler une observation clef. En termes de disciplines académiques, on trouve ces qualités dans les formations de sociologie, d'anthropologie ou d'ethnométhodologie.

Dans son livre intitulé *The ten faces of innovation* (les dix figures de l'innovation)[7], Tom Kelley, le directeur de l'agence Ideo, raconte le métier de l'innovation sous la forme de personnages emblématiques. Le premier d'entre eux, celui dont Tom Kelley affirme qu'il le garderait s'il ne devait en rester qu'un seul, est le personnage de l'anthropologue. Il justifie son choix ainsi : « comme la plupart de nos entreprises clientes, nous avons à notre service beaucoup de gens brillants capables de résoudre des problèmes. Mais nous devons savoir quels problèmes résoudre. » Parmi les cinq qualités que Tom Kelley reconnaît en propre à l'anthropologue, il y a ce qu'il appelle le sens du « Vuja De ». On connaît, explique-t-il, le sentiment de « déjà vu »: lorsqu'une scène nous paraît étrangement familière, comme si elle était la réminiscence d'une situation déjà vécue précédemment. Le sentiment du « Vuja De » en est l'exact opposé. C'est la faculté de discerner ce qui est nouveau dans une scène parfaitement banale.

Le fait que l'observation clef soit un détail admet plusieurs conséquences importantes. Premièrement, l'observation clef échappe au discours, à la synthèse, au résumé. Ce détail est caractéristique de la situation explorée, il est même courant au sein de cette situation. Autrement dit, ce détail peut relever de quelque chose de général à l'intérieur de la thématique particulière envisagée. Dans bien des cas, ce détail est connu de tous ceux qui s'intéressent au sujet, mais ils ne le relèvent pas toujours comme important ou pertinent (il fait partie du « bruit »). En particulier, on ne peut pas avoir accès à l'observation clef par le truchement d'une tierce personne ou d'un rapport de synthèse. A chaque fois, ces médiations vont omettre de mentionner l'observation clef pour la raison qu'elle ne semble pas très importante : ce n'est pas *a priori* ce qu'on doit d'abord retenir de la situation.

Deuxièmement, l'observation clef est rare. Ainsi, il semble toujours étrange à un commanditaire, qui doit allouer un budget parfois conséquent à un travail d'observation sur le terrain, d'accepter qu'il achète non pas un volumineux rapport empli de références savantes, mais une remarque qui tient en quelques lignes. C'est ainsi. La valeur d'une information ne tient pas à la quantité de mots pour la décrire. C'est tout particulièrement vrai pour l'observation clef.

Troisièmement, il est parfois difficile d'argumenter en quoi l'observation clef est précisément une clef. Nous sommes clairement dans le registre de l'inspiration, et l'inspiration reste toujours difficile à défendre. Elle nous engage bien au-delà des mots que nous pouvons trouver pour la défendre.

Très concrètement, lorsque l'on cherche à faire de l'innovation technologique ouverte, il s'agit de recueillir de l'information et de cumuler de la connaissance en lien avec la thématique qui nous intéresse. Ce jalon n°1 consiste à aboutir à une observation clef qui sera requalifiée sous forme de question. A partir d'une thématique générale assez large, on va poser un questionnement ouvert qui va cadrer l'espace de conception et orienter la démarche de R&D technologique. Ce questionnement permet d'opérer un changement dans le format de réponse injecté dans le projet : d'un livrable

Fig. 4.2
L'observation clef

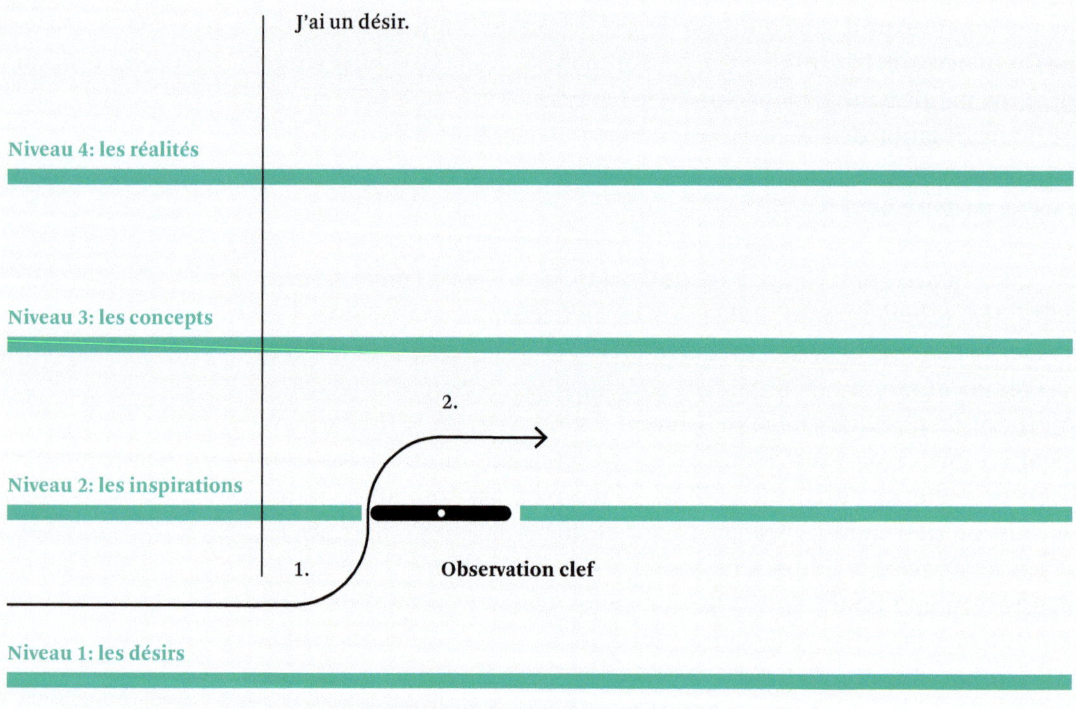

de connaissance (sociologique, marketing, etc.), nous passons à un questionnement à la fois en lien avec la problématique de départ, et comprise de toutes les parties prenantes.

L'OBSERVATION CLEF

- Elle apparaît sous la forme d'un détail, d'un écart entre ce qui est attendu ou espéré, et ce qui apparaît.
- Ce détail est caractéristique de la situation explorée, il peut être courant au sein de cette situation.
- Ce détail apparaît comme une anomalie lorsqu'on l'analyse plus attentivement. Il soulève une question inhabituelle. Il dérange l'ordre des choses établies. Il convoque de l'étrangeté. Il provoque une controverse.
- Il peut être difficile d'expliquer en quoi ce détail a de la valeur.

A noter

- Une seule « observation clef » suffit à passer la première étape. D'une manière générale, on en trouve très peu.
- Ces observations clef relèvent certes d'un processus raisonné, à partir d'outils mis en œuvre de manière scientifique, mais l'information retenue n'est pas forcément celle qui paraît la plus pertinente scientifiquement (elle n'est pas le fruit d'une synthèse, d'un résumé, ou d'une récurrence). Elle n'est pas essentielle au premier abord.
- Le choix peut finalement paraître assez « arbitraire ». Il faut assumer et défendre la subjectivité de ce choix.
- L'observation clef se résume à peu de mots. Il y a toujours un contraste saisissant entre la quantité d'informations nécessaires pour trouver l'observation clef et la teneur de ce que l'on retient de ce corpus.

Techniques et outils mis en œuvre[8]

- Observation ethno méthodologique
- « Focus group »
- Confrontation des discours avec des observations *in situ*.

Compétences requises

- Capacité d'observation et capacité à manipuler une grande quantité d'informations de toutes sortes.
- Ouverture d'esprit (apprendre à repérer « l'étrangeté dans le banal »).

4

4. LA DEUXIÈME ÉPREUVE

Avec la bonne question, on a trouvé la première clef. On entre définitivement dans le deuxième niveau, qui est celui des inspirations et l'on accède à la deuxième épreuve. Celle-ci consiste à passer au niveau encore supérieur, qui est celui des concepts. Il s'agit de trouver une idée, mais, encore une fois, pas n'importe quelle idée, sous peine de ne pas avancer : une idée clef, c'est-à-dire une idée qui va nous permettre de quitter le domaine de l'inspiration. Trouver cette idée est le but de la deuxième épreuve.

Bien entendu, l'idée clef est liée à l'observation clef. Elle lui répond, d'une certaine manière. Elle en est la conséquence. Parfois, le lien est immédiat et l'épreuve est facile. A partir du moment où l'on comprend que certaines ondes électromagnétiques peuvent chauffer des aliments, on n'est pas loin de penser qu'on pourrait fabriquer un four avec ce principe. D'autres fois, le saut conceptuel est plus considérable. L'effort imaginatif doit être plus important.

La seconde épreuve est donc une épreuve d'imagination. Il faut être à l'aise avec le monde des idées : toutes les idées, les plus bizarres, les plus idiotes, les plus incongrues. Il ne faut pas s'arrêter à leur apparence. Il faut explorer le monde des concepts sans retenue.

Fig. 4.3
La deuxième épreuve
dans le labyrinthe
du processus d'innovation

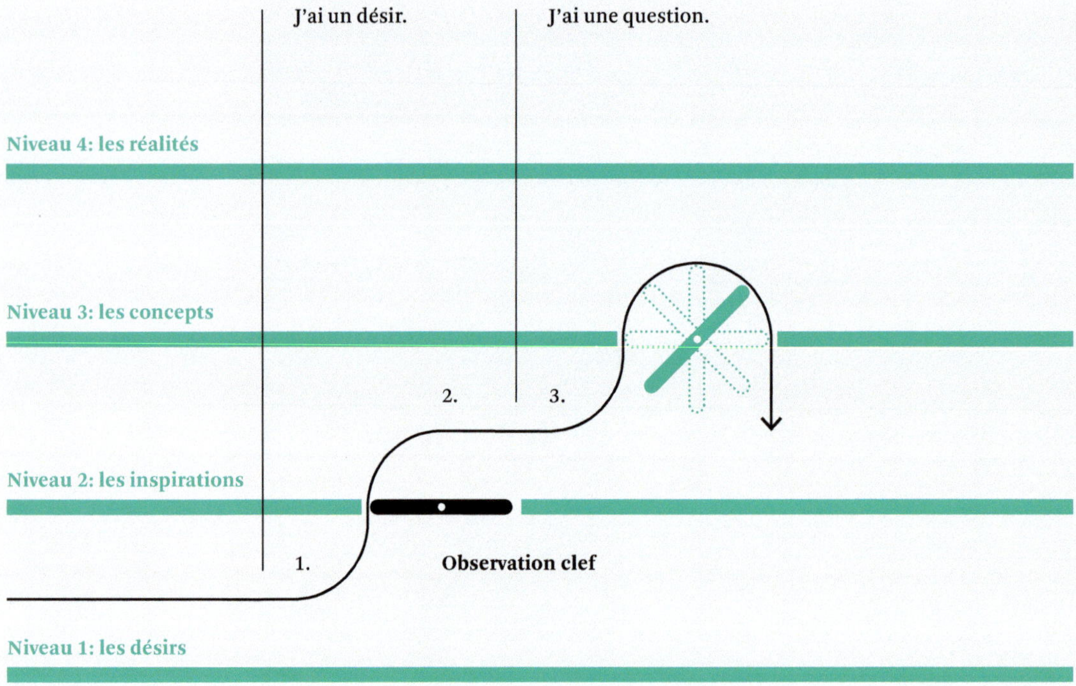

La difficulté de cette épreuve tient au fait qu'une idée clef est toujours originale. Cela admet deux conséquences. D'abord, une idée originale est toujours d'une manière ou d'une autre une provocation : elle heurte des principes, elle choque les esprits, elle dérange les habitudes de pensée. Non seulement elle gêne les autres, mais parfois aussi nous-mêmes. Le premier réflexe face à une idée originale, c'est le déni. « Ca ne marchera jamais, ce n'est pas possible ».

En 1975, Muhammad Yunus a l'idée de créer une banque qui ne prêterait qu'aux gens pauvres. Il invente le micro-crédit dans les pays du tiers-monde : de toutes petites sommes prêtées avec des taux d'intérêts extrêmement bas aux femmes qui ont un projet de développer une activité qui leur rende un peu d'autonomie et d'aisance financière. Non seulement sa banque est la plus rentable du monde en terme du taux de remboursement, mais il reçoit le prix Nobel de la paix pour avoir aidé des centaines de milliers de personnes.

Mais il y a une seconde difficulté à cette épreuve : une idée clef, parce qu'elle est originale est toujours une idée floue. On ne voit pas bien comment la réaliser en pratique. On peine à la défendre à la fois contre l'assurance tranquille des experts mais aussi, parfois, contre le bon sens de ceux qui nous entourent.

Fig. 4.4
L'idée clef

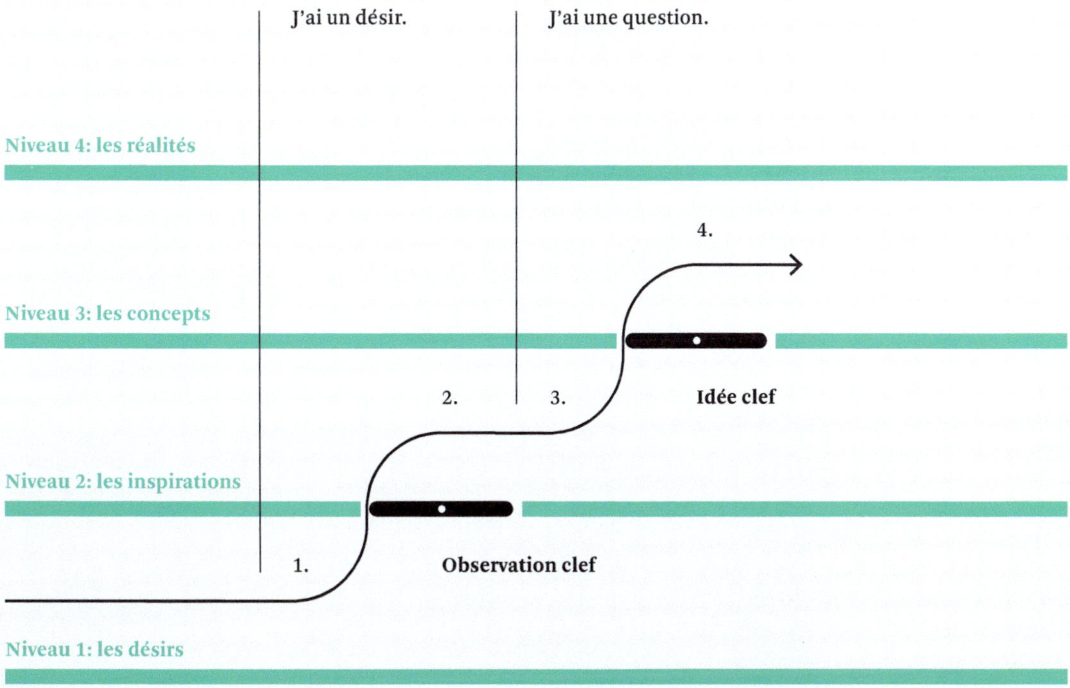

Il n'y a pas de discipline académique qui développerait spécifiquement la faculté d'idéation. On trouve en revanche des métiers qui sont apparus récemment, dont celui de facilitateur en créativité. Les règles du *brainstorming*, par exemple, sont explicitement faites afin de protéger la parole déviante. Elles combattent la retenue naturelle que nous avons devant une idée bizarre.

Très concrètement, en utilisant différents outils permettant de faciliter l'émergence d'idées, on aboutit à une idée clef, qui représente le jalon n°2. Cette idée, traduite sous la forme d'une phrase simple ou la description d'un concept, va permettre de faire émerger une piste de solutions possibles et d'explorer l'espace de conception. Dans la dynamique du processus, ce jalon permet de passer d'une question ouverte à une piste de solutions possibles, non encore réalisées (ce sera l'objectif du jalon n°3). Cette piste permet d'opérer un nouveau changement dans le format de la réponse injectée dans le projet : d'une observation, nous passons à une piste possible de solutions à matérialiser. Encore une fois, celle-ci doit être comprise de tous et avoir un lien avec la problématique de départ.

L'IDÉE CLEF

- Raisonne avec l'observation clef. Il existe une sorte d'accord tacite exclusif entre l'observation clef et l'idée clef. La première rend possible ou envisageable la seconde. L'idée clef se justifie par l'observation clef.
- Stimule l'imaginaire, en renouvelant les termes de la thématique initiale.
- Apparaît comme une provocation. Elle heurte les manières habituelles de voir la thématique ou les manières de faire parmi les entreprises qui sont dans le domaine. D'une manière générale, elle ne laisse pas indifférent ; soit parce que sa portée n'est pas comprise, soit parce qu'elle provoque le rejet.
- Invite à la phase suivante sans toutefois que l'on sache comment. Elle suscite un « comment pourrait-on la réaliser » ?

A noter

- Les idées clef sont rares. En pratique, on en trouve très peu.
- L'idée clef est très souvent floue au début. Il faut accepter le flou comme constitutif de l'idée.
- Cette idée ne doit pas se figer, mais doit être susceptible d'évoluer, il faut être flexible.

- L'idée est rarement unique. Elle se présente comme une myriade d'idées adjacentes/connexes.

Techniques et outils mis en œuvre

- Technique de créativité de groupe (purge, divergence, convergence)
- Scénarisation, mise en récit
- « Focus Group » utilisateurs (tests de concept)
- « Focus Group » experts (avec des technologues)

Compétences requises

- Capacité à faire émerger des idées et à ne pas les censurer.
- Tolérance envers les provocations.

5. LA TROISIÈME ÉPREUVE

Enfin la troisième épreuve consiste à passer du niveau des concepts à celui des réalités tangibles. Il s'agit de réaliser l'idée clef en un produit très particulier que nous appelons l'objet clef. La première qualité de cet objet clef est de faire la preuve de la possibilité de réaliser l'idée clef. Avant lui, tous les doutes sont possibles, et d'ailleurs, ils ne manquent pas de s'exprimer. Après lui, des interrogations demeurent, qui ne sont pas toujours négligeables, mais on sait que c'est faisable.

Cependant, ce n'est pas suffisant. L'objet clef n'est pas simplement le premier prototype qui permet de croire que c'est possible. Il provoque brusquement de nouvelles questions que l'on se pose sur l'idée clef. On ne se demande plus comment faire mais quand on pourra le commercialiser ? Ou à quel prix ?

Autre signe fort : l'objet clef rend obsolète tous les autres objets analogues. Quelque chose d'irréversible se produit pour celui qui a vu l'objet clef : il ne peut plus regarder la réalité de la même manière. Il y a un avant et un après.

La troisième épreuve de l'innovation est une épreuve de détermination. A ce stade, on rencontre trois difficultés majeures : un certain rapport au temps, un certain rapport au milieu, un certain rapport à la métamorphose.

La première difficulté est donc un certain rapport au temps. Il y a un équilibre à trouver entre la volonté que les choses avancent, d'une part, et l'acceptation que ces choses prennent du temps pour se faire, d'autre part. Si l'on va trop lentement, l'effort sera insensible, et la volonté s'épuisera : on échouera par défaut d'énergie injectée dans le processus. La plupart des entrepreneurs sont bien conscients de ce problème. Ils sont plus rarement conscients du fait que si l'on va trop vite, on échouera aussi, d'une autre manière : en saccageant le travail. La gestation d'un enfant pour une femme, c'est neuf mois. Il n'y a rien à faire. On ne peut pas aller plus vite. On ne peut pas tenir une logique bêtement comptable qui consisterait à remplacer une femme pendant neuf mois par neuf femmes pendant un mois. Il faut accepter que certaines choses prennent du temps : trouver des alliés, convaincre les bonnes personnes, obtenir les bons outils ou le bon matériel, attendre que les questions mûrissent dans le cerveau des ingénieurs pour que les réponses tombent d'elles-mêmes... La phase de gestation pour l'invention de l'aspirateur sans sac a duré cinq ans, pendant lesquelles James Dyson a fabriqué cinq mille cent vingt-sept prototypes successifs [9].

La deuxième difficulté est un certain rapport au milieu. De même que l'on ne peut pas faire pousser n'importe quelle plante dans n'importe quelle terre, on ne peut pas développer n'importe quelle innovation dans n'importe quel contexte. Il faut connaître l'histoire de son entreprise, ou plus généralement du milieu dans lequel on évolue, pour savoir comment s'y prendre.

Fig. 4.5
La troisième épreuve dans le labyrinthe du processus d'innovation

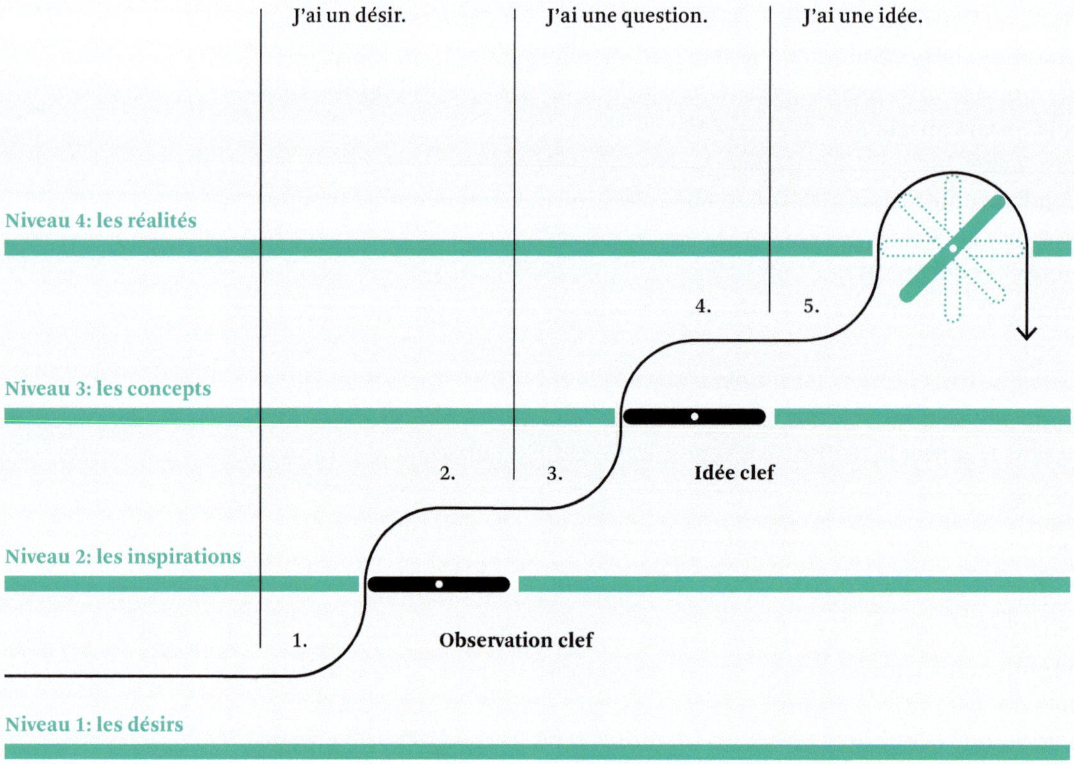

Enfin, la troisième difficulté est un certain rapport à la métamorphose. Entre l'idée clef et l'objet clef, il y a un monde que ses inventeurs ne peuvent pas imaginer. James Yorke écrivait : « Ceux qui réussissent le mieux sont ceux qui sont bons pour faire des plans B » (11 / 08 / 05). C'est précisément l'idée du rapport à la métamorphose : le passage d'un plan A à un plan B puis à un plan C *et cætera*, à mesure que le projet se développe et ce que l'on imaginait ne peut aboutir, si bien qu'à la fin ce que l'on a fait ressemble à Z bien plus qu'à A. Et ceci n'est pas plus mal, car c'est la condition pour obtenir de l'innovation à la fin du processus.

Très concrètement, il s'agit de produire l'objet clef en appliquant différentes méthodes d'ingénierie de la conception. Ce jalon n°3 prend en compte les difficultés technologiques tout en exploitant la piste de solutions que représente le jalon n°2. Cette démarche s'inscrit dans une dynamique, donc cette piste doit elle aussi évoluer, notamment parce qu'elle va intégrer des aspects de conception jusque-là moins pris en compte (faisabilité technique, etc.). L'objet clef matérialise l'idée clef (qui aura évolué) dans l'espace de conception. Il permettra d'enclencher le passage à la réalisation d'un produit, le cas échéant.

Fig. 4.6
L'objet clef

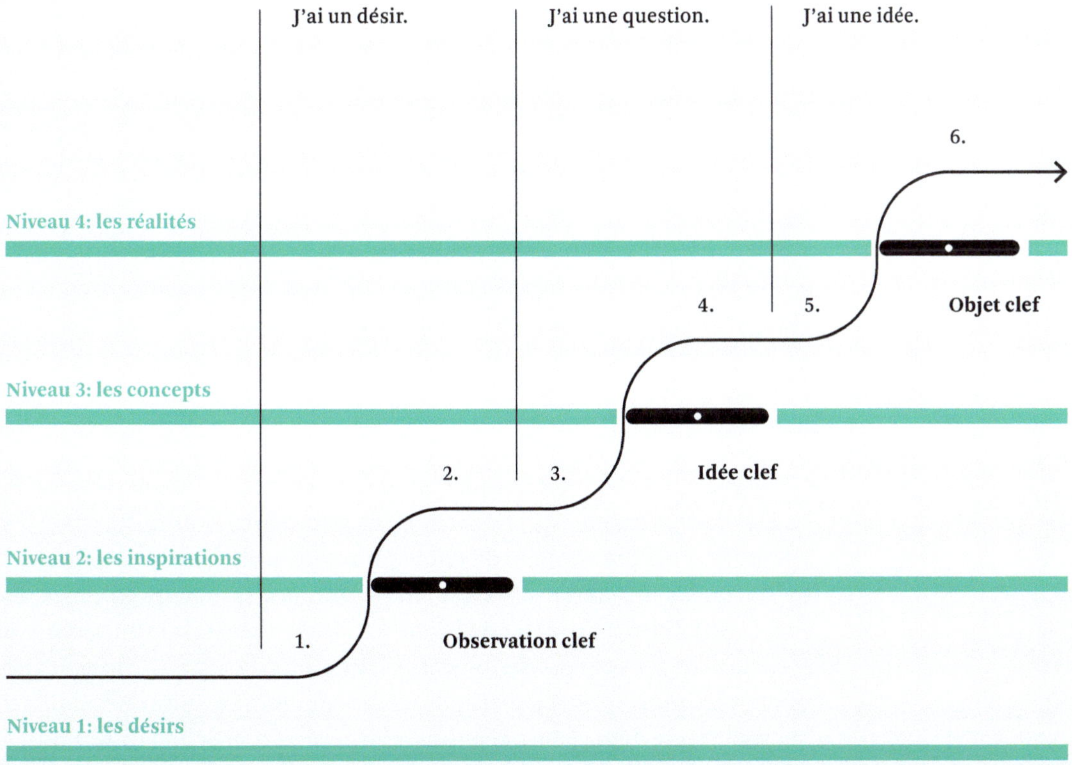

L'OBJET CLEF

- Il fait la preuve de la possibilité de réaliser l'idée clef.
- Il suscite une réaction, parfois un désir d'appropriation : le « combien ça coûte » ? « Comment me le procurer ? » de la part des individus qui manipulent cet objet.
- Il donne envie de faire l'expérience de l'objet (« je me verrais bien faire ci ou ça avec... »)
- Il affecte les objets ou les filiations précédentes : on ne peut plus utiliser les objets comme avant (effet de non-retour).

A noter

- L'objet évolue dans sa définition même, à mesure que la démarche se déroule.

Techniques et outils mis en œuvre

- Cahier des charges
- Tests de non régression
- Planification
- Prototypage rapide
- « Mood Board »
- « Focus Group » (test d'acceptabilité)

Compétences requises

- Capacité à réaliser les arbitrages fonctionnels
- Capacité à réaliser des arbitrages de ressources de développement
- Capacité à faire émerger des éléments de prospective à partir de l'objet

6. CONCLUSION

Les démarches de conceptions d'innovations à fort contenu technologique se sont enrichies en s'appuyant sur des approches multidisciplinaires qui intègrent dans leur boucle de conception des utilisateurs potentiels. Mais ces avancées ont aussi engendré un certain nombre de problèmes. Parmi eux, la difficulté d'articuler des compétences et des disciplines entre elles, et surtout de tendre vers des objectifs communs, compris de tous et visant à favoriser l'innovation. La méthode « des trois clefs » résulte de ce constat. En instituant une démarche par jalons, elle permet d'articuler différentes compétences et méthodes entre elles. Il s'agit de permettre que des passerelles se créent et que les liens se renforcent entre les connaissances acquises et la possibilité d'émergence de l'innovation dans le processus de conception.

Dans les différentes figures d'illustration, nous avons représenté les jalons (le passage d'un niveau à un autre) sous la forme d'un point de bascule. Ce n'est pas un hasard. Les différentes clefs du processus sont des jalons très particuliers. Ils ont le rôle de points de bascule (« tipping points ») dans le processus de conception. Plus précisément, ils ont quatre caractéristiques :

- Ce sont des moments de décision. A ce moment, une décision est prise qui va orienter irréversiblement le processus d'innovation. C'est donc un moment de fermeture temporaire du processus ;
- Ce sont des moments où se joue une négociation. Cette négociation engage l'ensemble des parties prenantes du processus (ingénieurs, décideurs, techniciens, etc.) : il est donc nécessaire de trouver un « format » qui permette à chacun de comprendre cette connaissance, de se l'approprier et de l'intégrer dans le processus de conception ;
- Ce sont des moments de transition. La nature des objets que l'on manipule (les « objets intermédiaires de conceptions »[10]) change à ce moment. La nature de l'information qui circule aussi (par exemple, passage d'un rendu écrit à un cahier des charges fonctionnels ; ou encore, passage d'un cahier des charges à un prototype).
- Ce sont des « moments relais » entre les différentes parties prenantes du projet.

A travers cette approche, nous questionnons quelques principes des démarches classiques. Le premier de ces principes est celui du « besoin d'usage ». Dans ce type de conception, nous ne cherchons pas de réponses à un besoin ou une « attente utilisateur ». Nous souhaitons plus volontiers faire naître un désir : celui, pour l'utilisateur, d'utiliser un nouvel objet en interaction avec les autres objets qu'il possède déjà.

Le deuxième principe généralement défendu par des approches similaires est celui de la réduction des risques. Cette approche nous conduit, au contraire, à cultiver l'incertitude et favoriser la prise de risque en exploitant deux dimensions : l'évitement du consensus et surtout, le renoncement à l'idée d'une synthèse possible. Autrement dit, nous renonçons explicitement à l'idée que chaque étape, si elle est résumée, synthétisée, fournira une « meilleure » réponse au problème.

Le troisième principe courant est celui d'une dominance de la rationalité. Les « points de bascule », pour être efficaces, ne doivent pas laisser indifférent : ils relèvent du banal ou au contraire, ils mettent en avant une étrangeté. Ils échappent, en quelque sorte, à la raison. Ainsi, il faudrait renoncer à l'idée qu'une démarche raisonnée produise des résultats raisonnés. Au contraire, il faut considérer l'ensemble comme une dynamique, une marche, dont le seul but est de faire émerger une innovation *in fine*. Avec cette approche, l'intuition et l'inspiration sont réhabilitées au niveau de la raison.

« Rencontrer un usage » ou faire « sens pour l'usager » ne signifie pas qu'il faille faire émerger un objet qui s'accorde immédiatement avec un usage, ou qui rencontre l'approbation de l'ensemble des personnes qui le voient ou le touchent. L'objet doit cultiver une forme d'étrangeté, avoir des aspérités qu'il faut mettre en valeur. Il faut accepter de prendre le risque de faire un objet « non lisse », « non consensuel », qui suscite des réactions nombreuses, variées et parfois contradictoires. L'indifférence constitue un échec plus considérable en matière d'innovation.

NOTES

1. Innovation de rupture / incrémentation : la littérature de l'innovation oppose généralement innovation de rupture (ou innovation radicale) et innovation incrémentale, mais l'existence même de ce distinguo est sujette à débat. Les auteurs proches du management technologique valorisent l'idée de rupture (cf. Von Hippel, dans son cours donné au MIT), essentiellement comme un avantage concurrentiel certain, et/ou une possibilité de barrière technologique à l'entrée d'un marché. A l'opposé, les sociologues de l'usage insistent sur le fait que toute innovation socialement acceptée est le fruit d'une négociation entre les nouveaux usages qu'elle implique et des usages existants, sur lesquels elle doit nécessairement se greffer, ce qui questionne de fait l'idée d'une « rupture » d'usage.
2. Jouët, J. 2000. Retour critique sur la sociologie des usages. *Réseaux, Communication, Technologie, Société*, 18 (100) : 487-521.
3. Inventée au sein du Laboratoire d'Electronique et des Technologies de l'Information (LETI) du CEA-Grenoble, la méthode (dite « des trois clefs ») a été déposée sous enveloppe SOLEAU en 2010. Elle est issue d'une dizaine d'années d'expérience dans l'innovation technologique qui s'est concrétisée dans de nombreux projets européens ou ANR, mais aussi dans plusieurs collaborations bilatérales avec des entreprises : PME et grands groupes internationaux. Les auteurs et co-auteurs de cette enveloppe sont, par ordre alphabétique, Miguel Aubouy, Nicolas Géraud, Olivier de Meideros, Timothée Jobert, Céline Verchère. Nous remercions donc les différents auteurs et co-auteurs de nous avoir permis d'en exploiter le contenu.
4. *Le chasseur, le mage et le cultivateur ou les trois épreuves de l'innovation*, éditions nullius in verba, en préparation pour 2014.
5. Dubberly, H. 2004. *How do you design? A compendium of models*. Dubberly Design Office.
6. Osborn A. 1948. *Your Creative Power. How to Use Imagination to brighten life, to get ahead*. NY: Charles Scribner's Sons.
7. Kelley, T and Littman, J. 2006. *The ten faces of innovation : Ideo's strategies for beating the devil's advocate & driving creativity throughout your organization*, Profile books.
8. A noter : une méthode spécifique a été développée dans notre laboratoire (la méthode dite « par filiations d'usage » que nous ne développerons pas ici).
9. Dyson, J. 2003. *Dans la cour des grands*. Paris : Le Cherche Midi.
10. « Il s'agit des objets produits ou utilisés au cours du processus de conception, traces et supports de l'action de concevoir, en relation avec outils, procédures, et acteurs. Son contenu empirique peut rester flou et n'être déterminé qu'au cas par cas selon ce qui se présente sur chaque terrain. Son intérêt est de nous permettre de disposer d'une notion de même niveau de généralité que celle d'« organisation » pour poser les questions relatives à l'étude des processus rencontrés sans faire abstraction de leur contenu, de leur instrumentation et de leur manière concrète de fonctionner. » (1998 : 293-294 Jeantet).

5

Le passage de l'observation clef à l'idée clef

1. INTRODUCTION

D'abord, nous avons proposé un schéma d'innovation très générique en termes de trois épreuves successives qui consistent à trouver l'observation clef, puis obtenir l'idée clef et enfin réaliser l'objet clef. Nous argumentions que ces épreuves jouent le rôle de point de bascule dans le processus de conception. En particulier, écrivions-nous, chaque point admet quatre caractéristiques :

- C'est un moment de décision.
- C'est un moment de négociation.
- C'est un moment de transition.
- C'est un moment de relais.

Dans ce chapitre, nous allons développer notre propos sur le passage de l'observation clef à l'idée clef. Il s'agit d'analyser la complexité de ce passage et de partager quelques unes des solutions spécifiques que nous avons trouvées, qui permettent de pallier les difficultés soulevées.

2. ALLER À LA RENCONTRE DE L'IDÉE CLEF : QUELQUES PROBLÈMES SPÉCIFIQUES

L'idée clef est au cœur du processus d'innovation. Elle va s'inspirer de ce qui vient avant elle : l'observation clef. Mais elle intègre aussi ce qui vient après elle : la possibilité de sa réalisation dans l'environnement particulier qui va l'accueillir, jusqu'à sa métamorphose en un objet clef. Il s'agit de deux difficultés spécifiques de second niveau dans le jeu de l'innovation. D'abord, faire éclore sous une forme idéelle ce qui est source d'inspiration. Ensuite, anticiper le contexte d'un développement futur. Ainsi, l'observation clef se situe entre le désir et l'inspiration ; l'idée clef émerge entre le concept et la réalité.

En toute généralité, il faudrait ajouter une difficulté supplémentaire puisqu'il s'agit d'intégrer, à chaque fois, un type de solution particulière. Par exemple, dans le cadre de nos travaux, nous accompagnons les partenaires industriels dans l'innovation technologique en partant de leur domaine de compétences, sous la contrainte d'intégrer des technologies de type micro et nano électronique. L'innovation se fait donc à l'intersection : *a)* du domaine de compétences et du sujet à traiter *b)* de l'entreprise qui va s'emparer de l'innovation, mais aussi *c)* des technologies disponibles et de leurs évolutions probables (« road map » technologique). Dans le cadre de ce chapitre, nous préférons simplifier le propos pour ne traiter que le cas le plus commun où l'idée clef se situe à l'intersection de seulement deux champs d'investigation : le sujet de travail et l'entreprise ou le particulier qui ambitionne d'innover. La question des technologies est un problème en soi qui demande un développement spécifique.

L'idée clef, pour fonctionner, doit entrer en cohérence avec le sujet du travail. C'est toute la démarche de l'innovation par l'usage développée dans cet ouvrage, notamment avec la question de l'observation clef. Il peut paraître plus surprenant d'affirmer que l'idée clef doit aussi être liée à l'entreprise qui cherche à la développer. Pour comprendre cette proposition, il nous faut faire un détour par la créativité.

En créativité, on rencontre deux difficultés principales pour produire et mettre en œuvre une idée originale. Primo, la norme. C'est le problème du conformisme. Secundo, la trajectoire (« path-dependency » en anglais). C'est le problème de la cohérence.

Pour évoquer le problème du conformisme, il suffit de raconter l'expérience de Solomon Asch [1]. Il s'agit d'une expérience de psychologie sociale qui date des années 1950. Dans cette expérience, on demande des volontaires pour une expérience de perception visuelle. Ceux qui se présentent arrivent dans une salle où se trouvent déjà une dizaine de personnes. Tout est fait pour faire croire que ces personnes sont d'autres volontaires. En réalité, ce sont des complices. Ceux-ci font en sorte que le cobaye s'assoie avec eux, mais à l'extrémité de la rangée.

Devant cette assemblée, un type, habillé comme un docteur, présente une série de cartons sur lesquels sont représentés des bâtonnets noirs et épais. Sur chaque carton, on voit un bâtonnet qui sert de référence, et trois autres bâtonnets, d'allure semblable, mais de taille différente. Le pseudo docteur s'adresse à tous et leur demande de désigner lequel des trois bâtonnets possède la même taille que la référence. Selon le protocole, chacun se prononce oralement, l'un après l'autre, en partant de sa gauche. C'est ainsi que le cobaye se retrouve à donner son avis en dernier.

A la distance où les participants sont assis, il n'y a aucune ambigüité, et tous donnent donc la bonne réponse. Mais au bout d'un certain temps, il se produit un évènement singulier : l'ensemble des complices se met à donner une même réponse qui est fausse. Dès lors, le cobaye se retrouve dans la situation embarrassante d'avoir à faire un choix : soit donner la bonne réponse, mais en contredisant l'ensemble des participants. Soit se conformer à l'avis du groupe, mais en donnant la mauvaise réponse. Cette situation se reproduit pour douze des dix-huit cartons qui sont présentés.

Solomon Elliott Asch a répété cinquante fois l'expérience avec cinquante cobayes différents. Deux candidats sur trois ont préféré mentir au moins une fois. En moyenne, ils ont menti dans quatre des douze séquences où ils avaient à s'opposer à l'opinion du groupe. Il existe d'autres expériences semblables qui montrent que la force du conformisme est considérable. Aucune n'est plus édifiante que celle de Asch.

Cette expérience démontre qu'il existe une difficulté spécifique à produire une parole déviante dans un groupe. Il y a de petites et de grandes innovations, et il y a donc de petites et de grandes provocations. Mais il n'en reste pas moins qu'à l'origine, une idée nouvelle prend toujours la forme d'une parole déviante et il faut un certain courage pour l'exprimer.

Pour évoquer le problème de la cohérence, on peut se référer à l'expérience de Robert Cialdini[2]. Dans cette expérience, un groupe d'étudiants est soumis à un choix. L'alternative est la suivante : d'un côté participer au test A, qui est ennuyeux mais rapporte beaucoup de crédits dans le cursus des élèves ; de l'autre participer au test B, qui est plus excitant mais rapporte considérablement moins de crédits. A cause de ce biais, 80 % des étudiants choisissent le test A.

Peu après, cependant, on annonce aux étudiants qu'il y a eu une erreur. En fait les deux tests rapportent la même quantité de crédits. Avec cette donnée nouvelle, on leur demande de faire leur choix définitif. En l'absence de tout biais, il s'agit de choisir entre une expérience ennuyeuse et une expérience excitante, un point c'est tout. En particulier, pour chacun de ceux qui avaient initialement choisi le test A, il s'agit de privilégier soit le plaisir qu'ils vont avoir, soit la cohérence de leur choix.

Dans l'expérience de Cialdini, au final, pour ceux qui avaient initialement choisi A, seulement vingt-cinq pour cent ont changé d'avis. Soixante-quinze pour cent ont privilégié la cohérence de leur engagement initial, plutôt que leur plaisir. Cette expérience met en lumière une forme d'inertie très particulière dans nos existences, liée à l'ensemble de nos engagements précédents.

Cette inertie est un élément essentiel de la problématique de l'innovation en ce qu'il biaise nos décisions en faveur de la continuité. C'est valable au niveau individuel mais aussi au niveau d'une entreprise pour des changements de directions stratégiques.

Fig. 5.1
Le degré de conformisme des idées

LES QUATRE TYPES D'IDÉES

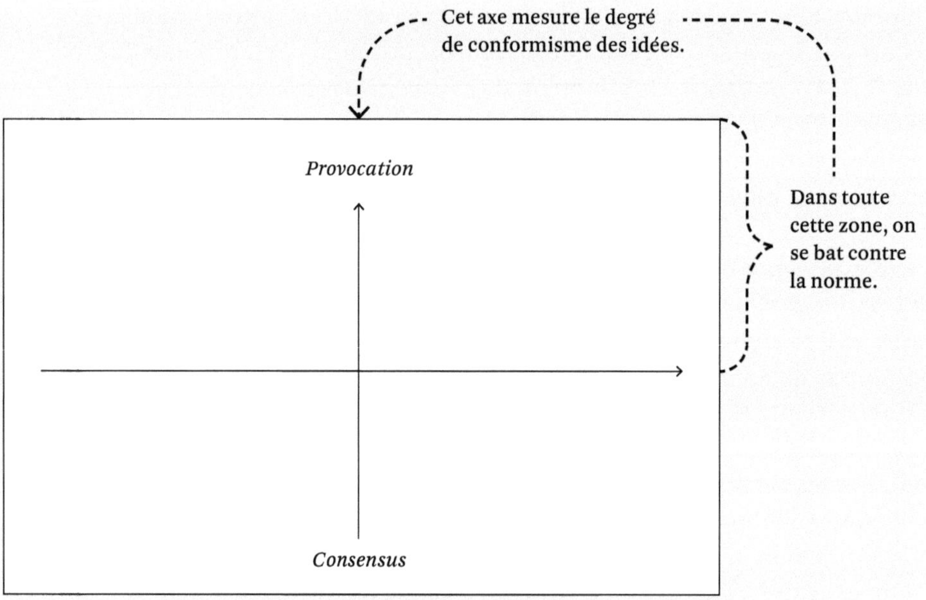

On peut représenter ces deux difficultés sur un diagramme élémentaire. La Figure 5.1 représente l'axe qui mesure le degré de conformisme d'une idée. Plus une idée se trouve haute dans ce dessin, plus elle choque l'opinion courante. On peut simplifier la réflexion en schématisant deux zones : celle des idées provocantes, en haut ; et celle des idées consensuelles, en bas. Lorsqu'il s'agit de défendre une idée située dans la zone supérieure, de fait, on se bat contre la norme.

Sur la Figure 5.2, est représenté l'axe correspondant au degré de cohérence des idées. De gauche à droite, est signifiée une rupture de plus en plus grande au regard des engagements, des investissements et, plus généralement, des choix qui ont été faits précédemment. En simplifiant le raisonnement, si l'on se place maintenant dans l'entreprise, deux zones se distinguent : la zone de gauche où se trouvent les idées qui ne posent pas de difficultés du point de vue de la continuité et la zone de droite impliquant de se battre contre la trajectoire de l'entreprise (que nous appellerons aussi l'histoire de l'entreprise).

Fig. 5.2
Le degré de cohérence des idées

LES QUATRE TYPES D'IDÉES

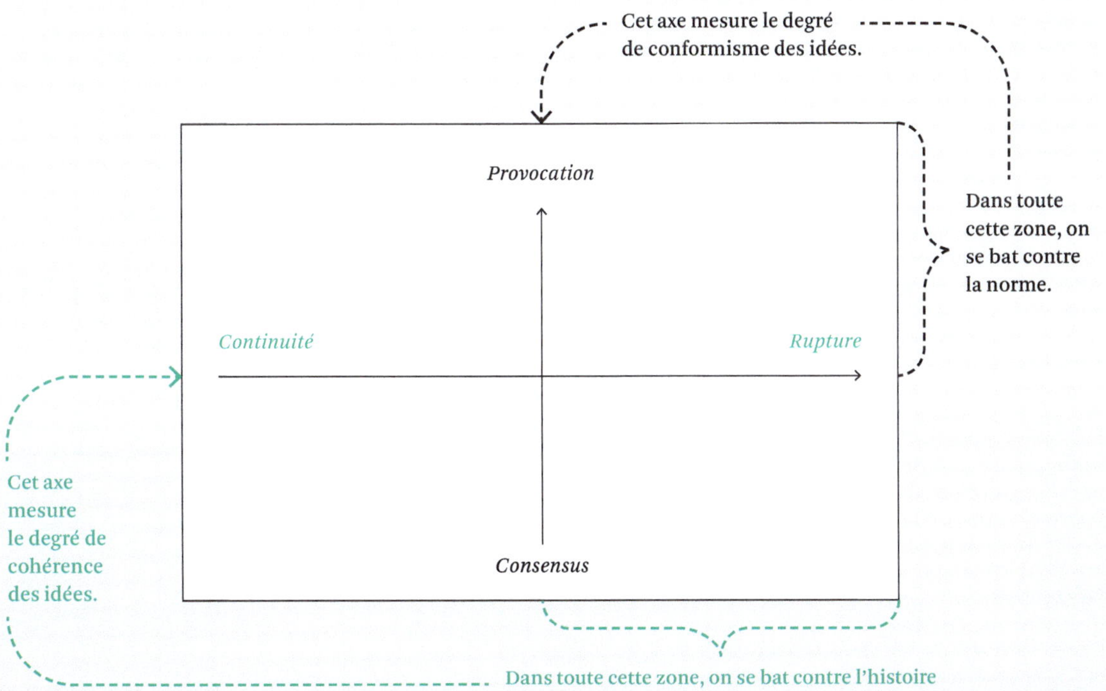

5

La conjonction de ces réflexions nous amène à distinguer quatre zones, qui correspondent à quatre types d'idées (Figure 5.3) :

- *Les idées de type I*, dans le quadrant inférieur gauche. Ces idées ne heurtent pas la norme et ne proposent pas de rupture dans la trajectoire de l'entreprise qui doit implémenter ces idées. Dès lors, elles sont faciles à comprendre et faciles à mettre en œuvre. En première approximation, il ne s'agit pas d'idées originales pour l'entreprise.
- *Les idées de type II*, dans le quadrant supérieur gauche. Il s'agirait d'idées choquantes, mais dont la mise en œuvre n'occasionnerait pas de rupture dans l'histoire du groupe où elles seraient réalisées. A priori, cet ensemble est vide : vraisemblablement toute provocation initie une rupture pour le groupe qui doit la mettre en œuvre.
- *Les idées de type III*, dans le cadran supérieur droit. Ici se trouve la zone des idées les plus délicates à manager. Elles cumulent deux difficultés : elles sont à la fois difficiles à comprendre parce qu'elles sont provocantes et ne correspondent à rien de connu (ou d'acceptable *a priori*), et difficiles à réaliser car elles occasionneraient une véritable rupture par rapport à la cohérence des choix précédents pour l'entreprise.

Fig. 5.3
Les quatre types d'idées suivant leur degré de cohérence et de conformisme

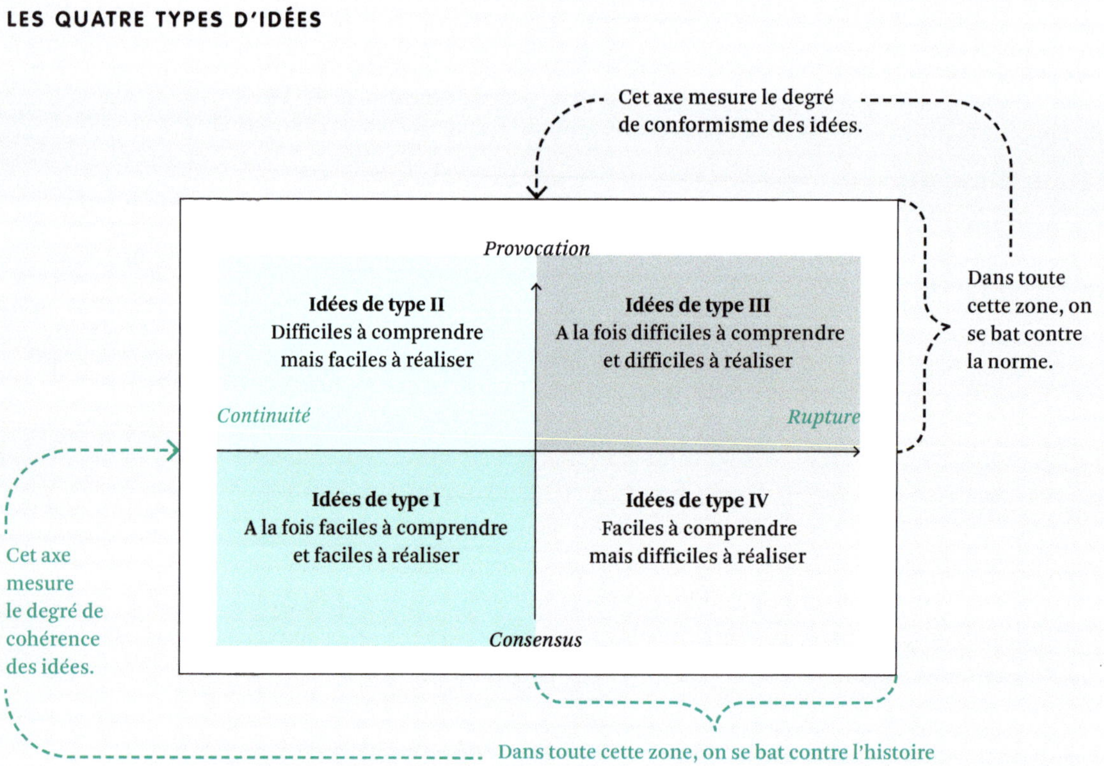

- *Enfin les idées de type IV*, dans le cadran inférieur droit. Ces idées ne choquent pas vraiment, et en cela, elles sont faciles à appréhender. Mais elles représentent néanmoins une rupture par rapport à l'histoire de la personne ou de l'entreprise qui va chercher à les réaliser.

La littérature dans le domaine de la créativité [3] a depuis longtemps identifié les difficultés liées aux idées de type III : elle a mis en place des parades spécifiques. C'est typiquement la règle qui impose la suspension du jugement dans un « brainstorming » [4]. Parce qu'une idée de type III va choquer notre jugement, le réflexe de ceux qui vont avoir à la juger sera de l'ordre du déni, du mépris, du dénigrement en général : « ça ne marchera pas », « si c'était possible, ça se saurait », etc. Suspendre son jugement, c'est abaisser pour un temps ses barrières mentales. C'est accorder à une idée provocante un peu de répit afin qu'elle se développe en une idée acceptable pour le groupe. Avec toute idée originale, il faut se battre. Avec une idée de type III, il faut fournir des armes nouvelles. Cela nécessite plus de temps. C'est en quoi il faut suspendre son jugement.

On retrouve dans le management de la créativité cette règle de la suspension du jugement sous plusieurs formes. Parmi les quatre règles du « brainstorming », deux sont spécifiquement dédiées à la protection des idées de type III. Elles sont : la règle n°1 (pas de censure), et la règle n°2 (pas d'autocensure). D'ailleurs, la structure même d'une séance de production d'idées impose la dissociation de la phase de production de la phase d'évaluation des idées.

Quand bien même on saurait parfaitement gérer les idées de type III, ce ne serait pas tout. Car la Figure 5.3 est là pour nous le rappeler : toute provocation est une rupture, mais toute rupture n'est pas nécessairement une provocation. C'est en quoi les idées de type IV demandent un traitement spécifique.

Au niveau individuel, on comprend facilement ce que sont les idées de type IV : arrêter de fumer, divorcer, changer de métier, par exemple. Aucune de ces idées n'est choquante. On les comprend aisément. Et pourtant, elles sont difficiles à mettre en œuvre. C'est qu'à chaque fois, on se heurte à cette question de la trajectoire. On remet en cause nos choix anciens. Des choix tellement anciens et tellement constamment réaffirmés qu'il devient presque impossible de les questionner. Comme la majorité des étudiants de Cialdini, nous préférons trop souvent poursuivre une expérience pénible plutôt que d'assumer l'incohérence temporaire qui est liée à une rupture, c'est ce qu'on appelle aussi effet de gel ou encore l'escalade d'engagement [5].

Au niveau de l'entreprise, on trouve mille exemples d'innovations jamais abouties, non parce qu'elles étaient difficiles à comprendre ou complexes à réaliser ou de moindre valeur, mais parce qu'elles ne correspondaient pas aux choix fondamentaux du passé. Des choix tellement fondamentaux qu'ils n'étaient même plus compris comme des choix. Ce principe d'échec fut résumé par les américains sous cette forme : « core competencies become core rigidities[6] » (le cœur de compétence devient une rigidité centrale). Il fonctionne comme un piège à trois temps. Premier temps : une entreprise croît à partir d'une compétence privilégiée. Deuxième temps : à mesure qu'elle développe son expertise, l'entreprise investit cette compétence d'une confiance qui est excessive. Troisième temps, celui où le piège se referme : l'entreprise évalue toute nouvelle direction à l'aune de celle qui fut développée par ses soins, et son jugement n'est plus objectif. D'où la difficulté pour une entreprise établie de procéder à une rupture[7].

Par contraste avec le travail qui a été fait pour protéger les idées de type III, on trouve peu de références qui prêtent attention aux difficultés liées aux idées de type IV, du moins dans le domaine de la créativité. Tout se passe comme si la littérature liée à la créativité s'était concentrée sur la problématique de la norme, en laissant de côté la problématique de la trajectoire de l'entreprise. Ainsi, si l'on a un arsenal de règles incarnées dans le brainstorming qui permettent de combattre la difficulté liée au conformisme, en revanche, on ne trouve pas de règles pour combattre le biais introduit par le souci de la cohérence de nos engagements précédents. C'est pourquoi les idées de type IV, bien que n'étant pas les plus délicates à gérer, sont peut-être les plus intéressantes du point de vue de l'innovation. En tout état de cause, elles représentent un gisement d'innovation considérable.

L'expérience acquise auprès des entreprises qui cherchent à innover nous a appris cette chose très simple : si une idée en soi existe, elle a peu de valeur. De même qu'une graine n'est pas grand-chose sans la connaissance de la terre qui peut l'accueillir ou celle des conditions climatiques qui permettent qu'elle se développe en fruit ; une idée n'est qu'un moment particulier dans le processus. Dès lors que l'on cherche non pas tant « des idées » que « des idées d'innovation », voire « des idées d'innovation possible » (idées clefs pour nous), il faut les inscrire dans une dynamique plus vaste, qui prend en compte non seulement le domaine où on cherche à les implanter, mais aussi la matrice où elles pourront se développer.

Nous verrons dans notre cas d'étude que ces questions de la norme et de la trajectoire sont à prendre en compte en amont, dès la phase de recueil de l'information et dans la formulation de l'observation clef.

3. LE PASSAGE DE L'OBSERVATION CLEF À L'IDÉE CLEF : LES ÉTAPES

On peut distinguer quatre temps forts dans le passage de l'observation clef à l'idée clef, en suivant notre canevas méthodologique fondé sur les points de bascule :

Point de bascule

1. Analyser les trajectoires
2. Transformer l'observation clef en question
3. Mener une phase de créativité : divergence / convergence
4. Atteindre l'idée clef

3.1 Analyser les trajectoires

La phase de recueil se fait de différentes manières : elle peut consister en une séance de reformulation ou encore par des entretiens semi-directifs des membres du groupe projet.

La reformulation (avec le responsable du projet ou le commanditaire) est le moment de collecte des éléments de compréhension sur l'entreprise ou sur l'équipe projet qui veut innover. On cherche alors à répondre à un certain nombre de questions : Quelle est sa motivation ? Quels sont ses déterminants ? Quelle est l'histoire de l'entreprise ? Ce sont les éléments fondamentaux de notre compréhension sur la dynamique d'innovation possible, au vu de la trajectoire d'innovations de l'entreprise. Comme nous l'avons expliqué, ces éléments déterminent l'idée clef en ce qu'ils déterminent les conditions de son développement en objet clef. C'est aussi le moment où l'on détermine la manière dont on va aborder le travail créatif : quelles sont les questions que l'on va se poser en créativité ? Comment ces questions vont-elles pouvoir encadrer et enrichir l'observation clef ?

Si nous n'avons pas un seul individu comme interlocuteur, mais un groupe projet, il importe de mener des entretiens semi-directifs avec chacun d'entre eux. Ces entretiens portent sur la vision qu'ont les différents protagonistes de l'innovation au sein de ce projet, ainsi que le positionnement de leur entreprise dans le projet. Que doit leur apporter le projet ? Que cherche à produire l'entreprise ? Quels sont les enjeux ? Que pensent les individus du sujet traité dans le projet ? (sujet d'avenir ? prometteur ? non avenu ?). Il apparaît souvent de réelles disparités entre les différents protagonistes, dès le point de départ du projet, sur l'innovation à chercher (et son caractère disruptif) et sur l'intérêt du sujet. Il est ainsi intéressant de prendre en compte ces différences dès le départ et d'éventuellement les discuter en entretien ou les insérer dans la formulation de l'observation clef.

Cette phase se confond avec la phase d'enquêtes et d'observations des usages, que nous ne traiterons pas dans ce chapitre, mais qui permet de faire émerger l'observation clef. Pour rappel, voici quelques principes élémentaires pour trouver l'observation clef. D'abord, insister sur la dimension descriptive : il faut apprendre à décrire, encore et toujours, sans se soucier au départ de recueillir une information « valable », parce qu'elle semblerait avoir un lien avec le sujet. Tout est bon à prendre une fois que le terrain d'enquête est choisi (donc délimité) : Mener des observations fines sur des éléments qui peuvent paraître banals et qui ne sont souvent pas recensés dans les états de l'art portant sur le sujet investigué (ils sont « en creux ») ; Enfin, ne pas hésiter à « aller voir ailleurs », mener des entretiens ou se mettre à l'affût de détails que nous avons sous nos yeux mais que nous ne sommes pas (ou plus) habitués à voir. Des choses étranges, comme par exemple ces jeunes « skaters » qui s'accrochent aux tramways pour se déplacer plus vite... Ne peuvent-ils pas venir nourrir une réflexion sur les modes doux de transports de demain ? Pour cela, un petit carnet est le bienvenu. Il permet de noter ces éléments pris « à la volée ».

A l'issue de cette étape, nous détenons donc une série d'informations, à partir des terrains réalisés et des entretiens portant sur l'entreprise ou le groupe projet.

3.2 Transformer l'observation clef en question

A partir de l'ensemble de ce matériau, deux ou trois directions sont retenues et sont consignées sous forme de phrases simples. Elles nous paraissent être un bon « pivot » pour partir à la recherche des idées, soit qu'elles soulèvent un paradoxe, soit qu'elles révèlent une piste que nous souhaitons explorer, etc.

Ces phrases simples sont ensuite énoncées sous la forme d'une question commençant par « Comment faire pour... ? ». Des séances de créativité sont alors mises en place afin de faire émerger des idées. La construction de ces cycles de créativité peut se faire sur la base de la démarche de l'école américaine « Creative Problem Solving[8] (CPS) », par exemple.

3.3 Mener une phase de créativité : divergence / convergence

L'étape de divergence consiste à produire des idées sans se soucier de leur efficacité immédiate. Au premier ordre, il s'agit de ne pas censurer les idées qui sont émises par les participants (principe de dissocier la phase de production et d'évaluation). Ici, les règles du « brainstorming » sont utiles. Au second ordre, il s'agit d'aller un cran plus loin : protéger les idées déviantes qui sont produites. La divergence permet de passer du problème posé par la question « comment faire pour... ? » aux idées.

La convergence représente l'étape qui permet d'aller des idées aux solutions. Le travail ne consiste surtout pas en un filtre. On reste dans une conception dynamique du processus d'innovation : il s'agit de forcer la maturation des idées émises au cours de la divergence en des solutions d'innovation. Pour cela, on peut utiliser une « matrice des critères » (telle que formulée dans CPS) en injectant parmi les critères, le ou les éléments saillant de la phase de recueil d'informations, notamment sur ce qu'on a appris de l'entreprise qui va conduire l'innovation.

3.4 Atteindre l'idée clef

Il s'agit de faire évoluer les idées issues des séances de créativité de manière à ce qu'elles constituent un enrichissement et un prolongement de l'observation clef, mais aussi qu'elles signent la promesse d'une réalisation possible de l'objet (objet clef pour nous).

Les quatre étapes que nous venons de décrire marquent donc le passage de l'observation clef à l'idée clef. Le point de bascule consiste à faire évoluer les observations clefs en questions qui, traitées en créativité, permettent de trouver des idées qui deviendront des idées d'innovations possibles, puis éventuellement un objet clef. Pour cela, il faut faire évoluer ces idées de manière à ce qu'elles prennent appui sur l'entreprise pour se développer en objet clef. Nous allons maintenant aborder un cas pratique afin d'illustrer notre propos.

4. LE PASSAGE DE L'OBSERVATION CLEF À L'IDÉE CLEF : GUIDE PRATIQUE SUR UN CAS CONCRET

La suite de ce chapitre se présente sous la forme d'un guide, à partir d'un cas pratique. Son objectif est de faire émerger des idées clef, en partant d'une observation clef et en déroulant le processus décrit précédemment. Les idées clef « contiennent » et enrichissent les aspects « Usages » recueillis dans la phase d'observations puis inclus dans les observations clef. Il s'agit bien en cela d'une démarche centrée Usages.

Ce cas pratique prend appui sur un cas réel traité au sein du laboratoire (CEA-Leti). Pour des questions de confidentialité, nous ne sommes pas en mesure de révéler tous les éléments de ce travail, et ce qui suit est donc un montage à visée pédagogique, réalisé avec des éléments réels et fictifs. Dans ce cas pratique, sont réels : le processus mis en œuvre, la description du contexte, la reformulation ainsi que l'observation clef. Les éléments suivants sont fictifs : la question motivante « Comment faire pour... ? », ainsi que les idées évoquées par la suite. Les expertises nécessaires pour mener ces opérations sont les suivantes :

- Capacité à mener une démarche «centrée usages», notamment en mobilisant des outils de sciences humaines et sociales dans la phase de recherche de l'observation clef (enquête, entretien, veille).
- Capacité à mener une démarche de créativité (cycle créatif avec divergence et convergence).

Description du cas concret
Il s'agit d'une entreprise travaillant dans le secteur du verre ophtalmique. L'entreprise pose cette question initiale: «Comment faire pour innover en mettant des fonctions électroniques dans les lunettes?».

4.1 Analyser les trajectoires

4.1.1 La reformulation

Elle se déroule sous la forme d'un entretien avec plusieurs responsables de la R & D de l'entreprise concernés par ce sujet et impliqués dans la recherche de l'innovation (au total: 5 entretiens sont réalisés). Pour chacun, deux heures d'entretien sont nécessaires au cours duquel sont abordés tous les aspects du métier de l'entreprise. Ces entretiens font l'objet d'un compte rendu qui dégage les points saillants, c'est-à-dire, pour nous, tous les éléments susceptibles d'impacter le processus d'innovation du point de vue de la cohérence. Dans le cas qui nous intéresse, les entretiens, une fois recoupés, nous permettent de mettre en lumière le problème de cohérence suivant:

On trouve dans la problématique des lunettes un contraste récurrent: celui qui oppose matière et objet. Considérons une paire de lunettes: c'est un objet, c'est-à-dire que c'est l'alliance d'une matière: le verre ophtalmique, et d'une frontière: la monture.

Le verre ophtalmique est une matière car il n'a pas de délimitation. Il se manipule et se façonne comme un matériau. On le fabrique quasiment au cm^2*. On le découpe à volonté pour l'ajuster à la monture.*

La monture joue le rôle d'interface avec l'humain: c'est une frontière. Elle a la fonction de s'adapter à l'être qui va porter les verres: deux personnes peuvent avoir la même correction optique, ils n'auront pas les mêmes montures. Elle véhicule les valeurs et les représentations de l'humain particulier qui va l'adopter. L'industrie des lunettes a adopté cette dichotomie. Il y a d'un côté les fabricants de verre, et de l'autre les fabricants de monture. Dans le monde des lunettes, ils vivent des existences séparées bien qu'en symbiose.

Au regard de ce contraste, le verre électronique pose une difficulté pour l'innovation. Tout objet électronique grand public est un objet. Il nécessite une frontière pour fonctionner: plusieurs composants (processeur, batterie…)

qui relient l'ensemble des éléments électroniques pour en faire un tout cohérent. La logique de fabrication d'un objet électronique n'est pas la logique de fabrication d'une matière. Par exemple, il y a des facteurs nouveaux qui interviendraient dans la fabrication d'un verre électronique qui sont étrangers au verre ophtalmique : le design au sens large (ergonomie des boutons, positionnement des processeurs, des batteries…).

Cette question « de mettre de l'électronique » dans le verre pourrait sembler anodine. Notre analyse montre, au contraire, qu'elle est susceptible d'amener l'entreprise à se restructurer profondément puisqu'elle modifie le statut du verre dans la lunette. Il s'agit de faire émerger des idées clef qui tiennent compte de cet élément. Nous faisons émerger de l'Analyse des Trajectoires (AT) le point suivant :

AT *Il existe une dichotomie entre le verre et la monture dans la trajectoire de l'entreprise.*

Par ailleurs, au cours de ces entretiens, les commanditaires insistent sur les contraintes de réalisation de l'innovation (nous les considérons comme des critères, dans la matrice de critères). Après discussion, nous convenons que deux critères seront utilisés dans la convergence, dans la mesure où ils constituent une contrainte forte pour le projet :

C1 *Une innovation en moins de deux ans.*
C2 *Un marché minimum de 100 000 unités.*

4.1.2 L'enquête et le recueil d'information orientés Usages

Concernant la phase de recueil d'information, nous choisissons tout d'abord de mener des entretiens avec des experts ayant réalisé eux-mêmes de nombreuses enquêtes sur les lunettes. Ensuite, nous menons des entretiens sur le terrain. Enfin, nous allons puiser dans nos projets en cours pour récupérer toutes les informations qui ont trait aux dispositifs qui se placent « devant les yeux » et susceptibles d'embarquer de l'électronique (écran, PC, tablette de jeux, etc.). Parmi toutes les observations recueillies, deux nous apparaissent comme particulièrement pertinentes. La première concerne la dialectique « Lunettes prothèses » *versus* « Lunettes accessoires ».

- Les lunettes prothèses sont des lunettes qui corrigent fortement la vue et qui sont portées sur le nez. Ces lunettes sont fixes. On ne s'amuse pas avec. On les met le matin et on les enlève le soir. La lunette prothèse tend à être une lunette « couteau suisse » (voir de près, voir de loin, dedans, dehors, géométrie variable en temps réel) ; verres progressifs ; en multi activité)[9] ;

- Les lunettes accessoires ont une correction faible ou pas de correction du tout. Elles sont attachées à un environnement, à une activité, etc. Elles servent différentes fonctions (portées dans les cheveux, comme serre-tête, accessoire de mode dans les soirées, etc.). En particulier, on peut jouer avec. Elles ne comportent pas une fonction essentielle à l'individu pour passer sa journée : il peut s'en passer.

Cette dialectique est résumée sous la forme d'une observation clef (OC) :

OC1 *La segmentation lunettes de soleil / lunettes correctrices de vue n'est pas pertinente du point de vue de l'usage. Il vaut mieux penser en termes de lunettes prothèses versus lunettes accessoires.*

Par ailleurs, nous ajoutons l'élément suivant, puisé de nos enquêtes précédentes, sur le rôle des objets électroniques (sous forme observation clef) :

OC2 *La majorité des objets « nomades » et « électroniques » (tablette PC, jeux vidéo, Smartphone) sont formatés de manière à pouvoir interagir entre eux (échange d'informations, synchronisation, etc.).*

4.2 Transformer l'observation clef en question

A l'issue de cette étape de recueil d'information, il convient maintenant de proposer des questions à traiter dans la phase créative : elles devront donc commencer par un « comment faire pour... ? » (CFP). A partir de l'observation clef retenue concernant les lunettes (OC1), nous proposons la question suivante :

CFP *Comment faire pour jouer avec une lunette prothèse ?*

Cette question comporte différentes dimensions qui vont permettre de faire émerger des idées qui seront :

- des réponses directes à la question du commanditaire.
- des réponses qui enrichissent le point Usages identifié comme pertinent (et contenu dans l'observation clef).

Quant au point OC2, nous le transformons en critère (Cn) de manière à ce qu'il soit traité en convergence comme point à prendre en compte pour faire évoluer les idées :

OC2 → C3 *Les objets électroniques doivent pouvoir interagir entre eux.*

Nous revenons évidemment sur chacun des termes employés et nous assurons que le groupe projet comprend parfaitement ces questions et les enjeux qu'elles sous-tendent.

4.3 **Mener une phase de créativité : divergence / convergence**

Des guides d'animation sont construits autour de questions reformulées. Pour cela, on s'inspire des bases du CPS «Creative Problem Solving» qui permettent de traiter les questions du point de vue de la créativité, par des exercices appropriés (entrée aléatoire, cadavre exquis,...). Dans le même temps, on constitue le groupe pour les séances de créativité.

4.3.1 Divergence

On commence par l'étape dite de la purge afin que les participants se débarrassent de leurs premières idées (les stéréotypes), puis on produit une centaine d'idées par séance. A l'issue de cette phase de divergence, dans le cas qui nous intéresse, est produite par exemple l'idée suivante :

IDÉE 1 (I1) *Mettre une fonction «appareil photographique digital» dans les lunettes.*

4.3.2 Convergence

Au milieu de la convergence, on aboutit à quatre idées, dont l'idée I1. Ces idées sont introduites dans la matrice des critères. Les critères ont deux origines possibles :

- Les critères intrinsèques au projet. Ceux-là sont énoncés par le commanditaire. Typiquement : C1 ou C2.
- Les critères provenant de l'étape d'observation sur le terrain. Typiquement : C3.

Au cours de la convergence, on commence par évaluer les idées au regard des critères C1, C2 et C3. Par exemple avec des «Smileys». A ce stade, il est crucial de ne pas faire des moyennes à partir de ce tableau (Figure 5.4),

	C1	C2	C3
I1	☺	☺	😐
I2			
I3			
I4			

Fig. 5.4
La matrice des critères sur les idées du projet

et, par exemple, choisir l'idée qui aurait le plus de « Smileys » positifs. Ce tableau doit être utilisé pour faire mûrir les idées (les faire évoluer, les dégrader...), de façon à ce qu'elles entrent progressivement dans tous les critères.

Grâce à cette matrice, on fait évoluer l'idée 1 en prenant en compte le critère 3 (*les objets électroniques doivent pouvoir interagir entre eux*). C'est ainsi que l'idée I1 évolue sous la forme I1a au cours de la convergence :

I1a *Mettre une fonction appareil photographique digital qui interagisse avec son téléphone portable*

4.4 Atteindre l'idée clef

Au cours de cette étape, on intègre aussi les points saillants sur l'entreprise, récupérés auprès du groupe projet et consignés sous la forme de l'analyse des trajectoires : AT.

L'idée initiale issue de la divergence, I1, comme celle issue de la convergence qui intègre la connaissance Usage, I1a, sont décrites de manière telle que la fonction déborde sur la monture : on appuie sur un bouton placé sur le côté pour mettre en marche la fonction électronique, par exemple, ce qui semble naturel. Cette idée est compréhensible, et elle ne choque personne. Mais c'est typiquement une idée de type IV : elle propose une rupture dans l'histoire de l'entreprise à cause de l'élément que nous avons recueilli au cours des entretiens de reformulation. Ainsi, la monture se trouve en dehors non seulement des compétences du fabricant du verre, mais surtout de son corps de compétences techniques et commerciales. On peut gager que cette idée, sous cette forme, ne sera pas poursuivie par l'équipe de R&D de l'entreprise, ne serait-ce que parce que les gens qui forment cette équipe n'ont pas la compétence pour fabriquer des montures et que la mise en œuvre de cette idée demandera trop d'effort et de changement pour l'entreprise.

A la fin de l'étape de maturation, on obtient donc une idée I1b qui pourrait ressembler à cela, indépendamment des éléments techniques :

I1b *Mettre une fonction appareil photographique digital qui interagisse avec son téléphone portable, avec toutes les fonctions électroniques intégrées dans le verre ophtalmique.*

Il s'agit là d'une première ébauche d'idée clef possible, qu'il faut ensuite détailler et faire évoluer afin qu'elle puisse devenir un objet clef (c'est là tout l'intérêt du passage de l'idée clef à l'objet clef).

L'entreprise peut choisir d'intégrer certaines fonctions dans la monture. Elle devra alors considérer le risque encouru, notamment la possibilité de ne pas pouvoir réaliser cette idée au sein de sa structure. Cette dernière phase est donc un moyen de mettre en avant les problèmes de compatibilité des idées émises par rapport à l'entreprise (indépendamment des éléments techniques).

5. CONCLUSION

Une idée clef est toujours une idée d'innovation possible. Le cas concret que nous avons traité nous a permis non seulement de montrer comment l'on passe de l'observation clef à l'idée clef, mais aussi d'illustrer la différence que nous faisons entre *a)* une « idée », *b)* « une idée d'innovation », et *c)* « une idée d'innovation possible ». Dans notre cas :

- *I1a (mettre une fonction appareil photographique digital dans les lunettes) est « une idée ».* C'est « une idée », et seulement une idée, dans la mesure où elle ne tient pas compte de l'usage que les gens font des lunettes. En particulier, si l'on réalisait cette idée pour des lunettes de type prothèse, on peut être certain que ce serait un échec : la personne qui possède des lunettes prothèses (donc indispensables pour voir) accepterait difficilement de devoir les enlever pour réaliser une fonction comme transférer une image. Tout simplement parce qu'elle n'aurait plus l'usage de ses verres en faisant cela !
- *I1b (mettre une fonction appareil photographique digital qui interagisse avec son téléphone portable) est « une idée d'innovation ».* En ajoutant cette contrainte, on intègre cette innovation dans le contexte d'usage routinier des objets électroniques. Elle devient une idée d'innovation à partir du moment où l'on a réfléchi aux conditions qui pourraient faire que cette idée se diffuse sous la forme d'un produit appropriable en termes d'usages.
- *I1c (mettre une fonction appareil photographique digital qui interagisse avec son téléphone portable avec toutes les fonctions électroniques intégrées dans le verre ophtalmique) est « une idée d'innovation possible ».* En ajoutant cette deuxième contrainte, on intègre cette innovation dans la matrice où elle peut se développer. En la rendant compatible avec l'entreprise qui veut innover, on la rend « possible » et elle devient une bonne candidate pour être une « idée clef ».

Avec ce cas d'étude, nous comprenons que le passage de l'observation clef à l'idée clef est complexe et demande de garder en tête deux dimensions : 1) le passage par les idées doit enrichir la connaissance Usages (augmenter la valeur produite par cette connaissance) ; 2) une idée n'est bonne que si elle peut potentiellement s'incarner, c'est-à-dire que l'entreprise qui la

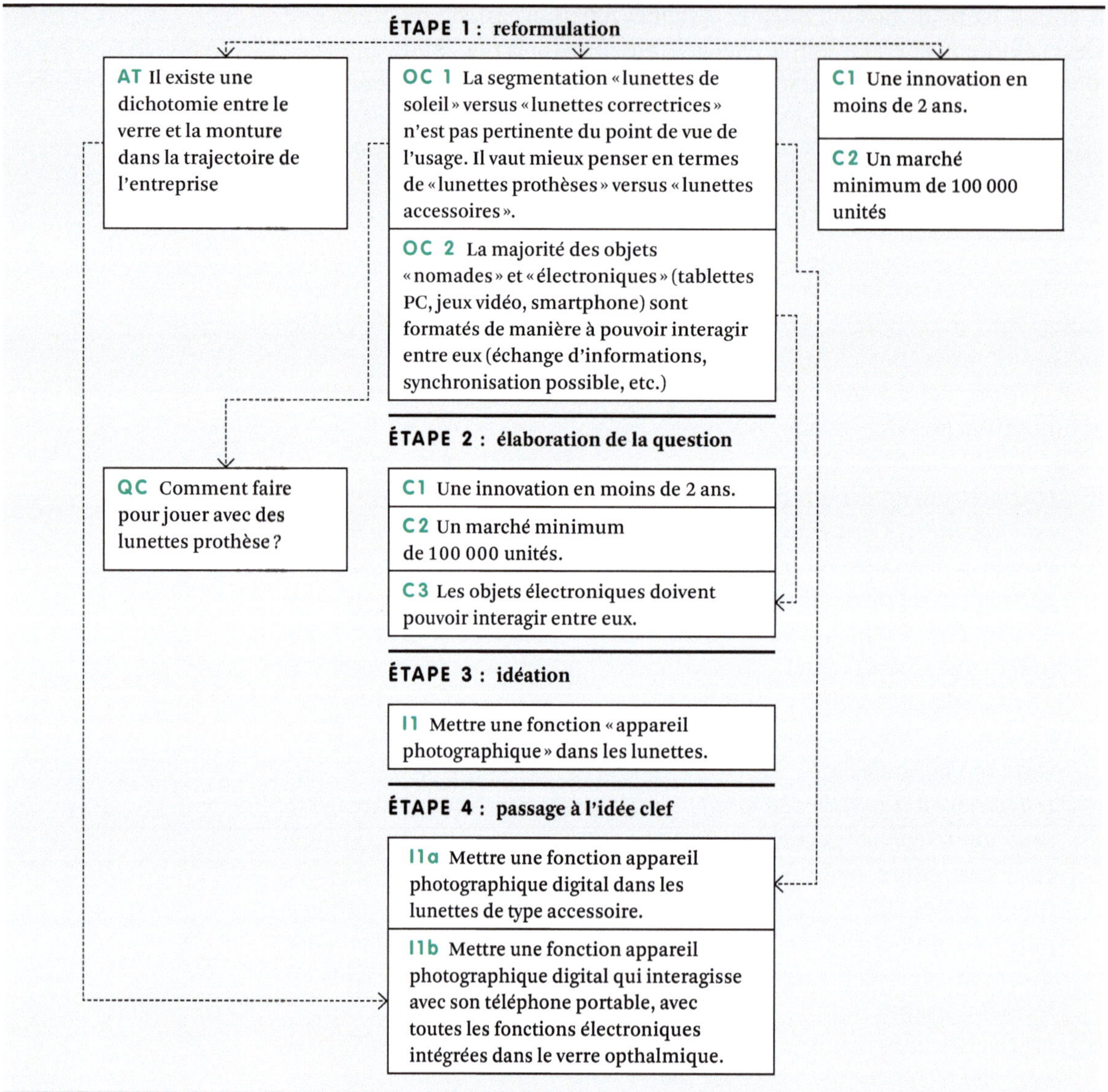

Fig. 5.5
Récapitulatif des différentes étapes et points de bascule

développe peut exploiter ses compétences pour « capturer cette valeur » et la faire fructifier.

Le cas pratique montre comment les observations clef sont en lien plus ou moins direct avec le sujet : dans tous les cas, elles nourrissent le sujet en apportant un point de vue singulier. L'exemple indique aussi combien l'interprétation et la reformulation des données sont essentielles. Il s'agit, parmi la somme des informations retenues, de faire des choix, de trancher, de reformuler (notamment dans la phase de transformation de l'observation clef en question et dans le choix des critères), puis d'enrichir et de faire évoluer ses choix (phase des idées), de manière à se donner les moyens de tendre ensuite vers un objet clef. Autre élément : rendre compatible l'idée avec la trajectoire de l'entreprise (cf. transformer l'idée en idée clef) ne signifie pas réduire la provocation ou encore « javelliser » le propos de manière à ce qu'il devienne acceptable. Il s'agit au contraire essentiellement de protéger la « provocation » contenue dans l'idée, en favorisant une prise de conscience de l'entreprise de la prise de risque qu'elle engendre, qu'elle pourra d'autant mieux assumer si elle l'intègre dans la formulation de l'idée.

NOTES

1. Asch, S. 1987. *Social psychology*. Oxford: Oxford University Press.
2. Cialdini, R. 1998. *Influence: The Psychology of Persuasion*. Rev edition. Collins.
3. On pourra par exemple se référer à Sutton, R. I. 2007. *Weird Ideas That Work: How to Build a Creative Company*. Free Press.
4. Osborn, A. 2007. Your Creative Power. Read Books.
5. Joule R.V. and Beauvois J.L. 2002. *Petit traité de manipulation à l'usage des honnêtes gens*. Presses Universitaires de Grenoble.
6. Scott, A. 2008. *An Innovation Lesson From Spinal Tap*. http://blogs.hbr.org/anthony/2008/06/an_innovation_lesson_from_spin.html
7. Christensen, C.M. 2011. *The innovator's dilemma: the revolutionary book that will change the way you do business*. Reprint edition. Collins Business Essentials.
8. Parnes, S.J. 1992. *Source book for creative problem solving*. Creative Education Foundation.
9. Cette observation est notamment tirée de la thèse de Nicolas Veyrat soutenue en 2008. Veyrat, N. 2008. Les usages dans la lunette : co-concevoir des produits et des usages innovants. [Thèse de doctorat, (INPG, Université de Grenoble II).

6

Les phases d'exploration

1. INTRODUCTION

La démarche d'innovation est un processus dit « itératif » : il n'est pas composé au départ par une offre technologique délimitée dont il ne resterait plus qu'à travailler l'acceptation par le marché. Au contraire, le travail à réaliser est plutôt d'alimenter le processus d'innovation le plus tôt possible avec des retours d'utilisateurs, dans un but d'enrichissement de la proposition.

Globalement, l'approche de l'*innovation par les usages* s'inscrit dans un processus que l'on identifie à travers quatre étapes : Découvrir, Définir, Développer et Diffuser.

Dans ce chapitre, nous nous intéressons à la première étape : la découverte, composée des phases d'**Intention** et d'**Exploration**. Ces phases sont décomposées comme suit : *la détermination des axes d'exploration, la conception d'un outil de collecte d'information (préparation du terrain d'étude), la collecte d'information auprès des utilisateurs et enfin l'identification des opportunités d'innovation*. Notre propos ne traitera pas du sujet de l'idéation (dont l'outil le plus connu est le *brainstorming*) qui pourrait faire, à lui seul, l'objet d'un ouvrage en soi.

a) **Intention : déterminer les axes d'exploration**

La connaissance d'un domaine et l'ensemble des renseignements pris par une équipe projet auprès du plus grand nombre de sources d'informations (marché, filiales, usines, anticipation, stratégie, etc.) vont permettre de choisir un domaine dans lequel l'innovation est souhaitée. Elle pourra être guidée par des nouveaux objectifs commerciaux, une nouvelle stratégie, les remontées des clients, le retour d'expérience, etc.

b) **Exploration : caractériser les difficultés et les opportunités d'usage sur le terrain**

La rencontre avec les utilisateurs permet de caractériser un certain nombre de difficultés que l'on peut transformer en opportunités. Celles-ci doivent être décrites et renseignées par les utilisateurs eux-mêmes. Mais il ne suffit pas de demander directement « quelles sont vos difficultés ? » pour en prendre connaissance. Le travail de terrain se prépare car il va constituer le cœur de cette étape. L'analyse permet ensuite d'identifier des opportunités pour innover à partir justement de ces difficultés identifiées sur le terrain.

2. DÉTERMINATION DES AXES D'EXPLORATION

A partir d'une question que se pose l'équipe projet, toute une partie du travail consiste à aborder le terrain d'exploration pour y trouver des leviers afin d'innover. Généralement, cette question ne vient pas de nulle part mais a déjà été posée, a peut-être donné lieu à des recherches préliminaires, des anticipations, etc. Un travail de collecte d'information doit donc avoir lieu au préalable. Cette identification précise et renseignée du problème peut prendre jusqu'à 20 % du temps d'un projet.

2.1 Définition d'un contexte pour innover

Un ensemble de questions vont devoir être posées à cette étape afin de définir le *thème* et le *domaine d'exploration* car une *intention stratégique*, une *vision* accompagnent généralement le questionnement d'un décideur.

Il est donc nécessaire, à cette étape, de collecter des informations : recherches documentaires, discussions, réunions de travail, comptes rendus, bilans, prospective et anticipation... vont permettre de formuler une intention :

- *Champ d'exploration 0.* C'est la zone cible actuelle de l'entreprise où les solutions actuelles rencontrent les clients actuels.
- *Champ d'exploration 1.* Avec les solutions actuelles, l'entreprise cherche à conquérir de nouveaux clients. Le travail nous intéresse moins ici car il s'agit d'une démarche de marketing classique.

MÉTIER ACTUEL	CLIENTS ACTUELS	NOUVEAUX CLIENTS
Solutions actuelles	Champ d'exploration 0	Champ d'exploration 1
Nouvelles solutions	Champ d'exploration 2	Champ d'exploration 3

Fig. 6.1
Définition des champs d'exploration

- *Champ d'exploration 2.* A partir des usages actuels de ses produits, l'entreprise souhaite innover pour ses clients habituels. L'innovation n'est pas encore connue précisément mais on sait qu'elle va rester connectée au domaine métier de l'entreprise. En outre, l'intérêt réside dans le fait que la cible est déjà connue, donc relativement facile à caractériser.
- *Champ d'exploration 3.* C'est la zone qui présente le plus d'incertitudes, on ne sait pas « avec quoi » on veut innover et on ne sait pas non plus « pour qui », mais l'entreprise souhaite rester en contact avec ses compétences et s'appuyer sur ses atouts.

A cette étape, on s'attache donc à justifier l'intention stratégique d'un décideur à travers des analyses de veille et de tendances concernant :

- L'évolution des clients
- Les évolutions technologiques
- L'évolution concurrentielle
- L'évolution des fournisseurs

Le domaine d'innovation visé à ce stade manque de définition. C'est là toute la différence avec une démarche poussée par la technologie dont on connait déjà, en amont, les caractéristiques et à laquelle on cherche des domaines d'applications. Rappelons qu'ici, le point de départ de la démarche d'innovation est de partir des pratiques, connaissances et déclarations des clients utilisateurs.

2.2 Définition de l'intention en vue d'une exploration

Une démarche d'innovation vise toujours une fin : gagner des parts de marché, être le leader d'un secteur, s'imposer comme pionnier d'une démarche ou d'un domaine, etc. Comme son nom l'indique, l'intention va permettre à l'équipe projet d'exprimer *un but* vers lequel elle souhaite se diriger. Elle est logiquement en lien avec la stratégie qui vise principalement à :

- Créer un avantage compétitif
- Conserver ou créer de nouvelles parts de marché
- Augmenter la profitabilité
- Accroître le marché que l'entreprise peut adresser

Le diagnostic passe en amont par un vrai travail de collecte d'informations autant que de formulation des questionnements plus ou moins conscients. Parfois, répondre à la question « Que se passerait-il si l'on ne pouvait pas réaliser cette exploration ? » permet d'identifier plus directement une intention stratégique jusque-là non exprimée. Cet exercice permet alors de faire émerger les craintes de perte d'un avantage concurrentiel, de ne pas parvenir à atteindre des objectifs économiques, de ne pas proposer de réponse adaptée aux insatisfactions des clients, etc.

2.3 Définition de l'espace d'exploration

Cette phase nécessite, encore une fois, un travail de collecte de l'information préalable. Plus l'espace d'exploration est défini, plus la pertinence des résultats obtenus est garantie. Pour ce faire, on va chercher à *décrire l'ensemble des déterminants permettant de définir le champ d'exploration en lien direct avec l'intention d'innover* :

- Les fonctions techniques auxquelles on s'intéresse,
- Les domaines d'applications des solutions existantes,
- Les points de rencontre mais aussi de différenciation avec les produits et services existants et/ou concurrents,
- Les différents acteurs marchés qui interviennent,
- Les domaines d'activités économiques,
- Les organisations sociales ou professionnelles.

a) Identifier et définir l'acteur clé pour lequel on veut innover

« Pour qui veut-on innover ? ». Il est important de choisir une cible pour travailler le concept innovant et l'adresser à cette cible.

Un travail de caractérisation consiste alors à donner le plus d'indications sur la cible visée : rôle professionnel ou personnel, responsabilités, travail quotidien, liste des contextes et situations rencontrés, produits ou objets utilisés... Enfin, il faut savoir où trouver cette cible puisque le travail de terrain consiste à aller à la rencontre des utilisateurs évoluant dans le milieu que l'on souhaite investiguer.

Mais peut-on dire que l'on innove pour une seule cible ? Au contraire, plusieurs cibles peuvent avoir été identifiées : c'est par exemple le cas avec des innovations « B to B »[1] puisque le long du cycle de vie du produit, on va trouver plusieurs types d'utilisateurs ; c'est moins le cas en « B to C »[2] où, la plupart du temps, un seul type d'utilisateurs sera concerné par le produit.

b) Définir la géographie

Il reste ensuite à délimiter une zone géographique. Une liste exhaustive des pays, des régions ou des zones impliqués permet non seulement de définir la géographie d'un projet mais participe aussi, rétrospectivement, à mieux définir la cible. En effet, il n'est pas rare que des spécificités culturelles soient à prendre en compte dans l'élaboration d'une innovation.

Une dernière étape consiste à hiérarchiser les pays identifiés en fonction de l'importance de leur contribution à l'étude ou, dit autrement, de leur priorité à l'égard de l'intention stratégique.

2.4 Déterminer les objectifs

Exprimer les incertitudes

Le travail le plus important de cette prise de renseignements en amont d'un projet va être la *formulation des incertitudes* : une incertitude se définit par un domaine où l'entreprise n'a pas de connaissance robuste, en interne et dans son réseau proche. Il s'agit typiquement de l'incertitude qui va être liée aux usages des utilisateurs dans un domaine d'exploration. Pour mieux comprendre ce que sont les incertitudes d'un décideur, on peut se poser la question « qu'est-ce qui nous (en tant qu'entreprise) empêche d'avancer dans nos projets ? ».

Un *travail collectif*, mieux qu'un travail individuel, permet d'identifier les incertitudes de manière riche et précise. L'équipe projet va donc s'attacher à lister de la façon la plus exhaustive possible des incertitudes, en lien avec l'acteur central dans son espace à explorer, tout en restant en lien permanent avec l'intention stratégique.

Pour ce faire, on pourra mobiliser une matrice de croisement (Figure 6.2) reprenant tout ce qui a été défini en amont. Certains croisements vont permettre d'*identifier des incertitudes*.

Fig. 6.2
Matrice de croisement, à partir des caractéristiques de l'« acteur clé », afin d'aider à l'identification des incertitudes

Caractéristiques de l'espace d'exploration et de l'acteur clé	**Carac. 1**	**Carac. 2**	**Carac. 3**	…	…	…	**Carac. n**
Carac. 1		?	?	?	?	?	?
Carac. 2			?	?		?	
Carac. 3				?	?	?	?
…						?	?
…						?	?
…							
Carac. n							

Le schéma (Figure 6.3), contenant l'*espace d'exploration*, l'*intention* et les *incertitudes*, offre une vue globale sur les points importants de cette première phase d'exploration. Chaque étape du questionnement s'imbrique dans la précédente. De fait, la qualité du travail en amont détermine la pertinence des points suivants.

Lorsque l'*intention*, l'*espace d'exploration* et les *incertitudes* ont été définis, il est possible de réaliser un travail de structuration afin de déterminer les *objectifs de recherche* de l'exploration. En effet, les incertitudes sont exprimées d'abord tous azimuts. Il est d'abord nécessaire de *les associer à des acteurs du marché*. Il faut ensuite les *grouper par affinités en autant de catégories nécessaires*. On cherche alors des *facteurs communs* à ces incertitudes (figure 6.4).

Les facteurs communs sont le résultat d'un travail de catégorisation qui peut se réaliser en plusieurs niveaux pour obtenir au maximum 5 objectifs de recherche. Au-delà, l'expérience montre que le niveau de complexité est trop important pour arriver à une organisation du travail pertinente et efficace. Ensuite, il est nécessaire de hiérarchiser ces incertitudes selon deux critères :

- Importance de l'incertitude
- Importance de l'impact vis-à-vis de l'intention stratégique

Fig. 6.3
Définition de l'espace d'exploration

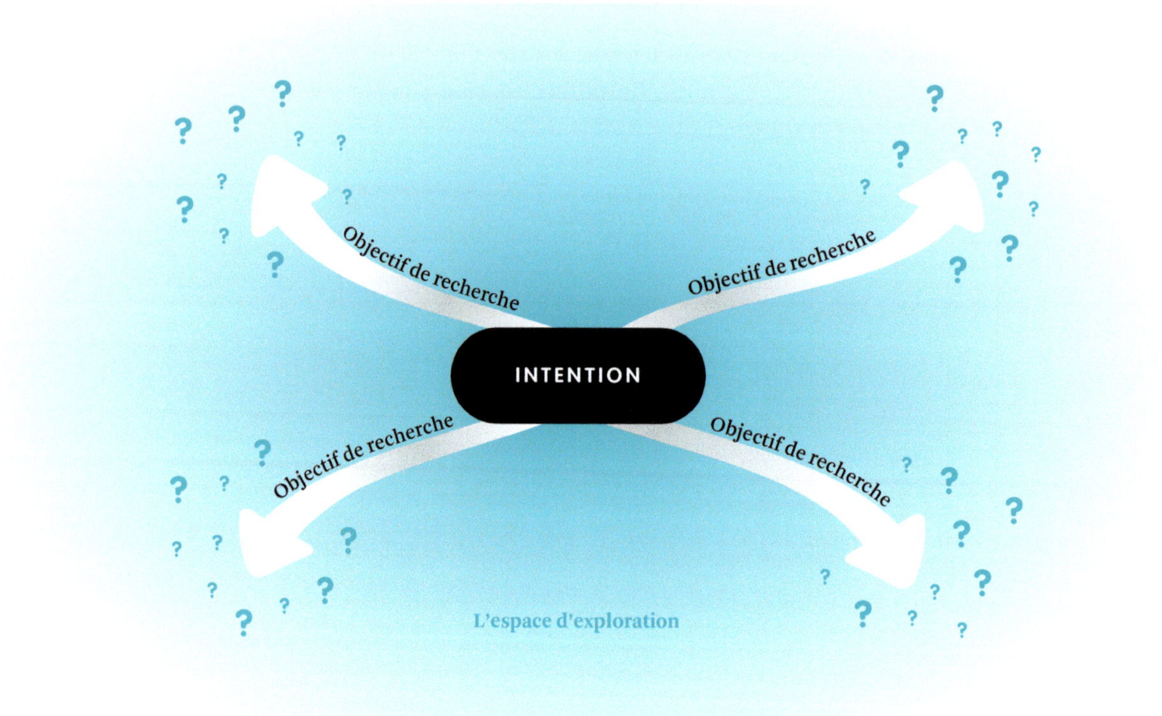

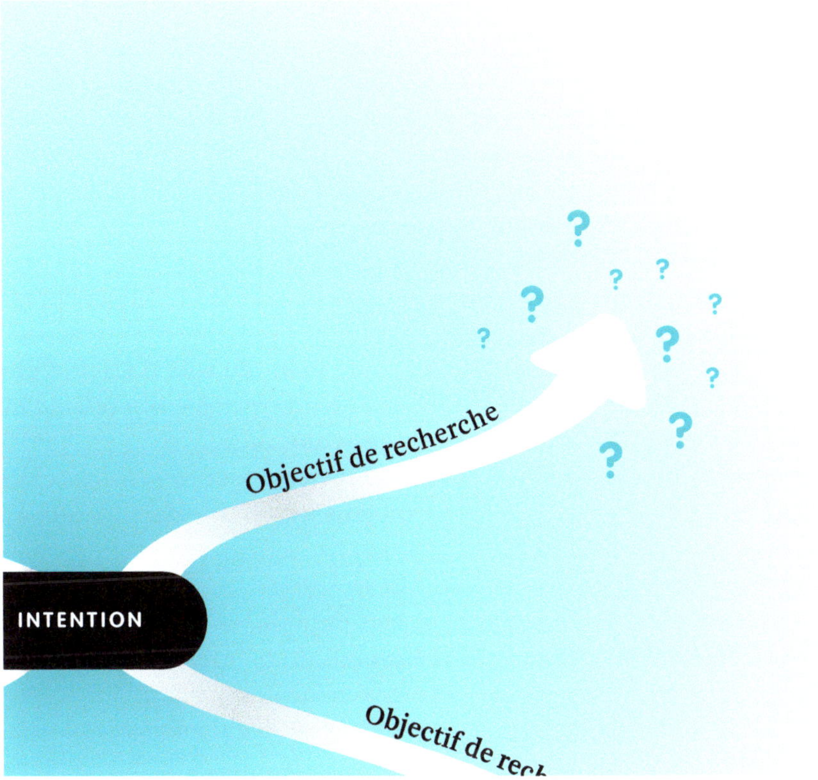

Fig. 6.4
Facteurs communs dans l'espace d'exploration

Le travail de regroupement et de hiérarchisation opéré permet de construire dans la phase suivante un plan de collecte de l'information.

Tout au long de cette première phase d'exploration, un important travail attend le décideur et l'équipe projet qui souhaite engager une démarche d'innovation par les usages. La première phase de l'exploration consiste en une :

- Formalisation d'une intention stratégique
- Caractérisation de l'acteur auquel s'intéresse l'exploration
- Caractérisation de l'environnement de cet acteur en lien avec l'intention stratégique

3. CONCEPTION D'UN OUTIL DE COLLECTE D'INFORMATION

Après avoir déterminé les axes d'exploration, il est nécessaire de définir les outils pour recueillir l'information auprès des utilisateurs. Alors que l'on n'a pas encore d'idée précise de l'innovation que l'on va proposer, la collecte d'information intervient ici comme un premier pas vers la définition des attentes des utilisateurs potentiels.

6

3.1 Du plan des incertitudes au plan du terrain

Il s'agit, dans cette phase, de passer du plan des incertitudes – liées à l'intention – au plan du terrain à explorer. Les incertitudes ont été regroupées par affinités pour une cible donnée (figure 6.5). Après regroupement, ces incertitudes ont été hiérarchisées en évaluant 1) L'importance de leur contribution au sujet de l'exploration et 2) Le degré d'incertitude.

Il est nécessaire d'opérer une transformation à cette étape : l'équipe projet va non seulement devoir passer des incertitudes aux thèmes de discussion / exploration mais surtout devoir changer de point de vue. Il s'agit d'une gymnastique mentale difficile à réaliser car les incertitudes sont celles d'un décideur, d'une équipe, d'une entreprise, etc. alors que les thèmes abordés sur le terrain vont être en lien avec les expériences et les connaissances de l'utilisateur et de la cible. A ce stade, un gros travail de reformulation est donc nécessaire

Les incertitudes, triées en fonction de leur importance et d'une cible précise, vont donner lieu à des thèmes d'exploration sur le terrain. Au stade de la phase de *transformation* des incertitudes en thèmes de discussion / exploration sur le terrain, il est important de *ne jamais induire les propos ou les*

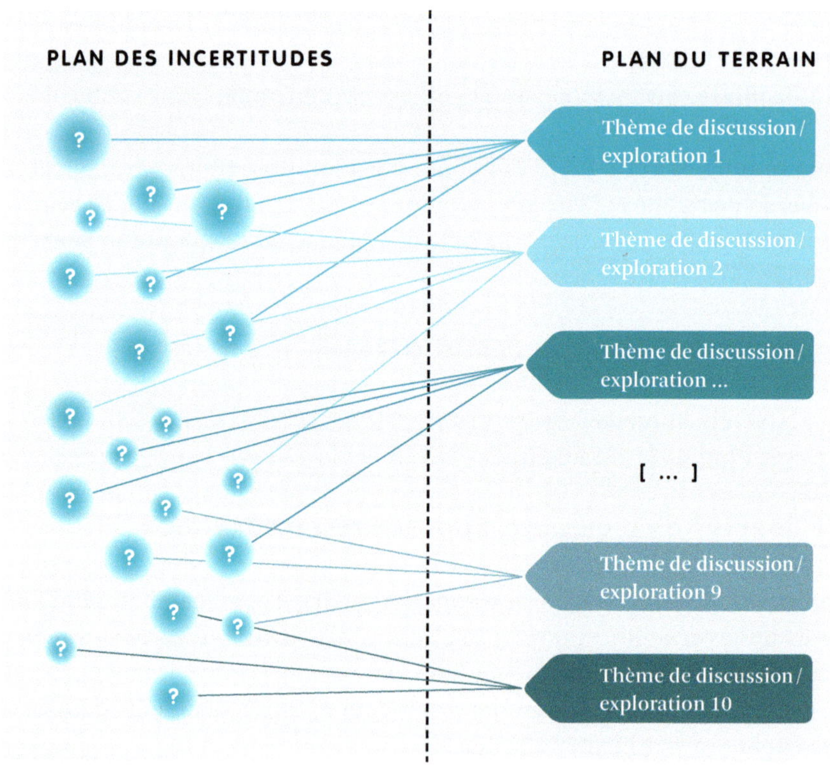

Fig. 6.5
Du plan des incertitudes aux thèmes d'exploration

actes de l'utilisateur rencontré. En effet, en face-à-face, lorsqu'une question est exprimée directement, l'interviewé[3] peut avoir tendance à reprendre les mots de l'intervieweur ou à dire ce qu'il pense que l'intervieweur veut entendre.

On différencie « la conception d'un outil de recherche » et le « choix d'une technique de collecte ». Sans reprendre l'ensemble des variations et des subtilités des techniques qu'il est possible d'utiliser à ce stade, nous allons en décrire succinctement les principes nous intéresser plus en détail à l'observation et à l'entretien.

3.2 Différentes techniques de collecte de l'information

L'équipe projet va donc décider de rencontrer la ou les cibles définies en amont. Mais avant d'aborder ces cibles, l'équipe responsable de l'exploration doit se demander « *Quel échantillon utiliser ?* ».

a) Remarques sur l'échantillon

Une petite parenthèse nous permet ici de faire une différence entre la « représentativité de l'échantillon » pour les études quantitatives et qualitatives :

- Pour les méthodes quantitatives, l'échantillon doit représenter la diversité d'une population avec un nombre donné et, par extrapolation, on aspire à représenter l'ensemble de cette population.
- Avec une méthode qualitative, on cherche à représenter le problème.

L'échantillon est donc construit à partir du terrain étudié : il est constitué des individus concernés par le domaine exploré, afin notamment de s'assurer de la variété des personnes interrogées et de privilégier la diversité des points de vue par rapport au problème posé. Chaque interviewé devrait « idéalement » incarner une des possibilités d'expression du problème. La présence de ceux qui sont jugés « hors cible » peut d'ailleurs être intéressante à titre comparatif.

Avec la question de la représentativité se pose souvent, aussi, la question du nombre. Les études quantitatives font souvent la part belle au nombre de personnes ayant répondu à une étude. Pour une approche qualitative – celle qui nous intéresse ici – on se base sur la notion de « saturation » : il s'agit du moment où l'information est répétée et où, finalement, on n'apprend plus rien sur l'objet de la recherche[4]. Les travaux de Griffin et Hauser avancent une preuve expérimentale du point de saturation : 12 entretiens permettent de collecter 70 % de l'information, 20 d'obtenir 90 % de l'information et 30 entretiens permettent de collecter 100 % de l'information[5].

Quel que soit le nombre d'entretiens, on retiendra surtout que la constitution de l'échantillon conditionne la pertinence des informations recueillies et la richesse de l'analyse.

b) Panorama des différentes méthodes

«Quelles méthodes utiliser pour recueillir l'information?». En fonction de l'information qu'on souhaite collecter, plusieurs choix sont possibles: recherches (documentaires), retours d'expérience, entretiens, observations.

3.3 Recherches préparatoires

Obtenir des informations en interne: il est souvent possible d'obtenir des informations sur des projets déjà réalisés. Un centre de documentation, une gestion électronique des projets permettront de ne surtout pas négliger cette entrée primordiale. On sera attentif ici à l'intérêt mais aussi à la difficulté de remonter à la source des projets précédents et d'identifier les bons interlocuteurs (qui seront parfois des portes d'entrées pour réaliser des entretiens). C'est grâce à un réseau d'individus constitué au fur et à mesure des investigations qu'on obtiendra l'information souhaitée.

Recherche et analyse documentaire: sur un sujet donné, l'analyse documentaire consiste à collecter des informations de différents types. Elles sont collectées en interne ou à l'extérieur d'une entreprise. Les documents produits sont souvent une mine d'informations – encore faut-il y avoir accès. Internet, évidemment, va constituer également une base illimitée de connaissances, mais le croisement des sources est indispensable pour éclaircir un doute.

3.4 Entretiens

... d'experts: réalisés de façon individuelle auprès d'experts reconnus comme tels sur le sujet de l'étude, ils permettent de collecter des informations sur l'expérience de projets précédents. S'ils appartiennent à l'entreprise qui souhaite innover, leur degré d'implication permet dans certains cas de les solliciter pour soumettre des idées dans le temps de la discussion. La démarche est toutefois inhabituelle par rapport à l'Usage puisqu'on n'étudie pas la «demande» dans ce type d'entretien mais on construit plutôt une «offre» possible.

... exploratoires: réalisés de façon individuelle, ils permettent d'aborder un thème tout en laissant à l'interviewé la possibilité de s'en écarter, de digresser pour traiter des «récits de vie», des expériences personnelles. L'intervieweur se doit d'écouter avec attention sans orienter les propos mais en reformulant pour permettre à l'interviewé d'élaborer et d'approfondir son discours.

... semi-directifs : réalisés de façon individuelle et semi-structurée, ils permettent de se centrer sur une compréhension en profondeur du pourquoi de telle ou telle motivation en rattachant l'analyse au contexte socioprofessionnel et environnemental de chaque interviewé. L'entretien est qualifié de semi-directif car structuré tout d'abord par des questions ouvertes travaillées en amont et ensuite par des relances en cours d'entretien.

... de retour d'expériences : différents outils permettent de produire de la connaissance sur les projets, notamment les recherches documentaires, mais les entretiens constituent également une entrée importante car l'intervieweur va œuvrer à replacer un projet dans un environnement (technologique, social, économique, politique, etc.). Là, il s'agira de pointer les succès et les dysfonctionnements afin d'apprendre des initiatives précédentes.

3.5 Observations

Elles se concentrent sur le travail de terrain en milieu dit naturel. Elles sont constituées de façon majeure par l'activité de description associée à un «journal de terrain» qui peut accueillir des documents, journaux, photographies, croquis ou échanges transcrits sur le vif, objets recueillis, etc.

... cachées, discrètes ou participantes : en fonction des biais que l'enquêteur peut introduire sur le terrain du fait de sa présence, on préfèrera les observations cachées ou discrètes. Dans d'autres cas, la participation et l'implication permettront de faire soi-même l'expérience des situations. L'enquêteur de terrain peut ou non révéler son intention d'observer aux personnes car parfois la présence d'un « étranger » favorisera l'explication, parfois elle la gênera. « Trouver sa place » constitue donc le premier travail de l'observateur. Les questionnements de l'enquêteur seront soumis aux personnes rencontrées sur place de façon généralement informelle mais il faut savoir que ces contacts peuvent donner lieu à des prises de rendez-vous qui déboucheront ensuite sur des entretiens enregistrés, cette fois plus formels.

... ethnographiques et ethno méthodologiques : ici encore, il est question de travailler sur le terrain en milieu naturel car le postulat de base est de prendre des informations sur des pratiques en situation (in-situ). L'ethnographie sera sous-tendue par un extrême souci du détail. Elle est un puissant outil pour décrire des situations devenues *banales* car une description de type « naïf » obligera l'observateur à s'affranchir de ce qu'il sait déjà et de le redécouvrir sous un jour nouveau. Rien n'est donc *banal*, *futile* ou *inutile* pour l'ethnographe.

L'ethnométhodologie est un mix d'observations et d'entretiens qui se consacre surtout aux « méthodologies originales » déployées par l'utilisateur lui-même. On s'intéresse ici aux ajustements conscients.

… en suivi de l'activité (« shadowing ») : il est en plus demandé à l'utilisateur de décrire tout ce qu'il fait, pense et ressent dans le cours même de l'action. Cette technique est plus adaptée à l'évaluation d'un concept mais dans le cadre d'une démarche d'exploration elle permet d'entrer en profondeur dans des actions individuelles, des intentions, des stratégies, des discontinuités, etc.

3.6 Collecter et consigner

Quelle que soit la méthode de collecte, l'ensemble du travail réalisé doit être consigné car c'est au prix d'une étude précise que seront identifiés des axes de travail. Les documents, rencontres, réseaux, projets, retours d'expériences amènent à compiler, cartographier, recouper, traiter et analyser un matériau souvent vaste et varié.

Les entretiens bénéficient d'un traitement tout aussi approfondi puisque les échanges sont enregistrés (après accord du répondant) et que la totalité de l'information collectée est transcrite et éventuellement entrée dans une base informatique pour être ensuite traitée (logiciels d'analyse qualitative).

Les observations demanderont un travail d'autant plus important que le matériau collecté est souvent riche et multiple. En effet, aux photos, croquis, descriptions et plans s'ajoutent des phrases saisies à la volée mais surtout des entretiens qui doivent être enregistrés et transcrits pour permettre l'analyse.

3.7 L'habileté de l'intervieweur ?

La plupart des ouvrages consacrés aux méthodologies d'enquête font souvent la part belle à la « qualité d'enquêteur » qui parviendra à provoquer des heureux hasards bénéfiques à la collecte des données. La préparation et l'expérience constituent les ingrédients d'une bonne collecte. Le lecteur de cet ouvrage pourra approfondir sa connaissance sur les techniques, comportements des intervieweurs et cas d'applications avec les textes suivants :

Méthodes

- Méthode d'observation ethnographique (Piette, 1996)[6]
- Principe de l'écoute active (Rogers, 1996)[7]
- Travail de terrain abordé majoritairement sous l'angle de l'ethnographie (Beaud & Weber, 2003)[8]
- Croisement des méthodes d'entretien (Mucchielli, 2004)[9]
- Méthode de l'entretien collectif (Duchesne & Haegel, 2008)[10]
- Méthode de l'entretien compréhensif (Kaufmann & Singly, 2007)[11]

Applications

- Texte de 1967 (traduit en 2007 en français), premier du genre, où l'auteur suit les consultations médicales d'une jeune femme pendant plusieurs mois pour étudier comment, naissant homme, elle devient femme (Garfinkel, 2007)[12]
- Texte sur le travail ouvrier où l'auteur suit de près un travailleur aux prises avec son atelier bricolé jusqu'à ce que les représentants des « méthodes » décident en grande pompe de changer tous les ateliers pour des outils standardisés (Linhart, 1978)[13]
- Travail associant observation et design pour opérer une analyse des « gouffres » («gulf»), ces instants où l'action avec les objets ne peut plus se faire (Norman, 1988)[14]
- Travail collectif sur les dispositifs médicaux (Akrich & Dodier, 1995)[15]. On s'arrêtera plus précisément sur le texte de (Timmermans, 1995)[16] et (Willems, 1995)[17] dans cet ouvrage
- Travail magnifique de description de l'espace urbain associé à un travail de théorisation de la perception (Sauvageot, 1994)[18]
- Etude poussée des commissaires-priseurs et de l'expertise perceptive qu'ils déploient pour évaluer les objets d'art (Bessy & Chateauraynaud, 1995)[19]
- Qu'il s'agisse du travail ménager (Kaufmann, 1997)[20] ou des subtilités de la mise en public du corps à la plage (J.-C. Kaufmann, 1995)[21], Kaufmann est une référence pour son travail de terrain

Malgré cette « habileté de l'intervieweur », la démarche proposée ici mise sur le **caractère collectif du travail** : phases de définitions, phases de terrains peuvent être mises en commun et discutées pour bénéficier d'une dynamique, d'une connaissance et expérience collective qui peuvent parfois manquer à l'intervieweur, pourtant habile..

3.8 Préparer la rencontre avec l'utilisateur

Les utilisateurs doivent se projeter le plus possible dans une situation concrète. En effet, on n'étudie pas une situation « dans l'absolu » mais une expérience vécue que les interviewés doivent pouvoir décrire fidèlement et précisément. De la même manière, ils doivent pouvoir parler de leurs actions dans cette situation mais également de leurs ressentis ou pensées.

Concernant l'observation, les acteurs doivent être capables d'opérer des gestes routiniers, de gérer des problématiques réelles plutôt que simulées ou fictives.

Il est en effet important à ce stade de comprendre que la plupart des comportements que l'on souhaite étudier sont automatiques, faits d'actions machinales réalisées sans que l'acteur n'ait besoin d'y penser[22]. Comment, alors, faire ressortir la mécanique de ce qui est devenu, au fil du temps, automatique ?

« Que va-t-on chercher sur le terrain ? » Quelle que soit la technique utilisée, on va se concentrer sur les utilisateurs qui sont au contact des « choses » qui les entourent au quotidien, dans des situations personnelles autant que professionnelles. L'innovation imaginée peut en effet être de plusieurs sortes (technologique, de services, organisationnelle, pour l'entreprise, pour le domicile, pour la ville, etc.). L'intention définie lors de la première phase d'exploration définit ce que l'on va chercher sur le terrain, comme on a pu le voir précédemment.

Comportements des utilisateurs et attitudes sous-jacentes
- Comportements : Comment les individus réalisent-ils des actions, dans quel état d'esprit ?
- Attitudes : Quelles opinions, a priori, quels raisonnements, sentiments ou émotions ?

Satisfactions et insatisfactions
- Liées aux comportements
- Spécifiques à un produit, un service
- Motifs de choix, de rejets

Processus de décision
- Sur quels critères ?
- Quelles décisions alternatives ?
- Possibilité de faire apparaître des typologies d'utilisateurs ?

Problèmes rencontrés
- Quelles expériences personnelles ?
- Quelles perceptions ?
- Quelles interférences entre les intentions et l'action concrète ?

Pour explorer cet ensemble d'informations, il va être nécessaire de collecter plusieurs niveaux d'information au travers d'une vraie organisation de la collecte et une implication non moins importante de celle, de celui ou de ceux qui vont rencontrer les utilisateurs.

4. DE L'EXPLORATION À L'ANALYSE

« Que trouve-t-on sur le terrain ? » On va s'attacher à analyser le discours ou le matériau issu de l'observation pour faire ressortir les « difficultés » rencontrées par les utilisateurs. Ces difficultés, que l'on souhaite identifier et caractériser, sont de plusieurs ordres : fonctionnelles, corporelles, financières, psychologiques ou sociales. L'analyse de ces difficultés va permettre d'enrichir la connaissance de l'équipe projet pour lancer le travail de développement.

Mais ce niveau n'est pas forcément évident ou immédiatement saisissable. Si une partie de l'information est explicite, il ne s'agit là que de la partie émergée de l'iceberg.

4.1 L'entretien : niveaux de discours

On distingue plusieurs niveaux de discours lors de l'entretien en face à face :

- *Discours explicite :* les difficultés sont directement exprimées dans le discours.
- *Discours implicite :* les difficultés sont clairement comprises, sans ambigüité même si elles ne sont pas exprimées telles quelles dans le discours. On peut dire qu'elles figurent « entre les lignes ».
- *Logique de l'interviewé :* retrace les liaisons logiques du discours pour passer d'un point A à un point B dans l'expression de l'opinion.
- *Verbal et non verbal :* on doit être attentif à l'articulation entre le verbal et le non-verbal en entretien comme en observation. Distances et rapprochements entre les corps, placements et déplacements dans l'environnement, gestes, intensité du propos, rapidité, hésitations, ratés, lapsus, etc. vont constituer pour l'intervieweur une mine d'informations sur les intentions sous-jacentes de l'interviewé.

4.2 L'observation : obstacles et épreuves

Observation ethno centrée Versus totale: un des principaux biais de l'observation est qu'elle se construit au fur et à mesure du terrain. Il ne s'agit pas pour autant de l'aborder sans préparation mais plutôt – de façon contrôlée – d'éviter de n'y collecter que ce que l'on sait déjà. L'ethnocentrisme est un biais qui consiste à expliquer un évènement observé à partir de sa propre connaissance et expérience. Au contraire, comme l'écrivent avec talent Beaud et Weber : « Il faut donc, une fois de plus, rendre familier ce qui est étranger et rendre étranger ce qui est familier ».

Obstacles : il s'agit d'un problème incontestable pour lequel les difficultés sont évidentes. Impossibilité à réaliser quelque chose, blocage, panne, chute, etc. Le travail consiste alors à identifier précisément l'origine de cette difficulté. Il est important dans ce contexte de ne pas envisager uniquement que l'obstacle provient des objets utilisés mais qu'il peut être d'origine corporelle, lié aux habitudes ou aux façons de faire.

Epreuves : dans une apparente mécanique bien huilée, une description totale de ce qui est vu permet de s'arrêter sur des micro-évènements qui correspondent aux moments où la mécanique se grippe. C'est ici qu'interviennent les épreuves auxquelles on s'intéresse. Toutefois elles sont peu visibles, elles tiennent à peu de choses : une position inconfortable, une posture corporelle inhabituelle, une lenteur qui contraste avec le rythme habituel, etc. A la différence des « obstacles », les épreuves ne sont pas rédhibitoires en ce sens qu'elles n'empêchent pas l'action qui peut quand même être réalisée.

4.3 L'analyse : hypothèses et intuition

A ce stade, le travail d'analyse consiste à regrouper les extraits d'entretiens et les constats d'observations. Pour ce faire, il est possible d'utiliser la force du collectif, c'est-à-dire l'équipe projet. Chaque entretien doit être transcrit intégralement et chaque note et entretien issus des observations doivent bénéficier du même traitement.

Il est ensuite nécessaire de réaliser une lecture fine des entretiens transcrits afin de faire apparaître les extraits correspondant aux différents thèmes décidés en amont.

A l'issue de ce processus, l'analyse permet de faire ressortir des différents extraits, les difficultés à partir desquelles chercher à innover.

Cependant, il n'y a pas toujours d'élément dans le discours qui permette d'identifier ou de comprendre une difficulté. C'est alors qu'intervient la connaissance et l'expérience de l'analyste qui lui permettent d'émettre des suppositions. Autrement dit, il s'agit ici de faire confiance à ses ressentis, à son intuition.

a) L'intuition comme clé de l'analyse ?

Ici, entre en jeu la capacité d'interprétation de l'analyste. Chaque membre de l'équipe peut soumettre au groupe ce qu'il a collecté de façon individuelle sur le terrain et les difficultés qu'il voit émerger pour les discuter collectivement.

« *Comment arrive-t-on à formuler des hypothèses ?* ». S'il existait un mot aux connotations négatives dans une démarche scientifique, ce serait assurément l'« intuition ». En effet, le principe même d'une analyse est d'*objectiver*, autrement dit d'éliminer toute trace de *subjectivité de l'analyste*. C'est la raison pour laquelle on parlera plutôt d'« intuition informée », le résultat de l'expérience et de la connaissance de chacun des membres de l'équipe projet. C'est en effet au travers de ce prisme qu'il sera possible d'interpréter le discours ou les faits observés. Pour innover, il faut donc aller au-delà d'un compte-rendu objectif de la situation et, dans une certaine mesure, « se jeter à l'eau » en osant faire des corrélations. En effet, mettre en parallèle et faire la

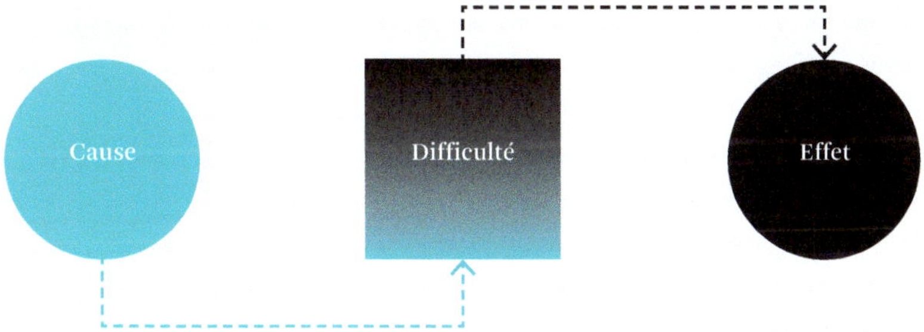

Fig. 6.6
Causes et effets des difficultés

synthèse des éléments collectés tout au long d'un travail de terrain vont permettre de tracer un chemin vers une innovation. A ce stade, il s'agit sans doute d'une différence assez fondamentale entre une démarche de recherche *sur l'innovation* et une démarche de recueil d'informations *pour l'innovation*. Il est donc indispensable, là encore, de trouver le bon niveau d'implication car il ne s'agit pas d'interpréter des données selon ses croyances, motivations ou intérêts mais d'argumenter, d'exploiter des connaissances élaborées au fur et à mesure du travail d'exploration en faisant appel à son expérience des faits et du contexte dans lequel on souhaite innover.

b) **Difficultés : causes et effets**
Il est nécessaire de se figurer qu'une difficulté n'intervient pas de façon isolée mais qu'elle est connectée à un système. En effet, une difficulté a une cause, mais aussi un effet (Figure 6.6).

c) **Difficultés : palliatifs**
L'analyse va aussi se concentrer sur les *actions plus ou moins pérennes et efficaces qui sont mises en place par les utilisateurs* eux-mêmes pour faire face aux difficultés ou aux problèmes qu'ils rencontrent.

L'équipe projet va alors tenter de faire apparaître ces actions réalisées par l'utilisateur que l'on appellera « palliatifs », par analogie au domaine de la santé. En effet, dans ce domaine, le principe d'un palliatif est qu'il ne soigne qu'en apparence et n'agit que sur les symptômes. Il n'agit pas sur les causes d'un problème.

Les interviewés n'évoquent pas spontanément les palliatifs qu'ils mettent en œuvre car ceci font souvent partie de leurs habitudes depuis plus ou moins longtemps. L'observation constitue parfois une méthode discrète pour repérer ceux-ci plus facilement.

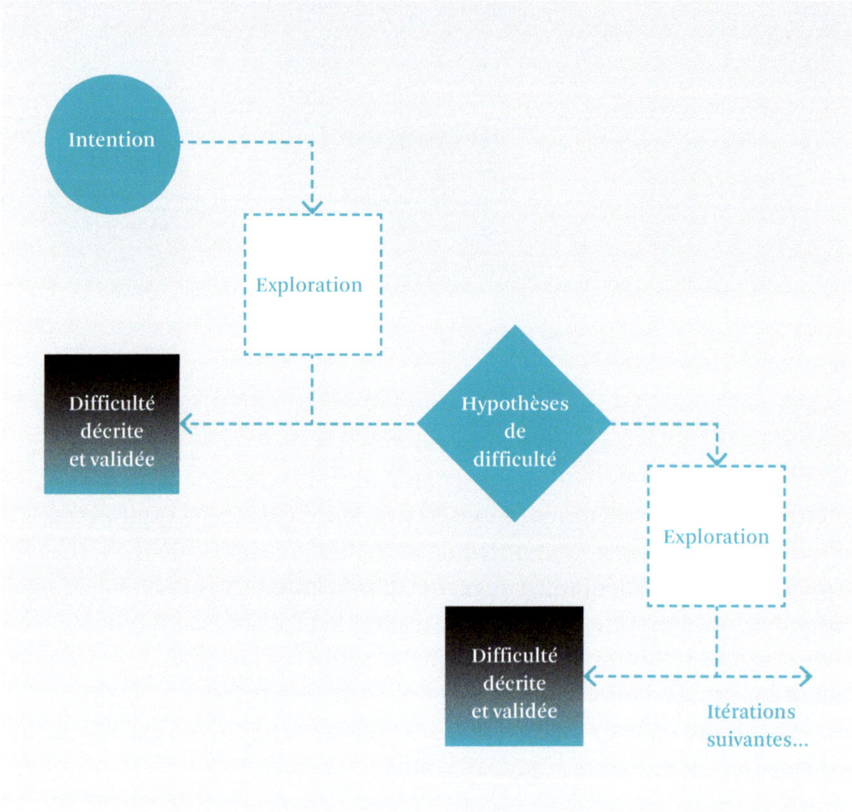

Fig. 6.7
Difficultés et itération de la démarche

Un intérêt supplémentaire est que l'intervieweur, grâce à la méthode de la reformulation ou grâce à l'entretien de vérification post observation, peut amener l'interviewé à opérer un « retour critique » sur ce palliatif, c'est-à-dire à en apprécier les qualités mais aussi les défauts et à révéler davantage sur les *causes* et les *conséquences* pour les utilisateurs.

d) **Identification des difficultés et répétition de la démarche (itérations)**
Lors de la description et de la validation des difficultés, le travail d'exploration sur le terrain permet d'identifier des difficultés. Cependant, il n'est pas toujours possible d'arriver à une interprétation solide à l'issue de cette première exploration et il faut alors engager un nouveau travail sur le terrain (Figure 6.7). Bien entendu, ce travail n'est pas de la même ampleur que celui réalisé auparavant, il s'agit de démarches plus courtes permettant d'aborder les entretiens et observations suivants avec des clés pour stimuler les utilisateurs. On pourra par ailleurs évaluer certaines idées en leur faisant part des premières orientations du projet d'innovation.

Le tableau décrivant la démarche globale (Figure 6.8) résume les moyens nécessaires pour celle-ci.

ÉTAPE	RESPONSABLE	MOYENS HUMAINS ET MATÉRIELS
Formulation de l'intention	Porteur du projet ou commanditaire	Durée variable Le porteur de projet soumet à son équipe (+ 3 à 5 personnes en équipe restreinte), lors d'une réunion de travail, l'intention de départ
Travail de définition (scope, acteur clé, géographie) : domaine de recherche	Équipe projet	Réunion de travail d'une ½ journée Chef de projet + équipe projet restreinte (marketing, technique, R & D) Toutes les réflexions sont consignées par écrit
Expression des incertitudes	Équipe projet (avec aide extérieure)	Réunion de travail d'une ½ journée Équipe projet élargie (jusqu'à 8 personnes) + chef de projet (présence facultative) Supports de travail dynamique (Post-it®, « paperboard », etc.) Classement du matériau produit collectivement, résultats consignés
Structuration des incertitudes en objectifs d'exploration	Équipe projet (avec éventuellement une aide extérieure)	
Élaboration des outils de collecte : a) Transformation des incertitudes en thèmes de discussion / d'observation ; b) Préparation d'un guide d'entretien / d'observation	Équipe projet (avec aide extérieure)	Travail collectif ou individuel d'une journée (variable) durant lequel l'équipe restreinte ou l'individu : • élabore les thèmes d'entretiens et d'observations (guides) • écrit le guide permettant un recrutement précis des répondants • organise la recherche active de contacts / fichiers clients (point très important d'une exploration)
Préparation du terrain d'exploration : Accès terrain, recrutement, rendez-vous	Équipe projet (avec éventuellement aide extérieure)	Temps variable selon difficultés d'accès et nombre de cibles Recrutement, organisation et négociation des accès terrain
Exploration sur le terrain, recueil des données	Équipe projet ou aide extérieure	½ journée par entretien ou observation. 2 à 4 journées de sélection et organisation des informations en relation avec les objectifs d'exploration
Analyse (collective) du matériau issu du terrain	Équipe projet (avec aide extérieure)	2 à 4 journées (variable en fonction du nombre d'entretiens et d'observations) de mise en commun des analyses et de croisements
Identification des opportunités d'innovation (fiches idées)	Équipe projet (avec aide extérieure)	Variable en fonction du groupe et de la quantité de résultats Présence du chef de projet et de l'équipe restreinte

Fig. 6.8
Démarche globale

La durée d'une phase d'exploration varie mais elle est en moyenne de deux mois. L'étape nécessitant le plus de temps est celle de la collecte des données, vu la difficulté représentée pour atteindre les cibles principalement en milieu professionnel.

5. CONCLUSION : IDENTIFIER DES OPPORTUNITÉS D'INNOVATION

L'ensemble de la démarche décrite dans ce chapitre permet de partir d'une intention stratégique de départ pour innover par les usages. Le cœur du travail collectif est centré sur la définition du domaine de recherche et la collecte des informations pour permettre d'identifier des opportunités d'innovation. Ce travail de rencontre avec les utilisateurs ne s'improvise pas : les questions à poser aux interviewés ou les techniques utilisées pour collecter leur discours ou leurs actes demandent de travailler de manière rigoureuse et approfondie dès l'amont d'un projet.

L'ensemble du matériau collecté est important et parfois difficile à analyser. En effet, les clés pour innover ne sont pas immédiatement saisissables dans le discours ou les comportements directs des acteurs. Il faut alors s'investir dans la matière collectée pour en faire émerger la substance. A ce jeu-là, la force du groupe de travail est un véritable atout : analyse, organisation, structuration, hypothèses et discussions sont menées sur la base de la richesse des connaissances et des expériences.

A terme, l'ensemble de la démarche permet d'obtenir des fiches décrivant les difficultés rencontrées par les utilisateurs et de mettre en avant des « solutions » venant de différents points d'entrée : elles peuvent avoir été imaginées par l'équipe mais peuvent aussi avoir eu pour point de départ les palliatifs mis en place par les utilisateurs parfois de façon inconsciente.

Deux orientations peuvent alors apparaître : une première permettra de décrire une piste de solution directement, la seconde nécessitera un travail supplémentaire de production d'idées (idéation) et de filtrage (on appelle cette étape « la créativité »). Cette seconde orientation peut partir des palliatifs identifiés mais également des points d'analyses qui n'ont pas permis de formuler de solutions précises (Figure 6.9).

A l'issue de ce travail, l'équipe projet doit consigner l'ensemble des opportunités pour opérer une sélection sur la base du domaine d'intérêt d'une entreprise, de son savoir-faire, de ses possibles évolutions, du potentiel commercial, de l'attractivité, des difficultés de réalisation, etc. Autrement dit, l'ensemble de la démarche exposée jusque-là n'est qu'un premier pas vers l'élaboration d'une proposition.

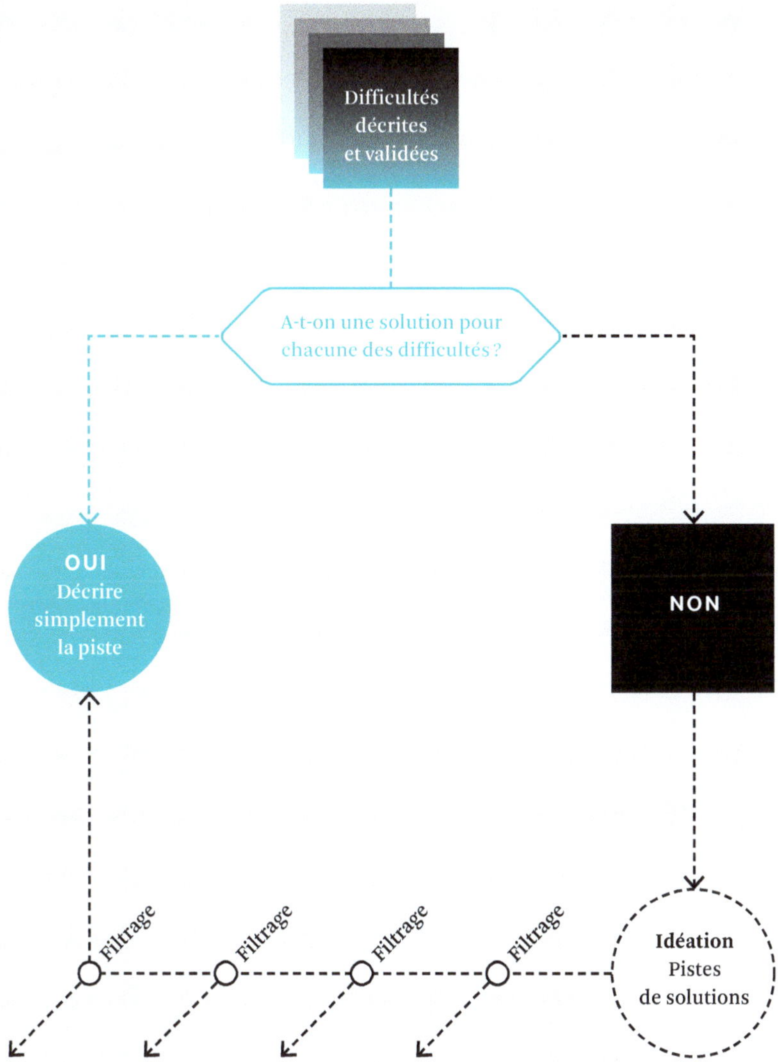

Fig. 6.9
Identifier des opportunités d'innovation

20 IDÉES FAUSSES SUR LA COLLECTE D'INFORMATION EN PHASE D'EXPLORATION

Voici quelques « fausses vérités » entendues au fil des années et des expériences sur le terrain.

1. Ça me plaît à moi donc ça plaira forcément à l'utilisateur !
2. Si c'est beau, ca va marcher !
3. Ça va forcément marcher parce que c'est mieux que ce qui existe déjà !
4. C'est nouveau, c'est donc une innovation !
5. Innover, ça sert surtout à résoudre des problèmes.
6. Je peux facilement me mettre à la place de l'utilisateur pour savoir ce dont il a besoin.
7. Il suffit de s'adresser aux spécialistes ou aux experts du domaine pour savoir ce dont les utilisateurs ont besoin.
8. Ce produit est génial, son succès est donc garanti !
9. Préparer une exploration terrain est un jeu d'enfant ! C'est comme faire 3 clics dans Google.
10. N'importe qui peut interviewer et conduire un entretien, c'est à la portée de tout le monde !
11. Interviewer 100 utilisateurs, c'est mieux que d'en interviewer 10.
12. Dix questions posées à l'utilisateur valent mieux qu'une.
13. Les chiffres parlent plus qu'un entretien d'utilisateur.
14. Si je demande son avis à ma voisine, c'est comme si je faisais une étude.
15. Les utilisateurs se comportent de manière logique et rationnelle.
16. Les utilisateurs font toujours ce qu'ils disent qu'ils feront.
17. Les utilisateurs savent toujours ce qu'ils veulent.
18. Les utilisateurs ne donnent pas la bonne réponse parce qu'ils n'ont pas eu toutes les données techniques en main.
19. Si on refaisait une étude dans un mois, on aurait des résultats différents.
20. Ce n'est pas grave si les résultats ne correspondent pas à ce que j'attendais, parce que je sais que j'ai raison.

Cet ouvrage permet d'apporter quelques « vraies vérités » aux différentes situations évoquées ci-dessus.

NOTES

1. « Business to Business » : qualifie les relations commerciales entre les entreprises et les professionnels.
2. « Business to Customer » : qualifie les activités économiques entre les entreprises et les clients finals ou le grand public, même si la myriade d'applications greffées à un smartphone rend cette distinction de moins en moins vraie.
3. A partir de ce point, nous appellerons « intervieweur » celui qui anime la discussion et « interviewé » celui qui y répond.
4. On pourra porter attention à l'article de Mark Mason qui travaille à définir la notion de « saturation » : http://www.qualitative-research.net/index.php/fqs/article/view/1428/3027 qui fait référence à de nombreux articles, notamment Strauss et Corbin, Basics of qualitative research.
5. Griffin, A., & Hauser, J. R. (1993). The voice of the customer. Marketing science, 1–27.
6. Piette, A. (1996). *Ethnographie de l'action: l'observation des détails*. Éditions Métailié.
7. Rogers, C. (1996). *Le développement de la personne*. Paris: Dunod.
8. Beaud, S., & Weber, F. (2003). *Guide de l'enquête de terrain: produire et analyser des données ethnographiques*. Paris : La Découverte.
9. Mucchielli, R. (2004). *L'entretien de face à face dans la relation d'aide*. Issy-les-Moulineaux: ESF éditeur.
10. Duchesne, S., & Haegel, F. (2008). *L'enquête et ses méthodes: l'entretien collectif*. Paris : A. Colin.
11. Kaufmann, Jean-Claude, & Singly, F. de. (2007). *L'enquête et ses méthodes : l'entretien compréhensif*. Paris: Armand Colin.
12. Garfinkel, H. (2007). *Recherches en ethnométhodologie*. (M. Barthélémy, B. Dupret, J.-M. de Queiroz, & L. Quéré, Trans.). Paris : Presses Universitaires de France.
13. Linhart, R. (1978). L'établi. *Actes de la recherche en sciences sociales*, 19(1), 29–45.
14. Norman, D. A. (1988). *The Psychology of Everyday Things*. New York : Basic Book.
15. Akrich, M., & Dodier, N. (1995). *Techniques & Culture : Les objets de la médecine* (Vol. 25–26). Paris: Edition de la MSH.
16. Timmermans, S. (1995). La déconstruction / reconstruction des soi dans les techniques de réanimation. *Techniques & culture*, (25-26), 245–261.
17. Willems, D. (1995). Mesurer sa respiration-Reconstituer le corps avec un objet médical. *Techniques & Culture*, (25-26), 55–70.
18. Sauvageot, A. (1994). *Voirs et savoirs : esquisse d'une sociologie du regard*. Paris : Presses Universitaires de France.
19. Bessy, C., & Chateauraynaud, F. (1995). *Experts et faussaires : pour une sociologie de la perception*. Paris: Métailié.
20. Kaufmann, J.-C. (1997). *Le cœur à l'ouvrage: théorie de l'action ménagère*. Paris: Nathan.
21. Kaufmann, J.-C. (1995). *Corps de femmes, regards d'hommes : sociologie des seins nus*. Paris: Nathan.
22. Un exemple classique est la conduite automobile. Jean-Pierre Warnier, anthropologue, parvient à trouver l'expression juste en écrivant : « ça conduit » et en évoquant le conducteur novice, épuisé après une heure de conduite alors qu'un conducteur confirmé pourra quant à lui écouter de la musique, tenir une discussion ou conduire plusieurs heures sans fatigue (Warnier, 1999).
23. Le texte de Linhart mentionné plus haut sur l'établi de Demarcy, ouvrier expérimenté dans le secteur automobile, est passionnant de ce point de vue (Linhart, 1978).

7

Témoignage : Usages et entrepreneuriat

ENTRETIEN AVEC CATHERINE CAYUELA

QUEL EST VOTRE RÔLE DANS L'INCUBATEUR ?

En tant que chargée de projet dans l'incubateur, mon rôle est d'accompagner des porteurs de projet qui veulent transformer une « idée » ou « une technologie » en entreprise, c'est-à-dire en activité économique génératrice de valeur et d'emplois. L'incubation dure 18 mois pendant lesquels il s'agit d'aider les porteurs à :

- Constituer et manager une équipe,
- Comprendre et accéder au marché,
- Construire un « business plan »,
- Trouver des financements (une étape qui peut rarement se passer des précédentes).

QUI SONT CES PORTEURS DE PROJET ?

Avec le recul, il me semble que nous pouvons distinguer quatre grands types de porteurs ou de co-porteurs :

- Le chercheur passionné qui veut valoriser ses découvertes. Dans la plupart des cas, il deviendra le conseiller scientifique de l'entreprise. Plus rarement, il en sera le dirigeant.

- Le jeune doctorant qui possède la fibre entrepreneuriale. La création d'entreprise est pour lui un moyen de valoriser ses travaux au sein d'un laboratoire.
- L'expert ayant quitté une grande entreprise et souhaitant valoriser son savoir-faire. Il a envie de retrouver de l'autonomie et de redonner du sens à son investissement en participant à des activités dont il perçoit directement la finalité.
- Le consultant « électron libre ». Il ambitionne de changer de métier et/ou d'échelle.

QUELS PRINCIPAUX ÉCUEILS VONT-ILS RENCONTRER ?

On trouve parmi les porteurs de projet un large spectre d'attitudes vis-à-vis de leur produit. D'un côté, la certitude du caractère révolutionnaire de ce qu'ils proposent, et sa conséquence immédiate : « les clients viendront à moi spontanément ; je n'ai pas de concurrents... ». De l'autre côté, le grand doute et sa question récurrente : « qui va pouvoir utiliser et payer ma technologie ? ». Mais quel que soit leur degré de confiance, les porteurs, à quelques exceptions près, finissent par converger sur ce point : leur vision du marché, si tant est même qu'elle existe, et la façon de l'aborder, est à travailler sous l'angle des usages.

Dans certains cas, les premiers contrats de recherche ou de services qu'ils ont obtenus vont les guider vers des applications possibles de leur savoir-faire. Dans d'autres cas, les porteurs se figurent prendre une part significative d'un marché à la fois générique et colossal... mais totalement désincarné. Une technologie, aussi « innovante » soit-elle, ne fait pas tout, et le fait qu'elle soit brevetée ou brevetable n'y change rien.

Au démarrage de la plupart des projets de création d'entreprise, le porteur a donc plutôt une vision « techno centrée ». Il raisonne sous l'angle du « comment ça marche ? » c'est-à-dire, « quelle est ma solution technique ? » et non du « à quoi ça sert ? », c'est-à-dire « quels sont les usages ? ».

On parle alors du fameux syndrome du « technologue », lorsque le concepteur va prioritairement chercher à vendre sa proposition en décrivant les principes techniques qui sous tendent l'innovation. Pour lui, le client est une sorte d'agent économique idéalisé sur lequel il projette ses propres représentations : le client achètera sa technologie (emballée sous forme d'« offre ») puisqu'elle est nouvelle et unique.

La certitude de leur avance technologique fait trop souvent oublier aux créateurs d'entreprises que le client ne choisit jamais seulement d'acheter

« parce ça n'existait pas avant », ou « parce que c'est plus performant » ou « parce que c'est moins cher », ou « parce que c'est facile à utiliser » ou encore « parce qu'il n'y pas d'équivalent sur le marché » ! Notre rôle consiste à leur expliquer que, quand bien même leur proposition cumulerait toutes ces qualités, il y aurait encore beaucoup de chemin à faire afin de séduire un client. Et beaucoup plus d'étapes pour ouvrir un marché… C'est notre « réflexe Usages ».

COMMENT DÉTERMINE-T-ON LE MARCHÉ JUSTEMENT ?

L'enveloppe financière mise à disposition par GRAIN permet de financer des prestations extérieures pour les projets. En particulier, des « études de marché ».

Une étude de marché consiste à mettre une hypothèse à l'épreuve des chiffres. Pour qu'elle soit solide, cette étude nécessite au préalable la formulation d'hypothèses pertinentes. Par exemple, il serait illusoire de dire « je vais prendre 1% d'un marché de 10 milliard d'euros » si l'on ne sait même pas pourquoi les clients vont accepter notre offre ! Le problème, c'est que les porteurs sont le plus souvent dans l'attente de ce que nous appelons « des résultats magiques » : des résultats sans hypothèses.

L'approche Usage nous sert à faire le tri parmi les croyances des créateurs pour faire en sorte de les inscrire dans la réalité. Cela se passe dès la première rencontre. Lorsqu'une personne nous présente son projet, notre premier réflexe est de nous mettre à la place des clients potentiels de l'innovation, pour peu que des hypothèses d'applications ou d'usages aient été formulées. Si ce n'est pas le cas, il est nécessaire de faire un détour par la case « créativité » et « recherche d'idées d'applications », en accord avec la vision entrepreneuriale de l'équipe.

Lorsque l'on cherche à valoriser des technologies, on est à la recherche d'applications, c'est-à-dire d'un croisement entre des usages (si possible des usages qui donnent du sens et de la valeur aux nouvelles technologies) et des marchés.

COMMENT CELA SE PASSE CONCRÈTEMENT ?

Pour analyser une offre et émettre un avis sur son intérêt, nous essayons d'abord de cerner quelle est la proposition qui est faite en obtenant une description simple de l'offre, des usages envisagés, puis des caractéristiques des utilisateurs pressentis (modes de vie, motivations d'usage). Nous tâchons ensuite de visualiser ce que cette offre apporte (les bénéfices ou avantages de son usage pour la cible visée). Enfin, nous invitons le porteur à la situer parmi les offres existantes sur le marché, en l'invitant à pointer les différences qu'il peut repérer. Pour cela, nous utilisons le « elevator pitch », littéralement : « le mémo dans l'ascenseur ». C'est un exercice qui consiste à imaginer que vous voulez expliquer votre projet à un inconnu dans un ascenseur. Il vous pose cinq questions de bon sens. Comme vous êtes dans un ascenseur, vous avez très peu de temps : il faut répondre par une phrase. Les cinq réponses claires et précises à ces cinq questions constituent le point de départ pour bâtir un modèle d'affaires. Cet « elevator pitch » n'est rien d'autre qu'une variation des cinq questions utilisées afin de décrire un concept « orienté usages », dans le cadre de la méthode CAUTIC® par exemple.

L'« ELEVATOR PITCH »

5 questions de bon sens ! Répondre en une phrase pour décrire votre offre à un inconnu dans l'ascenseur...

- Qu'est-ce que c'est ? Description simple de l'offre
- A quoi ça sert ? Usages envisagés
- A qui ça s'adresse ? Cibles visées et caractéristiques
- Qu'est-ce que ça apporte ? Avantages pour l'utilisateur
- Comment ça se situe ? Différences avec les offres existantes.

On peut mesurer le degré de maturité d'un projet à la qualité de la réponse à cet exercice, parce que savoir répondre à ces questions implique d'avoir déjà : a) analysé et compris les pratiques des utilisateurs pressentis ; b) identifié les contextes d'usage pour lesquels l'offre apporte vraiment une différenciation et quel est le consentement à payer pour cette différentiation c) déterminé une offre et une proposition de « valeur » sur le marché.

A QUOI SERVENT LES ÉTUDES D'USAGES ?

Bien souvent, l'exercice de l'« elevator pitch » nécessite plusieurs itérations pour réussir. Au final, il met en évidence une difficulté ou un problème à résoudre pour le client potentiel. C'est précisément le rôle des études d'usages de formuler et de tester des propositions de problèmes à résoudre sur la base d'observations. L'étude d'usages permet bien de répondre à trois questions fondamentales : A quoi ça sert ? A qui ça sert ? Qu'est-ce que ça apporte à celui / celle à qui ça sert ?

Raisonner « usage » c'est avant tout revenir au bon sens du client et d'un usage situé, en contexte : celui qui va ou non avoir envie d'utiliser, promouvoir ou acheter, telle ou telle innovation dans un contexte donné. Le client est le seul qui peut expliquer vraiment comment et pourquoi il va accepter de changer ses habitudes, à la fois à la lumière de ce que l'innovation lui apporte objectivement mais aussi, au regard de ses représentations, construites par ses croyances, son imaginaire, son image de lui-même et des autres.

Ce que l'on appelle l'appropriation d'une innovation par l'utilisateur (c'est-à-dire le fait d'accepter de l'utiliser et de l'adopter), se construit et s'observe au travers d'un ensemble de paramètres (mis en évidence par les critères CAUTIC®) où le facteur humain (c'est-à-dire complexe, affectif, sensible, émotionnel, paradoxal...) est prépondérant.

Raisonner « usage », c'est écouter comment et pourquoi le client est prêt à (accepte de...) changer ses habitudes.

QU'EST-CE QUE LE TEST DE CONCEPT DANS L'ÉTUDE D'USAGES ?

Le « test de concept » va permettre de déterminer si le concept renferme le potentiel de sens pour une cible définie a priori, de manière à ce que le porteur soit sûr qu'il peut en vendre au moins un exemplaire avec un consentement à payer réel. Entre un client qui dit « ça me plaît » et un autre qui dit « je suis prêt à payer 1000 euros », il y a un grand pas dans l'appropriation !

Ce test, qualitatif, peut prendre la forme de quelques entretiens avec des prospects (une dizaine minimum), et peut être réalisé par le porteur lui-même et son équipe : savoir écouter ses futurs clients sera la première des richesses de l'entreprise ! Cela nécessite cependant certaines dispositions et un peu de méthode, telles qu'on les trouve dans cet ouvrage.

Si le porteur a déjà toutes les réponses à ces questions, alors seulement le projet est mûr pour lancer une « étude de marché ». Celle-ci permettra de vérifier la faisabilité économique du projet et d'instruire le « business plan ». Sur la base des cibles identifiées par l'étude d'usages, elle s'assure que le marché accessible soit quantitativement suffisant avec un niveau de prix acceptable.

QUEL EST L'INTÉRÊT FINANCIER DES ÉTUDES D'USAGES ?

L'intérêt financier des approches Usage en amont du processus d'incubation est évident. Leur utilisation à l'origine de la démarche permet d'intégrer les retours des clients potentiels afin de faire émerger des usages intéressants ou inattendus. En effet, au début de l'implémentation d'une technologie, il est encore possible de changer de cap ou d'arrêter. Plus le travail avance et plus le système se rigidifie (faute de temps, de moyens, et de construction de croyances collectives des équipes). La question de la connaissance-client prend donc tout son intérêt pour un porteur de projet quels que soient les secteurs d'activités.

Attention, ces approches ne sont pas réservées aux seuls secteurs « Business to Consumer » (B to C) ! Dans les marchés « Business to Business » (B to B), l'approche Usage permet d'identifier les bons acteurs dans une chaîne complexe1. Le porteur de projet ne sait pas pour quel acteur sa proposition fait sens. L'étude d'usages va lui permettre de savoir à quel acteur il apporte de la valeur et à quel autre il va en prendre. En effet, le plus souvent une véritable innovation recompose la filière.

Dans le cas du logiciel par exemple, on retrouve les éditeurs, les intégrateurs, les SSII, les distributeurs, les utilisateurs finaux... Les nouvelles offres de logiciels en mode SaaS (Software As a Service) par exemple redistribuent les cartes : elles obligent des intermédiaires à repenser leurs offres de services associés pour continuer à exister.

L'étude d'usages trouve également son sens dans les modèles de marché B to B to C. Dans le cas d'Internet par exemple, les modèles de revenus ne peuvent pas reposer uniquement sur des questions de publicité. Il s'agit donc à la fois de trouver un problème à résoudre pour le consommateur final (ex. l'aider à optimiser son panier de courses) et un service payant pour l'utilisateur professionnel (ex. fournir des données d'étude pour l'annonceur).

Les approches Usage restent méconnues par rapport aux approches marketing classiques.

La raison est simple : peu de cabinets d'études maitrisent les techniques déployées par les approches Usage, qui font appel à une culture d'observation de terrain et d'entretiens approfondis avec des clients potentiels sur des dimensions personnelles* (*Cf. CAUTIC®: rapport aux techniques, rapport aux pratiques, rapport à l'identité personnelle et aux valeurs, rapport à l'environnement social et professionnel). C'est pourquoi peu de cabinets d'études proposent des approches Usage.

Cela limite largement la diffusion de cette culture de l'analyse des usages comme pré-requis à toute projection quantitative. La diffusion de ces savoirs reste encore trop confidentielle et devrait être généralisée dans les écoles de commerce et pas uniquement dans les écoles de design qui sont, semble-t-il, les plus avancées sur ces questions.

JUSTEMENT, QUELLES SONT LES DIFFÉRENCES ENTRE UNE ÉTUDE DE MARCHÉ ET UNE ÉTUDE D'USAGES ?

C'est une question tellement récurrente… Il faut se souvenir que les outils des études de marché se sont développés durant l'après-guerre pour appréhender un marché de masse. A l'époque, on pouvait faire certaines hypothèses. Par exemple, on a supposé qu'on pouvait délimiter un marché, qu'on pouvait le segmenter. On a aussi fait l'hypothèse que les préférences des individus sont stables dans le temps, pour pouvoir ensuite, par exemple, mesurer l'attrait d'une certaine offre et estimer le marché potentiel. Ce sont des enquêtes quantitatives qui ont pour objectif de faire des généralisations.

Dans une démarche d'innovation, dans le monde tel qu'il est, ces conditions ne sont pas remplies. Dans beaucoup de cas, par exemple, l'entreprise qui innove est créatrice du marché qu'elle cherche à investir. Il ne préexiste pas à l'offre. C'est pourquoi, le plus souvent, les études de marché se révèlent d'une utilité limitée. Elles ne font que refléter les *a priori* du porteur du projet.

Parce qu'elles sont qualitatives, les études d'usages permettent de répondre à des questions essentielles pour l'entrepreneur : quels sont les profils des utilisateurs pour lesquels l'usage de l'innovation apporte une amélioration ? Quels sont les caractéristiques, les valeurs et les imaginaires de ces utilisateurs ? Quelles fonctionnalités l'intéressent ? Que lui apportent-elles ?

En résumé, on ne travaille plus sur la question d'estimer la taille d'un marché hypothétique, mais bien plus sur les questions de savoir où et comment trouver les premiers clients.

AU FINAL, QUE RETENEZ-VOUS DE VOTRE EXPÉRIENCE USAGE DANS L'INCUBATEUR ?

Parfois, je me demande si le principal frein à la diffusion de la culture « usages » dans le contexte de l'incubation n'est pas dû à la conjonction de deux phénomènes d'évitement : le syndrome du créatif et le syndrome de l'échec.

Ce que nous appelons le syndrome du créatif, c'est la difficulté que l'on a parfois à confronter ses idées à la réalité, parce que la réalité les met en danger de mort. Le créatif, presque par nature, cherche toujours à retarder le plus tard possible la confrontation de ces idées (phase de divergence) à la sanction de la sélection (phase de convergence) le fameux tri indispensable lié à la réalité du terrain... La phase de foisonnement d'idées et d'ouverture d'un champ de possibles est tellement plus stimulante !

Se confronter aux clients est une épreuve ou l'on prend le risque de s'entendre dire « Non, ce n'est pas une bonne idée ». Dans l'idée qu'un échec serait une faute (le syndrome de l'échec), on cherche à tout prix à éviter cela.

Au contraire, dans un article de 2011[2], l'entrepreneur Reid Hoffman (fondateur de LinkedIn) donnait ce conseil « fail fast », littéralement : « échec rapide ». Il explique son conseil ainsi : si un projet doit rencontrer une difficulté décisive, autant l'aborder le plus tôt possible. On saura d'autant plus vite si le projet est viable. S'il ne l'est pas, mieux vaut investir son énergie et son intelligence ailleurs.

L'épreuve du client est une étape vitale du processus essai-erreur. Il faut la concevoir comme une nouvelle phase de créativité où le porteur peut enrichir sa proposition au contact du client. C'est ainsi que l'on fait grandir ses chances de développer son business !

C'est un comportement très général, en fait. Par exemple, j'ai noté que lorsque je viens d'égarer mes clefs, je ne cherche pas tout de suite aux endroits où elles devraient logiquement se trouver. Pourquoi ? Parce si l'objet ne s'y trouve pas, alors je suis certain de l'avoir perdu ! En retardant le moment où je devrais me rendre à l'évidence que je les ai définitivement perdues je me ménage ainsi un peu d'espoir.

Dans le cas d'un entrepreneur, ce comportement se traduit par un surcroît d'activité pour ne surtout pas rencontrer le client. Je peaufine d'abord ma techno. Je rédige mon « business plan ». Je cherche des financements... alors qu'au fond, je sais bien que l'appropriation de l'offre par des individus reste la condition de son succès sur le marché !

NOTES

1. Lorsque l'on parle d'Usage, on s'adresse bien sûr à une chaine plus ou moins complexe d'utilisateurs : les prescripteurs, les distributeurs, les vendeurs, les acheteurs, les installateurs, les utilisateurs finaux... sont autant de catégories d'usagers incontournables à prendre en compte selon les filières auxquelles on s'adresse ! Plus cette chaîne est longue, plus il y a de risques à ce qu'un ou plusieurs maillons ne s'approprient pas l'innovation et limitent sa diffusion... d'où l'importance d'étudier et comprendre cette chaîne pour étudier les maillons faibles ou les maillons forts de la diffusion... sachant qu'il faut toujours partir du principe que les motifs de rejet sont « légitimes » : ils ne se jugent pas, il s'expliquent, c'est tout. Ils ne se contournent pas, ils s'analysent pour une nouvelle proposition ! Dans notre vision et notre pratique, l'analyse des usages n'est en rien manipulatoire : elle ne vise pas à « vendre des frigos à des pingouins » mais, par itérations ou par tâtonnement, à trouver la proposition de valeur qui « fait sens » pour l'utilisateur. Une proposition « fait sens » lorsqu'à la fois elle lui rend objectivement service (c'est-à-dire lui résout un problème) sans trop « d'effort » (d'apprentissage, d'adaptation, ou financier), tout en le valorisant au sein de son groupe social de référence...
2 BBC. 2011. «Fail fast» advises LinkedIn founder and tech investor Reid Hoffman. http://www.bbc.co.uk/news/business-12151752

8

La scénarisation des usages

1. INTRODUCTION

Il s'agit ici d'approfondir la question des scénarios d'usage dans les processus d'innovation, en répondant à plusieurs questions : Qu'est-ce qu'un scénario et pourquoi scénariser ? Comment scénariser ? Quand scénariser ? Il s'appuie sur des exemples concrets pour illustrer le propos.

2. QU'EST-CE QU'UN SCÉNARIO D'USAGE ?

Il est à noter que la question des scénarios renvoie à deux objets : le scénario lui-même (dont nous décrirons les caractéristiques) mais aussi la scénarisation, qui correspond à la démarche d'élaboration et d'utilisation du scénario. Le scénario est le résultat de la scénarisation, qui peut se présenter sous différentes formes (récit textuel, bande dessinée, vidéo...).

La scénarisation des usages, c'est la création d'histoires qui décrivent comment les usagers interagissent avec un concept innovant dans des situations données. Par comparaison à des descriptions de concepts classiques, c'est-à-dire des descriptions qui énumèrent les fonctionnalités du futur produit ou service, prolixes et abstraites, *les scénarios d'usage racontent des expériences concrètes, illustrées, de l'usager*[1] *en relation avec le concept innovant*. L'usager – et non le produit ou service – est au cœur de l'histoire. Le sens que revêt un concept ne réside en effet pas uniquement dans la description de ses fonctions, mais également dans les situations d'usage, qui engagent des acteurs et une problématique, dans des dimensions psychologiques, sociologiques, métiers...

Le scénario est un outil puissant pour présenter un concept, l'enrichir, l'évaluer, communiquer et contribuer à la prise de décisions fondées dans le domaine de la conduite de projets innovants. Il permet à l'équipe projet de rester centrée sur les usages tout au long du développement de l'innovation.

POUR EN SAVOIR PLUS...

HISTOIRE DES SCÉNARIOS

Le terme scénario renvoie en tout premier lieu au domaine du cinéma. Le mot scénario vient de l'Italien *scenarii* qui dérive étymologiquement du terme latin *scaenarium* désignant la scène d'un théâtre au sens architectural d'espace scénique (Dictionnaire électronique Le Petit Robert; Roche et Taranger 2001). Historiquement rapporté à une « science du décor » (XVIe siècle), ce terme a évolué à travers les siècles pour définir un art de la mise en scène au XVIIIe siècle, avant d'incarner un document écrit développant un récit en vue d'une réalisation cinématographique (XXe siècle). Les éléments fondamentaux d'un scénario en cinéma sont des personnages, des lieux, un déroulement temporel, des dialogues, autrement dit des personnages et une histoire.

DIFFÉRENTS TYPES DE SCÉNARIOS SELON L'OBJECTIF RECHERCHÉ

En investiguant plusieurs domaines disciplinaires et professionnels (éducation, socio-anthropologie, sociologie politique, psychologie, management stratégique, risque, sécurité défense, ergonomie démographie, conception, NTIC) et en approfondissant trois axes de questionnements : **1**. concepts et théories de base sur les scénarios ; **2**. objectifs et intentions ; **3**. méthodes, moyens et procédures – trois grands types de scénarios peuvent être construits : les scénarios d'action, les scénarios d'évolution et les scénarios d'interaction.

Les scénarios d'action — Ils cherchent à décrire des situations futures, sous forme d'histoires portant sur un avenir possible ou alternatif, dans le but de permettre aux destinataires d'agir sur cet avenir. L'objectif est d'aider les organisations à faire face à l'incertitude et à s'adapter, le plus rapidement et efficacement possible, à l'environnement changeant. Il s'agit de prévenir (via des signaux d'alerte ou autres) et de donner des clés pour influer sur un avenir possible. Ces scénarios sont plutôt destinés à des décideurs et portent sur des grands enjeux d'avenir. Les méthodes sont soit littéraires, soit issues de modèles mathématiques ou statistiques.

Les scénarios d'évolution (ou de compréhension) — Ils sont essentiellement tournés vers une production de connaissance scientifique visant à la compréhension d'évènements futurs, sans forcément chercher à influer sur ce futur. Il s'agit d'élaborer des projections, des hypothèses sur la probabilité d'occurrence d'un événement, élaborées à travers des analyses d'évolution et de tendances. Priorité est donnée aux analyses statistiques ou encore à la modélisation mathématique, avec parfois l'usage de méthodes plus qualitatives. Les destinataires de ces résultats sont essentiellement des scientifiques.

Les scénarios d'interaction (ou d'usage) — Il s'agit des scénarios élaborés dans le domaine de l'innovation et de la conception des NTIC (Nouvelles Technologies de l'Information et de la Communication), encore dénommés « Scenario based design ». Il s'agit de mettre en scène des situations vraisemblables et plausibles dans lesquelles agissent des personnes avec un dispositif innovant. Le but est d'anticiper des usages futurs ou encore d'évaluer la pertinence de ces usages « projetés » (acceptabilité). Les scénarios sont destinés aux concepteurs ou à tout acteur du domaine de l'innovation. L'avenir est envisagé sous une forme vraisemblable à partir des pratiques existantes. Il s'agit de méthodes essentiellement qualitatives.

(Ces éléments sont tirés du rapport de recherche UMAN LAB, Équipe de Recherche Technologique, O. Navarro, F. Forest, O. Lavoisy, V. Chanal, « L'utilisation du scénario dans le processus d'innovation : une lecture interdisciplinaire », Grenoble Institut de l'Innovation, Université Pierre Mendès France, sept. 2009).

3. POURQUOI SCÉNARISER ?

Dans la démarche d'innovation centrée sur les usages, la finalité première de la scénarisation (et de sa version incarnée : le scénario) est d'*anticiper les usages* et d'évaluer les *conditions d'acceptabilité* d'un concept innovant auprès d'usagers potentiels, alors même que ce concept peut ne pas exister sous une forme tangible (pas de maquette ni de prototype). Le scénario est également utile pour :

- Présenter un concept innovant à des personnes qui ne connaissent pas forcément la technologie sous-jacente.
- Faciliter le design participatif (faire participer le futur utilisateur à la conception).
- Aider le chef de projet à faire les bons choix concernant la conception et le développement du concept.
- Contribuer à produire un cahier des charges et un document de spécifications.
- Permettre aux dirigeants de décider des conditions de poursuite d'un projet innovant.
- Communiquer sur le projet auprès des différentes parties prenantes (en interne à l'entreprise et à l'extérieur : partenaires, investisseurs, etc.).

L'objectif d'un scénario est de créer une présentation qui rende vraisemblable et plausible la vie future qu'aurait un usager potentiel avec un dispositif innovant, en intégrant pour cela l'ensemble des dimensions en jeu dans les situations d'usage : environnement de l'usager, pratiques existantes, motivations, relations socioprofessionnelles...

Cette présentation est ensuite montrée à des personnes (dites « usagers potentiels »), dans un cadre méthodologique particulier (« Focus Group », « workshop » ou entretien semi-directif en face à face). Ces usagers potentiels réagissent à ce qu'ils voient et cela permet d'évaluer quelles représentations ils se font du concept, autrement dit quelles valeurs et quel sens ils lui attribuent. En effet, le scénario, en présentant des situations d'usage, véhicule du sens et des valeurs qui stimulent l'imaginaire et les réactions du récepteur. Pour répondre à l'objectif, la présentation scénarisée doit faciliter la compréhension du concept par ces usagers potentiels et leur permettre de se projeter personnellement en situation d'usage : ainsi, l'usager aura beaucoup plus de facilité à exprimer ses réactions, ses motivations et freins à l'usage du concept innovant et à se positionner. La scénarisation du concept doit donc décrire des situations d'usage, raconter l'histoire de l'usager en interaction avec le produit ou le service, de manière très concrète et réaliste.

Via le scénario, le chef de projet et les concepteurs peuvent facilement inclure différentes hypothèses afin de les tester auprès d'usagers, et ainsi réduire des incertitudes relatives au concept innovant.

4. COMMENT SCÉNARISER ?

Pour scénariser les usages d'un concept, il faut d'abord avoir défini et formulé le concept (voir chapitre 2 : le concept « orienté usages »).

4.1 Caractéristiques du scénario

Le scénario d'usage doit :

- *Etre factuel.* Tout en décrivant les changements qui se présentent à l'usager, le récit doit rester très factuel et éviter tout superlatif injustifié (il ne s'agit pas de « survendre » ou faire la publicité du concept, mais plutôt de le présenter le plus factuellement possible). Il faut éviter les descriptions abstraites en incarnant le plus possible le récit dans le monde du concret et en faisant appel à des gestes et des pratiques du quotidien.
- *Etre suffisamment précis.* Même si certaines caractéristiques du futur produit ou service ne sont pas encore figées, le scénario permet, en les illustrant, de faire réagir des usagers potentiels quant à ces caractéristiques et de contribuer à effectuer les bons choix. Il est donc extrêmement utile de représenter ces caractéristiques (techniques ou non) dans le scénario, de manière à les tester.

4.2 Supports de scénarisation

La scénarisation du concept peut revêtir *différentes formes*, plus ou moins élaborées : récits textuels, animations, bandes dessinées, romans-photos, vidéos, ou même représentations théâtrales...

On privilégiera les supports contenant *texte et images*, car si le texte apporte la cohérence du récit, les images facilitent l'identification. La durée de présentation du scénario, quelle que soit la forme retenue, ne doit pas dépasser 5 à 10 minutes, afin de maintenir l'attention du récepteur et rester dans l'essentiel.

Un support vidéo apporte du confort dans le visionnage de la présentation, mais n'est pas indispensable. Des supports moins onéreux tels qu'une présentation de type « story-board » peuvent tout à fait suffire à atteindre l'objectif recherché : faciliter la compréhension des usages du concept, permettre au récepteur de se projeter en situation d'usage et ainsi stimuler ses réactions.

On choisira donc le format selon le temps et les moyens impartis, ainsi que les compétences disponibles pour le projet.

4.3 Les cinq étapes de la scénarisation des usages

1. Choisir une situation et un problème central pour l'usager potentiel.
2. Construire le synopsis à partir d'un fil conducteur.
3. Décliner l'histoire en écrivant le récit et en l'illustrant simultanément.
4. Créer le support de présentation (PowerPoint par exemple) ou le story-board dans le cas d'un support vidéo.
5. Réaliser le film (optionnel).

4.3.1 Choisir une situation et un problème central pour l'usager potentiel

Le problème central pour l'usager potentiel doit être choisi à partir de la question : quel(s) problème(s) de l'usager le concept innovant résout-il ?

4.3.2 Construire le synopsis à partir d'un fil conducteur potentiel

L'histoire explique pourquoi l'usager a recours au concept innovant, comment il s'en sert, ce que cela lui apporte, ce que cela change pour lui dans des contextes d'usage qui sont eux aussi décrits. Un scénario d'usage se compose :

- D'*acteurs (personnages)*. Qui sont-ils ? Quels sont leurs rôles et leurs personnalités dans l'histoire ?
- D'une *situation de départ* qui évolue peu à peu : lieu, contexte, événement déclencheur...
- Du *récit* de l'histoire : réalisation d'une quête, résolution du problème pour l'usager
- D'une *conclusion* : aboutissement de la quête.

Un fil conducteur classique possible pour le scénario est la description des situations avant et après l'usage du concept, avec la résolution du problème à la clé.

Décliner l'histoire en écrivant le récit et en l'illustrant simultanément

Les éléments de l'histoire doivent montrer comment le concept innovant est utilisé par l'usager, dans quelle mesure il est compatible avec ses valeurs, comment il s'intègre dans ses pratiques et son environnement, par rapport à ses contraintes personnelles ou professionnelles.

Le récit et les illustrations décrivent les lieux, les acteurs présents, leur état d'esprit, leurs buts, leurs réactions, les interactions entre les acteurs et avec les objets...

Ils présentent le concept dans un futur « proche » et « réaliste », c'est-à-dire susceptible de se réaliser, en projetant des usages qui prennent en compte les usages actuels.

L'acteur principal est un usager du concept. En fonction du sujet et de l'histoire, d'autres acteurs interviennent généralement dans l'histoire, tel l'entourage professionnel ou familial de l'usager. Les acteurs doivent être décrits précisément : leurs rôles, leurs préoccupations et objectifs, leurs valeurs...

Le décor – la famille Duvert

Situation :

- Un couple avec deux enfants, propriétaire d'une maison en zone périurbaine
- La femme travaille, mais s'occupe plus particulièrement de la gestion des dépenses eau, gaz, électricité en plus des dépenses alimentaires.

Lieu :

Personnages :

Accessoires :

Voix off :

- La famille Duvert - un couple avec deux enfants - est propriétaire d'une maison en zone périurbaine.
- Madame Duvert, en plus de ses occupations professionnelles, gère les dépenses courantes du ménage, telles que l'alimentation, l'eau, le gaz, l'électricité, etc...

Nom de projet

Fig. 8.1
Préparation Scénarisation Aérogénérateur (exemple 1)

L'examen des anciennes factures d'énergie

Situation :

A la réception de sa dernière facture d'électricité, elle se pose la question de l'évolution de sa facture depuis quelques années. Bien organisée, elle recherche ses dernières factures et constate.

- Elle regarde la même chose pour le gaz.
- Le constat est le même : une évolution importante du coût de l'énergie

Lieu :
La maison

Personnages :
La femme

Accessoires :
Factures d'électricité et de gaz

Voix off :

- Madame Duvert vient de recevoir la dernière facture d'électricité, qui lui semble à nouveau en hausse par rapport à celles des années précédentes.
- Elle décide alors de passer en revue les factures d'électricité et de gaz des dernières années... Cet examen confirme une augmentation continue et importante des dépenses énergétiques pour la famille Duvert.

Nom de projet

Fig. 8.2
Préparation Scénarisation Aérogénérateur (exemple 2)

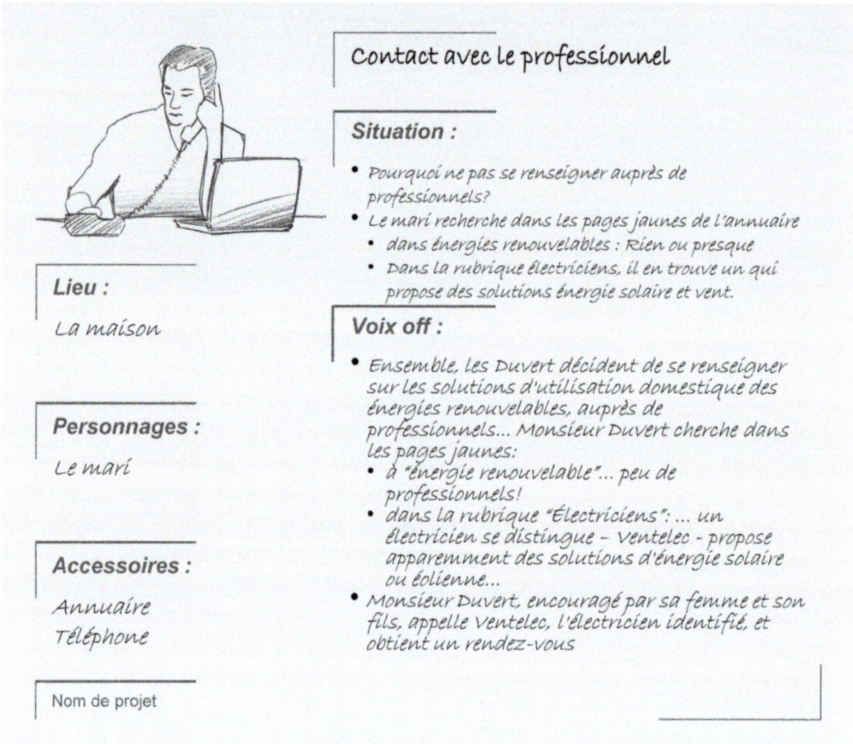

Fig. 8.3
Préparation Scénarisation Aérogénérateur (exemple 3)

POUR EN SAVOIR PLUS...

L'art des récits au service des scénarios d'usage (par Laurent Collet[2])
Un scénario d'usage raconte l'histoire d'un produit / service, avec un ou plusieurs usagers. Il peut prendre différentes formes : films, animations flash, photomontages... C'est donc à la fois un contenu et une forme.

Or, depuis les travaux de l'école linguistique Russe (travaux de Vladimir Propp dans les années 1920-30) et de l'école sémiotique de Paris (publications de Algirdas Greimas et Joseph Courtés dans les années 1960-70), on sait que le contenu d'un récit (conte populaire, comptine pour enfant, roman, etc.) se structure autour de plusieurs niveaux (EVERAET-DESMET, 1988).

- Un niveau canonique d'enchaînements des évènements et des actions partant d'une situation d'équilibre, qu'un élément déclencheur (action humaine ou non humaine) va venir déstabiliser. Par devoir, pouvoir, savoir ou désir, l'un des personnages va se mettre en avant pour remettre de l'ordre dans ce déséquilibre. S'il n'est pas tout à fait compétent, la rencontre avec un mentor va le transformer et lui enseigner les compétences nécessaires et suffisantes pour la réalisation de sa quête. La quête se conclura par une sanction positive (succès) ou négative (échec). Ce niveau est celui de la syntaxe narrative ou syntaxe des actions.

- Un niveau canonique, également, de mise en relations des éléments les uns avec les autres, se ramenant à une série de liens. Tout d'abord un sujet (le héros) se met en quête d'un objet (objet de la quête, comme sauver le monde, un enfant, ou trouver un trésor,...). L'ensemble des éléments du récit vont ensuite s'organiser soit en opposition, soit en aide.
- Un niveau de mise en forme de l'histoire via des choix de lieux, d'époque, de morphotype des personnages, etc. Ces choix de mise en scène vont produire des « effets de réel », qui vont donner du crédit au récit (BARTHES, 1968).

Les éléments cités précédemment doivent nous permettre de mettre en avant quelques points clés dans l'écriture des récits d'usage :

- Respecter une certaine logique temporelle pour traiter d'une situation en suivant les grandes étapes d'écriture d'un scénario, passant par une quête et des personnages impliqués dans une situation : situation d'équilibre / élément déclencheur d'un déséquilibre (problème) / compétences à mener la quête / sanction positive ou négative. Les études d'usages permettront de « donner du corps » à la quête principale et aux quêtes secondaires, en les nourrissant d'usages « réels » et « vécus ».
- Etablir un ensemble de relations où l'idée de service ou de produit original n'est qu'une aide pour le personnage central à la réalisation de sa quête. L'objet ou le service n'existant pas encore, il faut arriver à rédiger des séquences descriptives imaginant les fonctionnalités et les utilisations. Pour ce faire, l'analyse de l'environnement social, économique, juridique, politique et technologique (sous forme de veille) est très pertinente.
- Produire des effets de réel – descriptions d'objets, de personnes, de lieux,... qui visent à faire croire que tout ceci existe car vraisemblable. Par exemple, afin de créer des effets de réel, les personnages de l'histoire doivent être nommés par leurs prénoms, qui doivent correspondre à leurs époques. Ces effets favorisent l'appropriation des situations présentées.

Cette grille de création / analyse des récits n'est pas une recette dans le sens où elle ne garantit pas de trouver la « bonne histoire ». D'ailleurs, il n'existe pas de « bonne histoire ». Plusieurs versions sont nécessaires avant d'en stabiliser une ; versions qui doivent tenir compte des remarques et critiques de tous les participants au projet.

Une fois ce premier travail terminé, commence celui de médiatisation ou de mise en forme (mise en texte, son et image). A ce niveau, il est évident qu'il y a nécessité d'une maîtrise des questions de mise en forme multimédia. En effet, le fonctionnement de la pensée audio scripturale diffère de celui de la pensée audiovisuelle :

- L'écriture textuelle repose sur un rapport entre le signifiant et le signifié fixé par convention sociale. Par exemple, les lettres T / A / B / L / E permettent de former le mot « table ». Ce mot désigne une multitude d'objets possibles. Sans plus de précision, il forme une représentation mentale générale qui renvoie à quatre pieds et un plateau. Par contre, dès qu'on change de système de signe et opte par exemple pour une représentation visuelle, un problème va se poser. Quel modèle de table utiliser ? Si on utilise une table d'écolier, le risque est de focaliser l'attention de mon interlocuteur sur une connotation particulière : celle de l'école, de l'apprentissage. Si on opte pour une table de cuisine, on peut involontairement désigner un contexte non désiré.
- Le papier est un support spatial, qui favorise les arrêts et allers-retours dans un texte, contrairement à des supports plus temporels comme les animations audiovisuelles. Il permet donc une lecture plus approfondie que les autres supports.

Parce que le choix du support et de la mise en forme du contenu peuvent influencer les discours exprimés par des individus sur les usages représentés, toute « médiatisation » représente un enjeu spécifique dans un projet innovant : favoriser ou limiter l'imaginaire des représentants des cibles, focaliser la critique sur le design d'un produit, etc. En cela, la médiatisation doit être maîtrisée et confiée à des experts.

La production de récits d'usages demande donc la mobilisation de compétences spécifiques visant à permettre un meilleur contrôle du sens produit et, en retour, une meilleure compréhension des réactions formulées par les personnes qui réagissent à un « scénario d'usage »[3].

4.3.3 Créer le support de présentation ou le « story-board » potentiel

Il faut généralement avoir recours à un spécialiste des images (dessinateur, graphiste ou designer) afin de soigner la présentation. Pour créer une vidéo autour d'un concept qui n'existe pas encore, pas même sous la forme d'une maquette ou d'un prototype, on aura recours à des illustrations 2D ou 3D, ou encore des images de synthèse. La présentation de type bande dessinée pourra en premier lieu décrire textuellement le concept et ses apports, puis présenter un certain nombre d'usages scénarisés.

L'écriture d'un story-board permet de préparer le tournage du scénario sous la forme d'un film. Il décrit de manière très explicite, et dans la continuité de l'action :

- Les acteurs.
- Le lieu.
- La situation.
- La voix « off » ou les dialogues à enregistrer.
- Les accessoires à prévoir.

Fig. 8.4
Scénarisation d'un concept de service à domicile

Fig. 8.5
Tournage film

Dans la présentation scénarisée ou le « story-board », chaque élément – texte, dialogues, voix « off », ton, images, gestuelle, silences, costumes, décor, couleurs - contribue à véhiculer du sens pour le récepteur. Aussi est-il important de soigner la présentation du « story-board », l'écriture des dialogues et le choix des personnages et situations.

4.3.4 Réaliser le film (optionnel) Cette étape doit être menée par un professionnel. Cependant, afin d'être certain du bon suivi du « story-board », il est nécessaire qu'une personne ayant participé à la construction du scénario soit présente en permanence lors du tournage et du montage final du film, afin de prendre les bonnes décisions quant à une multitude de questions très pratiques (engageant des options sur les fonctions, les manières d'utiliser les interfaces,...) qui surviennent lors de ces étapes.

5. QUAND SCÉNARISER ?

La scénarisation permet d'incarner un concept dans des histoires vraisemblables et permet d'ancrer son usage. Ainsi, dès qu'une idée peut être enrichie en concept, la scénarisation est possible et même souhaitable. En effet, plus tôt le concept sera mis en scène, plus tôt l'équipe projet disposera d'informations indispensables pour prendre les bonnes décisions concernant : les caractéristiques du concept, les pratiques qu'il peut générer / modifier, les options techniques en termes de fonctionnalités, son positionnement marketing, etc.

D'une manière générale, les scénarios peuvent être affinés et enrichis au cours du cycle de conception, selon l'évolution des choix effectués pour le produit ou service innovant. En l'état, ils sont un bon support pour suivre un projet du point de vue des usages. Ensuite, une fois la phase de conception terminée, les scénarios d'usage peuvent constituer un solide point de départ pour développer la communication et l'argumentation de vente autour du produit ou service innovant.

6. CONCLUSION

La scénarisation des usages est une technique intéressante dans un processus de conception d'innovation. Ce processus permet d'approfondir l'élaboration d'un concept sous des angles variés, de projeter des usages et de stimuler l'élan créatif des équipes. En outre, la scénarisation permet à l'équipe projet d'éprouver différentes hypothèses de manière très concrète et différente du cahier des charges, difficilement compréhensible pour un usager et ne lui permettant pas, ou difficilement, de se projeter dans l'usage.

La scénarisation contribue à une prise de décision motivée, prenant en compte les différentes dimensions en termes d'usages, et participe ainsi à mieux appréhender les risques techniques et financiers du projet.

NOTES

1. L'usager n'est pas uniquement l'utilisateur final d'un produit ou service, il peut être, par exemple, le client qui l'achète sans en être l'utilisateur, l'intermédiaire qui va le vendre, etc.
2. Laurent Collet est enseignant à l'Université du Sud Toulon Var et chercheur au sein du laboratoire I3M. Ses recherches portent sur l'économie, les usages et les écrits des médias numériques. Bibliographie sur le sujet : Field, S. 2008. *Scénario. Les bases de l'écriture scénaristique*. Éditions Dixit ; Everaert- Desmet, N. 1988. *Sémiotique du récit*. Bruxelles : De Boeck-Wesmae ; Barthes, Roland. 1968. L'Effet de réel. *Communications*, 11, 1, 84-89.

BIBLIOGRAPHIE

3. Field, Sylvie. 2008. *Scénario. Les bases de l'écriture scénaristique*. Éditions Dixit, Mars 2008, 272p.
Everaert- Desmet, Nicole. *Sémiotique du récit*. De Boeck-Wesmae, 1988.
Barthes, Roland. 1968. « L'Effet de réel », *Communications* n°11, 1968.

9

La construction d'un modèle d'affaires « orienté usages »

1. INTRODUCTION

D'une manière très générale, il y a trois dimensions à un modèle d'affaires[1] : la dimension humaine, la dimension écologique et la dimension économique.

- La dimension humaine décrit le lien qui s'établit entre l'innovation et l'humain qui l'utilise. Celle-ci est intégrée dans l'élaboration d'un concept « orienté usages » (chapitre 2).
- La dimension écologique décrit l'écosystème de l'innovation. C'est ce que l'on appelle couramment la construction et la livraison de la valeur. Le développement de l'innovation mobilise un certain nombre de ressources et se fait en relation avec une foule d'acteurs. Tout cela constitue l'environnement immédiat de l'innovation qui va (ou non) permettre son éclosion.
- La dimension économique décrit les échanges de valeur qui sont liés à l'innovation. C'est ce que l'on appelle la capture de la valeur. Tous les flux financiers liés à l'innovation (comment ils sont organisés, comment ils permettent aux différentes parties prenantes d'en retirer un bénéfice plus ou moins immédiat...) ont une part considérable dans la réflexion sur la viabilité « marché », et donc dans la décision stratégique.

Ce modèle d'affaires orienté usages est conçu comme un vecteur d'anticipation de la valeur économique[2] dans le processus d'innovation par les usages et son bénéfice est simple à comprendre : on potentialise les chances de succès de l'innovation. Non seulement l'intégration des utilisateurs et de leurs usages est source de nouvelles idées pour alimenter le travail de conception, mais l'analyse des significations des usages aux moments de la preuve de concept et du prototype permet d'enrichir les conditions d'acceptabilité de l'innovation. Vu de cette façon, il n'y aura pas de création de valeur si l'innovation ne fait pas sens pour le client, si les critères d'acceptabilité ne sont pas remplis.

Nous insistons sur ce point dans la mesure où l'expérience montre que nombre de modèles d'affaires relèvent plutôt d'une projection ou du désir d'un porteur ou d'une équipe projet, portant peu d'intérêt sur le potentiel d'usage d'une innovation. Le point de départ de leur démarche est souvent une brique technologique et quelques indices collectés par le porteur de projet. Ces indices peuvent être de riches intuitions caractérisant un esprit visionnaire mais souvent, et malheureusement, ils supposent un marché « récepteur » (et pas acteur) prêt à acheter « par milliers » l'innovation. C'est pour cela que chez plusieurs incubateurs, on évalue autant la personnalité du porteur de projet que son modèle d'affaires afin de saisir le potentiel du projet (voir le témoignage du chapitre 7).

Il est donc important d'intégrer les significations d'usage dans un processus d'innovation : c'est là que naît la différence entre un modèle d'affaires « classique » et un modèle d'affaires « orienté usages ». Cette distinction tient à la dimension « humaine » du modèle d'affaires, qui va tendre vers une proposition de valeur « orientée usages ». Ainsi, un modèle d'affaires « orienté usages » est essentiellement un modèle d'affaires dont la proposition de valeur est « orientée usages ».

Nous allons dans ce chapitre explorer les dimensions écologique et économique du modèle d'affaires pour définir le scénario le plus favorable à l'insertion de l'innovation dans le marché.

2. CONSTRUCTION ET LIVRAISON DE LA VALEUR

Le développement de l'innovation mobilise un certain nombre de ressources et se fait en articulation avec d'autres acteurs. L'analyse de l'ensemble permettra d'identifier quelles configurations sont favorables ou défavorables à l'innovation. En d'autres termes, il s'agit d'explorer l'écosystème de l'innovation du point de vue de l'entreprise qui va la mener.

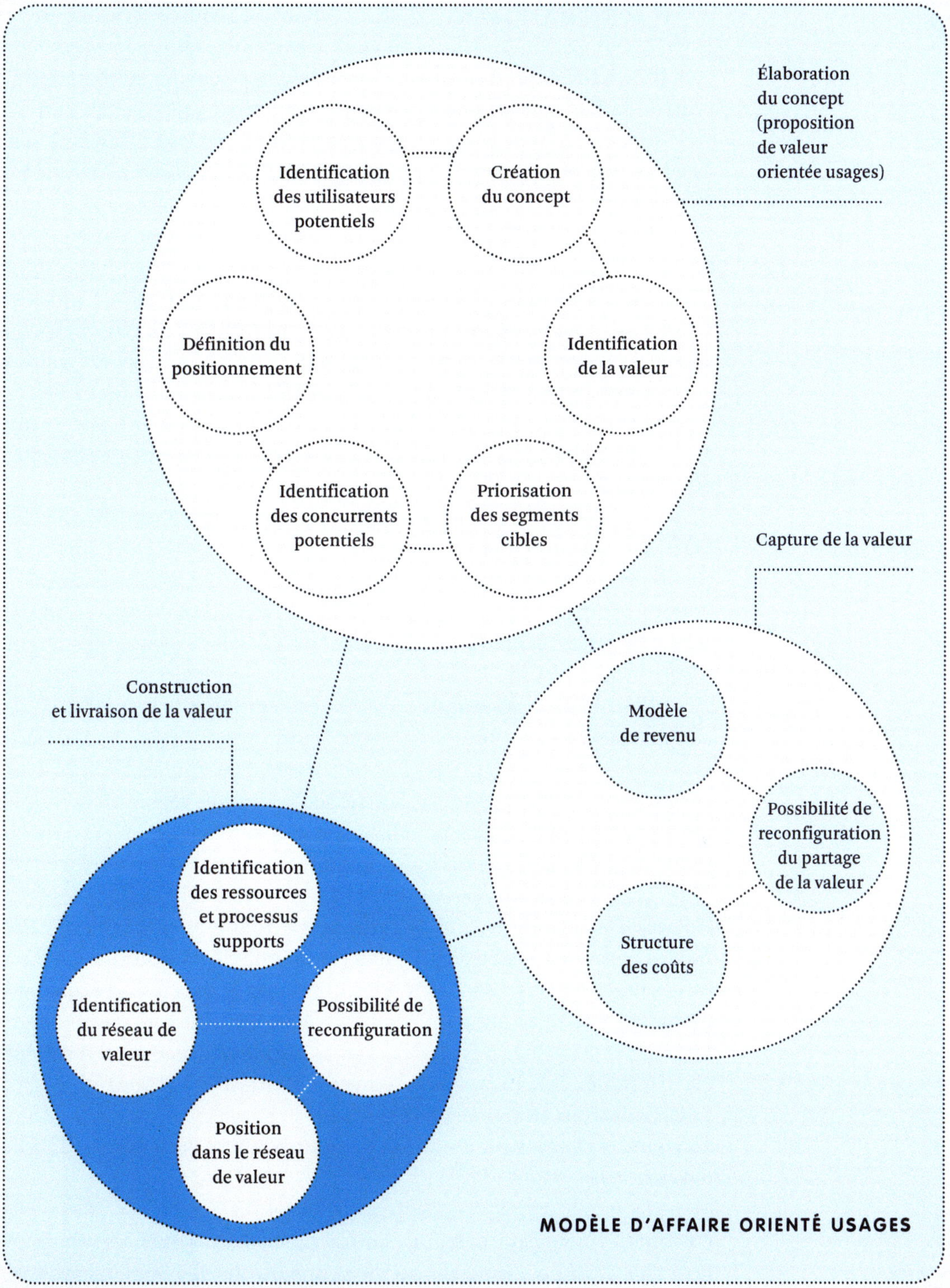

Fig. 9.1
Construction et livraison de la valeur (la dimension écologique)

2.1 Identification des ressources et processus supports

Les ressources désignent tout ce qui fait la valeur de l'inventeur ou de l'entreprise (par exemple un brevet), et le processus support désigne l'ensemble des activités nécessaires à l'inventeur ou l'entreprise pour créer cette valeur (par exemple, un partenariat avec un sous-traitant pour fabriquer un certain module de l'offre). Il s'agit des ressources et processus supports maîtrisés ou accessibles dans le réseau de l'inventeur/de l'entreprise.

Le porteur du projet sait intuitivement quels sont les ressources et processus supports induits par le projet, puisqu'il s'agit du cœur de son activité. Dans les situations d'innovation, il est essentiel d'identifier les compétences présentes en interne qui peuvent représenter une ressource pour l'innovation et les compétences et activités que l'entreprise va devoir trouver à l'extérieur (par des acquisitions, prestations de service ou embauche, par exemple), afin de déterminer quelles sont les activités qui seront exécutées par l'entreprise ou pas.

Cette identification peut se faire par le porteur du projet ou l'équipe projet elle-même et des outils, comme la chaîne de valeur proposée par Michael Porter [3], ont depuis les années 80 popularisé ces notions. Une version actualisée est proposée par le « Business model canvas » de Osterwalder et Pigneur [4].

2.2 Identification du réseau de valeur

La création de valeur est réalisée en conjonction avec les parties prenantes, comme les fournisseurs, les concurrents, les distributeurs, les clients, les entités régulatrices, le gouvernement… Il en va de même pour la livraison de valeur. La manière dont l'innovation apporte de la valeur impliquera une position dans ce réseau de valeur.

On peut le comprendre sur l'exemple de l'introduction des tablettes électroniques (comme l'iPad d'Apple), dans le monde de l'édition. Avant l'arrivée de ces tablettes, les maisons d'édition fixaient le prix du livre, quand bien même elles se devaient d'entretenir de bonnes relations avec leurs distributeurs, et donc leur laisser des marges. Depuis l'avènement des tablettes électroniques et la perspective d'une tarification « à l'iTunes » (c'est-à-dire, une tarification au morceau de musique et dans le cas qui nous intéresse, au chapitre) la maison d'édition ne maîtrise plus entièrement la fixation des prix.

Ce sont des nouveaux acteurs, comme Amazon ou Apple, qui « suggèrent » les prix [6]. Quel est l'impact ? Même si auparavant les éditeurs avaient certains « gros » clients (comme la FNAC en France ou Barnes and Nobles aux

US) et s'ils devaient entretenir de bonnes relations avec eux, la plupart de leur clientèle était un nombre diffus de libraires. Or, avec les tablettes, une situation d'oligopole se met en place et le rapport de force s'est inversé. Pire encore pour les éditeurs, Apple commence à mettre en place des solutions pour que chacun puisse devenir éditeur[7]. L'identification du réseau de valeur se fait en deux temps :

- Identification des acteurs économiques dans le réseau de valeur
- Identification des parties prenantes

Identification des acteurs économiques
Selon la position dans le réseau de valeur, l'entreprise va interagir de manière directe avec un certain nombre d'acteurs économiques. La matrice des cinq forces de Michael Porter[8] est l'outil classique pour cette identification. Elle prône une vision élargie de la concurrence. Au-delà de la force des concurrents potentiels (concurrents directs, nouveaux entrants et produits substituts), il s'agit de repérer la force des fournisseurs et des clients. Il y a ainsi une reconnaissance que l'entreprise est en concurrence non seulement avec des entreprises dans un même secteur d'activités, mais également avec d'autres acteurs. Comment la nouvelle valeur créée par l'innovation bouscule les relations de pouvoir existantes ? Concrètement, il s'agit de repérer :

1) Les concurrents directs de l'innovation
2) Les fournisseurs
3) Les potentiels clients
4) Des produits substituts à l'innovation
5) Des entrants potentiels dans le marché de l'innovation

Ensuite, chacune de ces cinq forces est qualifiée comme étant forte, moyenne ou faible. La résultante donne une vision des forces les plus à même d'impacter le développement de l'innovation, ou pouvant empêcher son existence. Un exemple actuel pouvant témoigner de l'intérêt de cette analyse est la bataille que se livrent des entreprises dans l'industrie des Smartphones tels que Google, Apple, Microsoft, Oracle, Samsung et d'autres encore, concernant les brevets. Ceci a pour conséquence d'élever des barrières à l'entrée pour des innovateurs, en raison du nombre conséquent de brevets à posséder pour ne pas être attaqués par des acteurs solidement établis[9].

D'apparence simple, l'identification et la qualification des acteurs peuvent s'avérer vite complexes. La profondeur de l'analyse dépendra de l'état du développement de l'innovation. En amont du processus, cette analyse sera plutôt synthétique, visant à identifier des situations de marché défavorables à l'innovation (par exemple, celles où l'ensemble des forces sont élevées). En aval, une analyse plus poussée permettra de qualifier d'une manière plus fine ces forces. A ce niveau, il est recommandé que le porteur de projet se fasse aider par un expert « méthode ».

Cette analyse est importante puisque certaines innovations vont exposer l'entreprise à des conditions très difficiles qu'elle aura beaucoup de difficultés à viabiliser. Genet et Roux-Jallet (2011)[10] montrent par exemple comment pour l'entreprise Eveon, une start-up Rhône-Alpine, le choix de se présenter soit en tant qu'entreprise de R&D, d'ingénierie intégrée (design, assemblage, distribution) soit comme un fabricant de dispositifs d'injection, peut changer de manière conséquente les ressources nécessaires à l'entreprise, les fournisseurs et les clients potentiels. L'important est de reconnaître que le marché n'est pas donné « en soi » et qu'une tâche primordiale de l'innovateur est de trouver la situation concurrentielle la plus favorable à l'essor de l'innovation.

Identification des parties prenantes

Au-delà de l'identification des concurrents, fournisseurs et clients pour l'innovation, qui sont les parties prenantes dans l'environnement qui leur seraient favorables ou opposées ? Pour quelles raisons ?

C'est ici que les pouvoirs publics, les associations de consommateurs, les groupements d'intérêts et les pôles de compétitivité, entre autres, prennent leur place. Quels réseaux l'entreprise est susceptible de modéliser pour favoriser l'émergence d'une ou plusieurs des propositions de valeur possibles de l'innovation ?

Par exemple, l'émergence de la voiture électrique en France a bénéficié d'un appui important du gouvernement pour aider les constructeurs français à rattraper leur retard par rapport aux constructeurs nippons. Cette aide s'explique par le rôle majeur, en France, d'acteurs dans la production d'énergie électrique. La même logique vaut pour une entreprise choisissant d'être labellisée par un pôle de compétitivité. Ceci lui permet d'avoir accès à des ressources (par exemple financières, du réseau, de l'expertise, de potentiels clients) pour augmenter la viabilité de l'émergence de l'innovation.

2.3 Possibilités de reconfiguration

Une fois l'identification des ressources et processus supports et du réseau de valeur réalisée, il s'agit d'identifier les possibilités de reconfiguration des ressources[11] : sur quelles ressources et activités l'innovateur peut agir pour favoriser l'essor de l'innovation.

Par exemple, Facebook doit en grand partie sa valeur au temps et aux informations fournies par ses utilisateurs. Si les informations enregistrées appartiennent à Facebook et ont une certaine valeur, c'est surtout l'interaction continuelle sur la plateforme qui permet d'actualiser en permanence cette valeur. Si demain, l'ensemble des utilisateurs décident de ne plus consacrer du temps et de fournir des informations à cette plateforme, Facebook perdra vite de son intérêt.

Sur cet exemple, on comprend comment Facebook a réussi à intégrer des ressources des tiers pour augmenter sa valeur.

Richard Normann (2001)[12] développe de manière approfondie la manière et les éléments de cette reconfiguration. Il donne l'exemple de JC Decaux qui, en intégrant des ressources de différentes parties prenantes, dont les pouvoirs publics, a développé une proposition de valeur ayant un caractère gagnant-gagnant pour l'ensemble des acteurs (abri bus pour les usagers des transports en commun couplé à la réduction de coûts et au gain financier pour les pouvoirs publics ainsi qu'à un espace de communication pour ses clients). Le principe du service de bicyclettes en libre-service, Velib à Paris, est dans la même logique. En échange d'un support publicitaire, JC Decaux a installé le dispositif de bicyclettes en libre-service à Paris avec le succès que l'on connaît. L'important est de reconnaître qu'une nouvelle ressource (la mise à disposition de bicyclettes) a été identifiée pour rendre possible une innovation de service ayant de la valeur pour la municipalité, pour la population et pour l'acteur privé en charge de son organisation. Ainsi, la bonne question à se poser est: quelles sont les ressources mobilisables dans le réseau de valeur ? Peut-on les reconfigurer de manière à favoriser l'émergence de l'innovation ?

2.4 Position dans le réseau de valeur

Cette analyse conduira à l'identification de la position de l'innovation dans le réseau de valeur. Il s'agit ensuite de s'interroger sur les possibilités de « verrouillage » qui permettront de protéger cette nouvelle position. Est-ce que cette nouvelle position peut-être protégée par des brevets, des accords commerciaux ou d'autres manières encore ? L'entreprise devra aussi choisir in fine quelles activités elle garde à son actif. L'entreprise peut ainsi choisir de :

- développer de nouvelles activités, de relier ces activités d'une manière différente ou de nouvelles manières de gouvernance (par exemple adopter un système de franchise) ;
- organiser les activités dans un but de verrouillage, que ce soit par des coûts de changement ou des externalités de réseau (par exemple coût associé à l'apprentissage d'un nouveau logiciel) ;

- identifier des activités complémentaires pour proposer des offres packagées;
- identifier des sources d'efficience pour réduire les coûts de transaction associés au fait de faire du business avec l'entreprise[13].

Ces quatre étapes permettront ainsi d'identifier les processus de création et de livraison de valeur favorisant l'essor de l'innovation.

3. CAPTURE DE LA VALEUR

La troisième dimension du modèle d'affaires concerne la capture de la valeur créée. A l'évidence, les flux financiers liés à l'innovation ont une part considérable dans la réflexion sur la viabilité du marché, et donc dans la décision stratégique. Ces flux permettent notamment d'anticiper l'intérêt économique de cibler l'offre pour certains segments de marché plutôt que d'autres.

La littérature en management et finance[14] est abondante et elle est orientée le plus souvent sur des projections de chiffre d'affaires et de flux de trésorerie. En amont du processus d'innovation il est possible pour l'équipe projet de s'appuyer sur l'outil d'identification comme le « business model canvas »[15] qui fournit un résultat synthétique. En aval, des analyses de plus en plus sophistiquées se mettent en place[16].

Un porteur de projet se fera aider par son incubateur, un consultant ou autre aide externe dans cette étape, alors qu'une équipe innovation, dans une moyenne ou grosse entreprise, aura à suivre des procédures normalisées pour l'identification du modèle de revenus et de la structure de coût. Nous présentons ici juste les principales questions qui doivent être traitées lors de cette étape.

Il s'agit d'établir le modèle de revenus initial associé avec chaque configuration du modèle d'affaires. Comment la valeur est-elle distribuée ? Qui la capture ? Comment l'entreprise peut-elle s'approprier une partie adéquate de la valeur ? Quel mécanisme de tarification adopter ?

Il s'agit ensuite d'identifier la structure de coût associé à la création et à la livraison de la valeur pour le client et la capacité de l'entreprise à capturer de la valeur. L'importance des clients dans la génération des revenus, la politique tarifaire, la situation de trésorerie, ainsi que la structure organisationnelle sont autant de questions importantes[19].

Ensuite il s'agit d'identifier s'il est possible de configurer la manière dont la valeur va se partager.

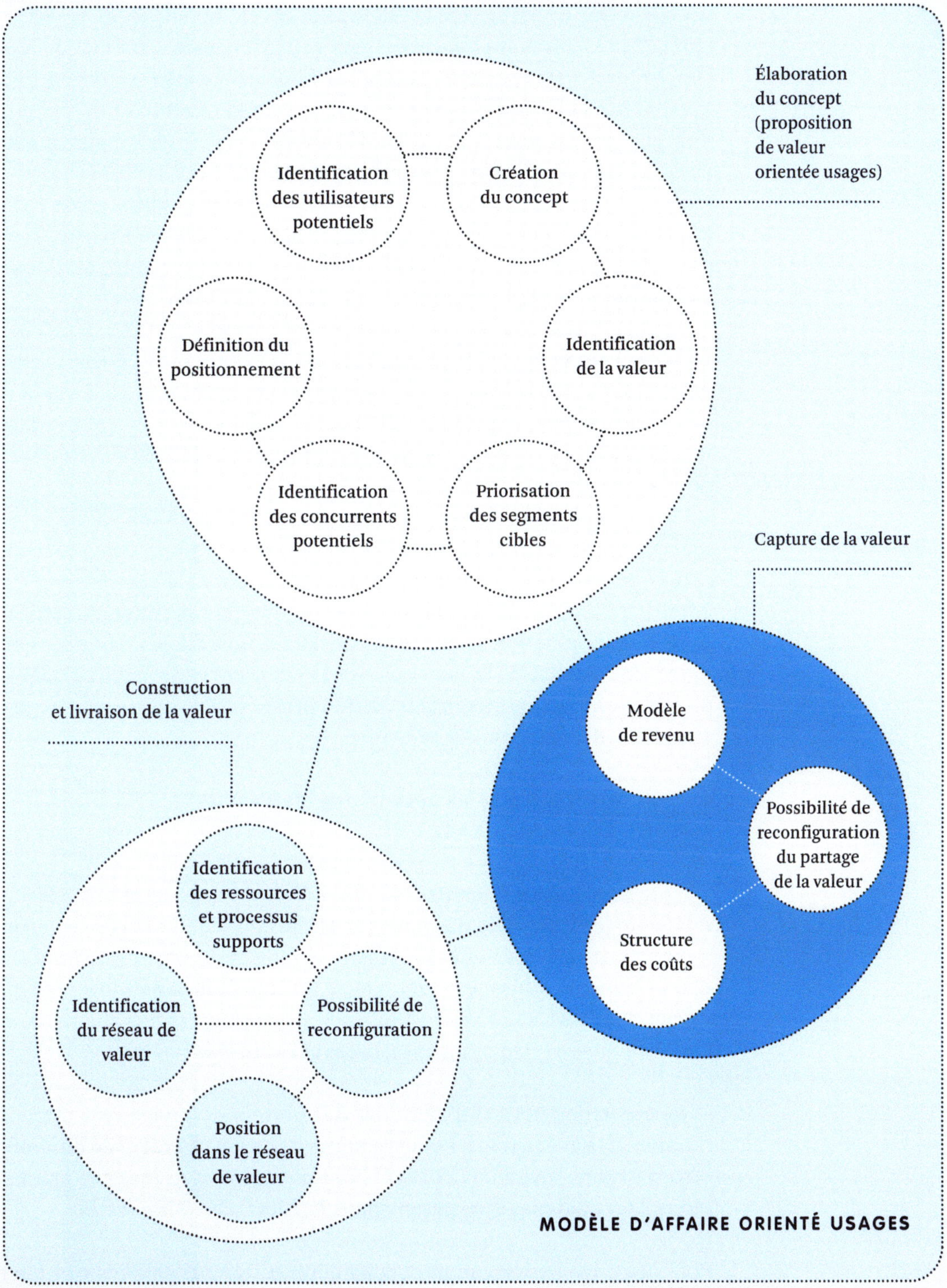

Fig. 9.2
Capture de la valeur
(la dimension économique)

Pour cela, il est nécessaire d'anticiper la réalisation de la valeur et élaborer des scénarios de partage de la valeur. Haggège, Chanal, Socquet et Cartoux (2011)[20] présentent un cas concret sur cette dimension. Il s'agit de repérer l'ensemble des transactions monétaires entre les acteurs et simuler qui gagne quoi, avec l'essor de l'innovation. Quelle sera la rémunération potentielle directe pour l'innovateur ? En quoi l'innovation permet à d'autres acteurs de créer des nouvelles sources de revenus ? Quelles sont les conséquences en termes de partage de la valeur au vu des différentes possibilités de création et de livraison identifiées dans les scénarios de partage de la valeur ? Par rapport à la force des acteurs du réseau de valeur et des reconfigurations possibles, y-a-t'il de la marge pour capturer la valeur différemment ?

L'exemple du Vélib illustré plus haut montre comment JC Decaux se rémunère, non pas sur les revenus issus de la location du vélo mais sur la commercialisation des espaces publicitaires dans les stations Vélib ! Ainsi, de nombreux sites Internet se rémunèrent par la publicité alors qu'ils proposent une offre gratuite.

Bien entendu, dans certains cas, l'innovation n'aboutit pas à un produit commercialisé pour l'entreprise qui l'a développé. D'autres choix stratégiques de valorisation sont possibles qui incluent la vente d'une licence, le co-développement, le dépôt de brevet de protection... Tout dépend du modèle de capture de la valeur choisi. Finalement cette étape permet aussi de construire un argumentaire pour la présentation de la nouvelle proposition de valeur aux parties prenantes.

4. PRIORISATION DES PROPOSITIONS DE VALEUR PAR UNE APPROCHE USAGE

En intégrant l'évaluation de l'acceptabilité, via des méthodes Usage, à la réflexion sur le modèle d'affaires, il est possible de prioriser les propositions de valeur (si plusieurs choix sont apparus pour une même innovation) et les segments cibles. Par exemple, si des résultats sont plutôt positifs, à l'issue d'un CAUTIC® (voir chapitre 3), il s'agit alors d'évaluer comment cette valeur peut être construite, livrée et capturée.

Cette évaluation permet d'identifier si le porteur du projet ou l'équipe d'innovation a intérêt à rentrer dans la phase de développement de l'innovation où les moyens financiers engagés sont bien plus conséquents, et ainsi de réduire les « boucles d'itération » dans la démarche d'innovation.

Pour cette évaluation, on peut considérer différents critères comme l'accessibilité, le potentiel de marché ou le retour sur investissement. Dans le cas d'une nouvelle entreprise, on peut ajouter d'autres critères pertinents comme le « time-to-market », c'est-à-dire le temps nécessaire à la mise en vente d'une innovation sur un marché donné.

L'évaluation des propositions de valeur dans une matrice à double entrée permet de repérer celles ayant le plus grand potentiel. Cette évaluation se fait par l'équipe projet en intégrant, si possible, des experts extérieurs à l'entreprise (des consultants par exemple), qui apportent un regard autre que celui de l'équipe projet. Le tableau montre quatre zones de couleurs différentes :

- Les zones en noir sont celles ou l'évaluation de la proposition de valeur révèle que l'ensemble ou la majorité des critères sont défavorables. Le risque d'échec dans une telle configuration est élevé.
- Les zones en gris sont délicates puisque deux des quatre critères présentent un résultat défavorable ; des considérations stratégiques devront alors guider le choix pour définir s'il y a un intérêt à développer la proposition de valeur.
- Les zones en blanc sont plus intéressantes : trois des quatre critères sont favorables, c'est une proposition de valeur qui, potentiellement, peut être développée.

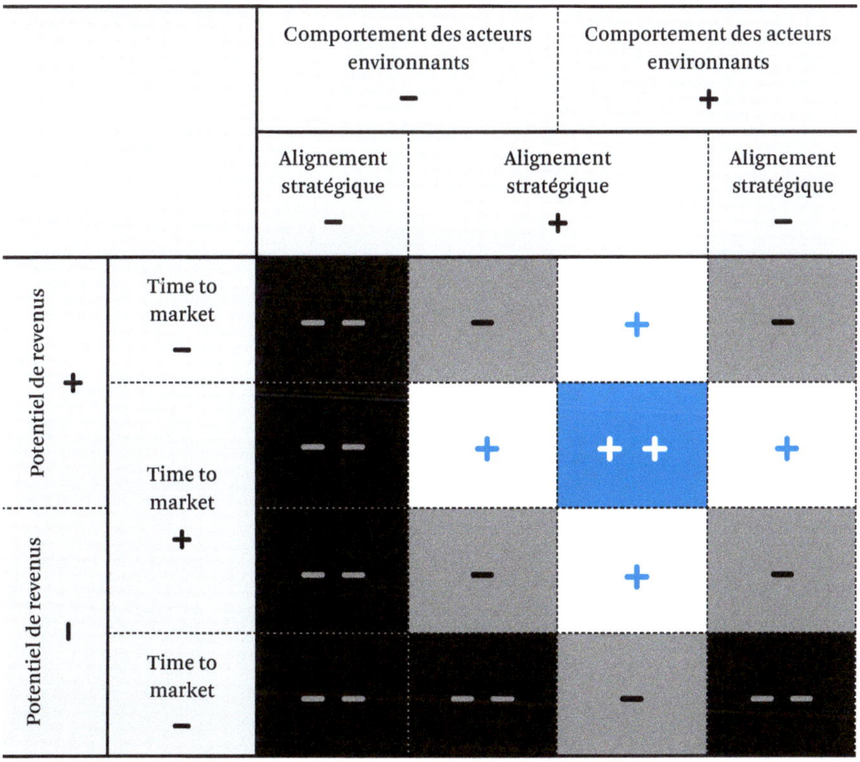

Fig. 9.3
Matrice d'évaluation des scénarios de propositions de valeur

- Finalement, les propositions de valeur ayant une évaluation favorable sur les quatre critères sont celles qui présentent le plus grand potentiel et doivent être retenues pour continuer leur développement. Cette zone apparaît en bleu.

5. CONCLUSION

Ce chapitre présente notre approche dans une perspective de « viabilité marché ». D'une manière générale, le modèle d'affaires « orienté usages » est un outil qui permet une intégration transversale des différentes fonctions de l'entreprise. En effet, sa puissance réside dans le fait qu'il offre une grille de lecture intégrant toutes les dimensions fonctionnelles d'une entreprise : la finance, le management, les opérations, le marketing et le développement (comme l'ingénierie). Ainsi, il propose un cadre de travail commun pour une équipe multifonctionnelle.

Le modèle d'affaires est « orienté usages » dans la mesure où la proposition de valeur intègre une compréhension des usages. Cela pourrait passer pour une tautologie, mais l'expérience montre que bon nombre d'innovations échouent par absence d'une proposition de valeur qui prenne en compte les usages, c'est-à-dire la question du sens que celles-ci font pour les clients potentiels (voir encadré « évaluation du concept » page suivante). Une fois cette opération réussie, il s'agit de faire la « preuve du prototype » (Figure 9.4).

ÉVALUATION DU CONCEPT

L'évaluation du concept a pour but de déterminer quelles sont les significations d'usage que provoquerait le concept s'il était sur le marché [21]. L'analyse de ces significations d'usage par la méthode CAUTIC® permet de déterminer le niveau d'acceptabilité du concept. Cette approche va plus loin que la simple identification des attributs du produit ou service. Alors que les attributs font essentiellement référence aux éléments déclenchant l'achat, l'approche Usage intègre l'acte d'achat mais s'intéresse surtout à la manière dont les clients s'approprient le concept et dans quel contexte.

L'acceptabilité du concept validera une certaine proposition de valeur orientée usages. C'est une étape où l'acceptabilité donne souvent une information plus pertinente qu'une étude de marché qui, à ce stade, ne fera que des approximations voire aura plutôt tendance à écarter des projets intéressants parce qu'ils sont en rupture avec des goûts et habitudes établis. En aval du développement, l'étude de marché donnera, grâce une estimation fine, des éléments clés pour chiffrer d'une manière plus appropriée la taille du marché potentiel et ainsi compléter le modèle d'affaires.

Il s'ensuivra l'évaluation du modèle d'affaires orienté usages permettant d'élaborer des scénarios d'insertion de l'idée clef dans le marché. La proposition de valeur orientée usages représente l'élément déterminant de ce modèle d'affaires, mais il n'est pas suffisant. Il s'agit en plus d'identifier des mécanismes de construction, de livraison et de capture de la valeur.

9

PREUVE DU PROTOTYPE

Le développement d'un prototype tangible est la suite logique de l'évaluation du concept « orienté usages ». L'étape de prototypage est largement documentée dans la littérature en ingénierie, sciences de gestion et ergonomie[22]. La spécificité d'un prototype « orienté usages » tient au fait qu'il intègre un retour des utilisateurs potentiels. A partir d'un concept « orienté usages » évalué, un premier prototype est fabriqué. Celui-ci est soumis aux utilisateurs potentiels pour avoir leurs retours en termes de facilité d'utilisation, de taille, de matière, etc. La méthode CAUTIC® peut à nouveau être utilisée pour en évaluer l'acceptabilité. On intègre ces retours dans un second prototype qui alors devient ce que nous appelons un prototype « orienté usages ». Ce prototype est à nouveau soumis aux utilisateurs potentiels pour évaluation. S'il est validé, nous sommes en présence de l'objet clef qui nous permettra de passer à la phase de développement. A nouveau, parce qu'il y a abondance de littérature sur cette étape, autant en ingénierie de la conception (démarche « systematic design »[23]) qu'en sciences de gestion (processus de type « stage-gate »[24]), nous ne développons pas cette phase de développement dans cet ouvrage.

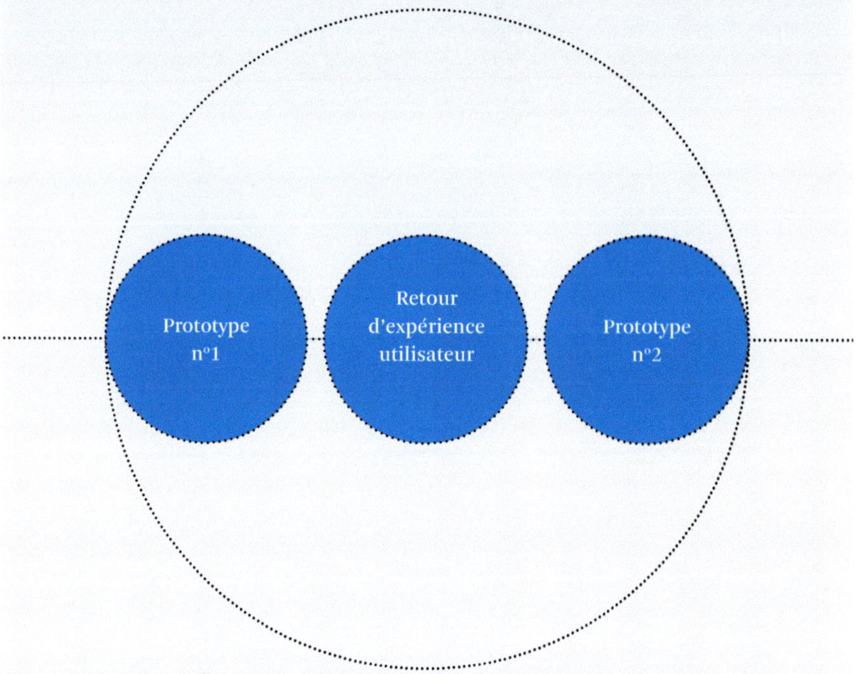

Figure 9.4 : Le prototype « orienté usages »

NOTES

1. Chanal, V. 2011. Rethinking Business Model for Innovation: Lessons from entrepreneurial projects, Grenoble. www.rethinkingbusinessmodel.net (accessed February 21, 2011); Osterwalder, A. and Pigneur, Y. 2009. *Business Model Generation*. Toronto; Warnier, V., Lecocq, X., and Demil, B. 2004. Le business model : l'oublié de la stratégie ? *Actes de la 13e conférence de l'AIMS*. Normandie, Vallée de Seine 2, 3 et 4 juin 2004.
2. Chesbrough, H., and Rosenbloom, R. S. 2002. The role of the business model in capturing value from innovation: evidence from Xerox corporation's technology spin-off companies. *Industrial and Corporate Change*, 11(3): 335.
3. Porter, M. 1985. Competitive Advantage: Creating and Sustaining Superior Performance. New York: Free Press. Porter identifie cinq activités de base: Logistique et approvisionnement, Fabrication, Logistique et commercialisation, Marketing et ventes, Services ; et quatre activités support : Infrastructure de l'entreprise, Gestion des Ressources Humaines, Recherche et Développement, et Achats. Cette proposition a ensuite été critiquée de nombreuses fois comme le démontre par exemple l'ouvrage de Walter Kiechel III (2010), The Lords of Strategy. Boston : Harvard Business Press, mais reste un classique dans l'histoire de la stratégie.
4. Osterwalder, A. and Pigneur, Y. (2009), op.cit.
5. Cette idée a également été formalisée pour la première fois par Michael Porter dans l'ouvrage cité ci-dessus.
6. Voir par exemple la procédure légale à l'encontre de cinq gros éditeurs américains pour entente avec Apple pour contrer Amazon. Voir par exemple http://www.thedailybeast.com/articles/2012/04/11/amazon-is-the-big-winner-in-justice-dept-suit-against-apple-and-5-publishers.html
7. Par exemple, le logiciel iWork permet à des auteurs de créer un fichier au format epub et le publier sur la plateforme iBooks. Source : Dalrymple, J. 2010. IWork update enables iBooksself-publishing. CNET.com, http://news.cnet.com/8301-13579_3-20014845-37.html (accessed July 20, 2012).
8. Porter, M. E. 1979. How Competitive Forces Shape Strategy. Harvard Business Review, March/April.
9. Pour une analyse détaillée voir "The Smartphone patent wars" publié au Financial Times le 17 octobre 2011.
10. Genet, C. and, Roux-Jallet, V. 2011. Positioning a start-up in a value network dominated by established international actors. In Rethinking Business Model for Innovation. Chanal, V. ed. Grenoble. www.rethinkingbusinessmodel.net (accessed February 21, 2011)
11. Santos, J., Spector, B. and, Van der Heyden, L. 2009. Toward a Theory of Business Model Innovation within Incumbent Firms. *Working paper*, Insead (2009).
12. Normann, R. 2001. op. cit.; voir aussi Santos, J., Spector, B. and, Van der Heyden, L. 2009, op. cit.
13. Voir Zott, C. and, Amit, R. 2010. Business Model Design: An Activity System Perspective. *Long Range Planning*, 43 (2-3) : 216-226 ; et Warnier, Lecocq and, Demil (2004) op. cit. pour une perspective élargie du réseau de valeur.
14. Une référence entre autres est le manuel proposé par le Financial Times : Evans, V. 2011. *FT Essential Guide to Writing a Business Plan: How to win backing to start up or grow your business*. London: FT Prentice Hall.
15. Osterwalder et Pigneur (2009), op. cit.
16. Voir par exemple Cooper, R. 2001. *Winning at New Products*, 2nd ed., Basic Books.
17. Osterwalder et Pigneur (2009), op. cit.
18. Osterwalder et Pigneur (2009), op. cit.
19. Warnier, Lecocq and Demil (2004), op. cit.
20. Haggège, M., Chanal, V., Socquet, D., and Cartoux, B. 2011. Business Model Prototyping to Improve Value Capture. In *Rethinking Business Model for Innovation*. Chanal, V. ed. Grenoble, op.cit.

21. L'étape de test de concept a également fait l'objet d'une littérature abondante en Sciences de Gestion, voir par exemple Gotteland, D. et Haon, C. (2005), Développer un nouveau produit : Méthodes et Outils, Pearson Education, 258 p ; Crawford, C. M. et Di Benedetto, C. A. (2003), *New Products Management*, Mc-Graw Hill ; Cooper, R. G. (2001), *Winning at new products : accelerating the process from idea to launch*, New York, Basic Book ; nous nous focalisons sur les éléments spécifiques à une approche par les usages.
22. Voir par exemple : Crawford, C. M. et Di Benedetto, C. A. (2003), *New Products Management*, Mc-Graw Hill ; Cooper, R. G. (2001), *Winning at new products : accelerating the process from idea to launch*, New York, Basic Book.
23. Pour une bonne révision, voir Le Masson, P., Weil, B., and Hatchuel, A. (2010), Strategic Management of Design and Innovation, Cambridge : Cambridge University Press.
24. http://www.stage-gate.com/

LA CONSTRUCTION D'UN MODÈLE D'AFFAIRES « ORIENTÉ USAGES »

10

Validation de l'acceptabilité enrichie par les méthodes Kano et Trade-off

1. INTRODUCTION

Les approches par les usages ont leur apport majeur dans les étapes « Découvrir » et « Définir ». Ces étapes permettent l'émergence des idées et le choix qui vont ensuite se concrétiser dans la conception. L'étape « Développer/Réaliser » qui s'ensuit a pour objectif de concrétiser l'objet d'innovation. Cette étape s'appuie sur les connaissances et les expériences Usage acquises lors des précédentes étapes.

Un certain nombre de méthodes sont couramment utilisées lors de cette étape « Développer/Réaliser » [1]. Nous en présentons deux : la méthode KANO[2] et la méthode du « Trade-off ». Ces deux méthodes s'intéressent d'une manière plus fine aux caractéristiques de l'offre imaginée et à leur impact sur la satisfaction et le choix des utilisateurs. Chaque méthode présentée est suivie d'une étude de cas qui illustre son utilisation.

2. LA MÉTHODE KANO

2.1 Présentation générale

La méthode KANO, créée par le Japonais éponyme (Noriaki Kano) en 1984[3], est fréquemment utilisée dans les démarches de management de l'innovation par la Qualité. Elle vise à déterminer et hiérarchiser les caractéristiques d'un produit, sur lesquelles les usagers fondent leur perception de la qualité. En d'autres termes, la méthode KANO permet de déterminer les caractéristiques d'un produit ou d'un service qui contribuent à la satisfaction des usagers. De manière générale, la satisfaction renvoie à deux composantes : une composante affective et une composante plus rationnelle qui met en rapport les caractéristiques du produit avec les attentes de l'usager. Il est à noter que satisfaction et insatisfaction sont deux construits distincts et indépendants. En effet, si une des caractéristiques particulières d'un produit ou d'un service peut générer de la satisfaction auprès d'un usager qui le découvre, son absence ne cause pas nécessairement de manière symétrique de l'insatisfaction.

Dans la version classique de la méthode Kano, il est généralement demandé aux usagers d'indiquer quelle serait leur réaction à l'égard d'un produit dans le cas ou telle ou telle caractéristique était présente ou absente. Il importe, dès lors, de lister au préalable l'ensemble des caractéristiques du produit. La liste des caractéristiques potentielles est généralement préétablie en accord avec les concepteurs et peut être complétée grâce aux résultats de l'analyse CAUTIC® (voir chapitre 3).

Ensuite, il s'agit de transformer ces caractéristiques en fonctions, c'est-à-dire en langage client. En effet, ce qui intéresse le client n'est pas la caractéristique mais la fonction assurée par la caractéristique. Par exemple, ce n'est pas le fait qu'une carrosserie de voiture soit en acier de telle catégorie qui va intéresser l'usager mais plutôt le fait que la carrosserie offre une résistance à la corrosion durant quinze ans et une bonne résistance aux chocs[4]. L'idée générale est donc de hiérarchiser les fonctions et par extension de composer des gammes en déclinant le potentiel d'usage d'un produit / service, en fonction de trois niveaux d'attentes :

- les *attentes de base* correspondant à une *fonction obligatoire* : ce sont des attentes qui doivent impérativement être assurées. Dans ce cas-là, si l'absence de la fonction génère du mécontentement, la présence de la fonction ne suscite pas de satisfaction (par exemple, les freins d'une voiture).
- les *attentes de performance* correspondant à une *fonction proportionnelle* : ces attentes sont en général explicitement exprimées par les usagers et sources de différenciation pour se distinguer de la concurrence (par exemple, le nombre de chevaux d'une voiture).
- les *attentes de séduction* correspondant à une *fonction attractive* : ce sont d'agréables surprises auxquelles le client ne s'attendait pas. Elles renvoient à des besoins émergents ou latents, peu exprimés par les usagers.

Si ces fonctions sont présentes, elles peuvent faire emporter la préférence finale (par exemple l'affichage en position « tête haute » des informations de tableau de bord sur le pare-brise d'un véhicule).

Par ailleurs, au-delà de ces trois types de fonctions, deux autres types de fonctions peuvent être identifiés :

- Les *fonctions* dites *indifférentes* (I) dans le cas où le futur client pressenti est indifférent à leur présence ou absence.
- Les *fonctions* dites *contraires* (C) ou *hostiles* (H) dans le cas où le client a une vision opposée à celle du concepteur et / ou est hostile à des fonctions présentées dans l'offre.

Prenons l'exemple de l'application de géo localisation disponible sur iPod / iPad / iPhone et permettant de localiser son équipement. Si la présence de cette fonction peut être perçue comme attractive pour certaines personnes, notamment dans le cas d'une perte de son appareil, d'autres (par exemple, certains adolescents) peuvent la percevoir comme une atteinte à leur vie privée, un risque d'être localisé en permanence par des personnes de leur entourage (par exemple les parents).

Fig.10.1
Qualification d'une valeur par combinaison des réponses absence / présence

		ABSENCE DE FONCTION / VALEUR				
	Attentes clients	Ça me plaît	C'est nécessaire	Ça m'est égal	C'est inutile	Ça me déplait
PRÉSENCE DE FONCTION / VALEUR	Ça me plaît	**Attente duale**		**Attractif**		**Proportionnel**
	C'est nécessaire					
	Ça m'est égal			**Indifférent**		**Obligatoire**
	C'est inutile					
	Ça me déplait	Contraire				**Attente duale**

10

Une fois les différentes fonctions déterminées, il s'agit d'élaborer pour chacune deux questions :

- Une question fonctionnelle dans laquelle on demande au consommateur quelle serait sa réaction si telle fonction existait dans le produit.
- Une question dysfonctionnelle dans laquelle on demande au consommateur quelle serait sa réaction si la fonction était absente.

Pour chaque question, cinq modalités sont proposées :

- Ca me plaît.
- C'est nécessaire.
- Ca m'est égal.
- C'est inutile.
- Ca me déplaît.

Chacune des valeurs peut ensuite être qualifiée par combinaison des réponses absence / présence.

Finalement, on recense les résultats par individu et par panel dans le tableau récapitulatif ci-après :

Fig. 10.2
Exemple de synthèse des résultats sur la présence / absence de la valeur

SYNTHÈSE DU DÉPOUILLEMENT

Attentes clients	A Attractif	P Proportionnel	O Obligatoire	I Indifférent	C Contraire	D Douteux	Total	Dominante
Fonction 1 (ex. simulation de présence)	45%	10%	35%	10%	0	0	100%	ATTRACTIF
Fonction 2 (ex. fermeture en cas de vent)								
...								...
Fonction N								

LA PRÉPARATION DU QUESTIONNAIRE KANO

1 **Identifier les personnes destinataires du questionnaire**
Choisir les destinataires en s'attachant à représenter la diversité des clients.
Définir la meilleure façon de contacter ces personnes pour obtenir des réponses.

2 **Préparer les modalités d'administration du questionnaire**
Mettre au point le planning.
Préciser les rôles.
Préparer la communication pour expliquer la raison de ce questionnaire, le retour d'information que les personnes interrogées pourront avoir et d'autres informations jugées pertinentes.

3 **Tester le questionnaire**
Tester le questionnaire auprès de deux ou trois personnes permet de s'assurer qu'il est compréhensible et qu'il ne comporte pas d'ambiguïtés.

4 **Administrer le questionnaire**
Diffuser les questionnaires, les faire remplir.
Si nécessaire, faire une relance.
Recueillir les réponses.

5 **Exploiter les réponses**
Pour chaque question en deux parties, identifier la nature des attentes client en utilisant la grille (cf. tableau 10.1) pour situer les réponses.
Il s'agit ensuite de noter la hiérarchisation des attentes exprimées par les personnes interrogées suivant une grille de dépouillement.

Source : Shoji et al. (1995)[5]

2.2 Etude de cas

Nous présentons ici un cas d'application de la méthode KANO. Il s'agit de fournir les éléments de marché permettant de décider des axes de développement (catalogue cible des produits / fonctions à développer) de la future offre de points de commandes (PDC) d'un fabricant de « stores de terrasses » et de « volets roulants ».

L'objectif est d'identifier les fonctions clefs à développer afin de satisfaire les valeurs d'usage et ainsi de permettre des développements pertinents pour les clients de ce fabricant.

La section suivante présente brièvement la méthode mise en œuvre (description de l'échantillon, les phases qualitative et quantitative et les valeurs / fonctions étudiées dans l'étude).

Méthode

Un premier volet qualitatif (13 entretiens qualitatifs en France - 9 entretiens qualitatifs en Allemagne) a permis d'identifier un ensemble de macro fonctions répondant à des « valeurs clients », suivant les phases de vie du produit. Un second volet quantitatif (entretiens téléphoniques : 62 en France et 61 en Allemagne) a permis de hiérarchiser les valeurs et fonctions associées autour du point de commande et de l'automatisme (ex : les informations position du store et météo, la régulation de température, la protection contre le soleil rasant).

Le questionnaire comprenait pour chacune des valeurs / fonctions, deux questions opposant l'absence à la présence de la valeur (fonction) dans le produit. Par exemple pour la valeur « Homogénéité des points de commande », les questions se présentaient ainsi :

- Absence : « Si le point de commande et les autres interrupteurs de la maison ont des designs différents, qu'en pensez-vous ? »
- Présence : « Si le design du point de commande ressemble à celui des autres interrupteurs de la maison, qu'en pensez-vous ? »

Au total, l'étude a duré 2 mois, depuis la conception des outils de collecte jusqu'à la rédaction du rapport final.

Résultats

Vu leur caractère confidentiel, nous présentons seulement un aperçu des résultats. La méthode KANO a permis à l'entreprise cliente :

- l'identification des valeurs incontournables pour la France et l'Allemagne comme par exemple le fait d'avoir un système sécurisant le store en cas de vent.
- la détermination des points à développer et / ou à valoriser en fonction du pays.

Le tableau ci-contre présente un exemple de « livrable » pour cette étude, pour le marché français, avec l'identification, par valeur, de la nature de l'attente client. Il est à remarquer que pour une même valeur, l'ensemble des personnes interrogées n'accorde pas le même niveau d'attente. C'est ainsi que dans l'extrait ci-dessous (Figure 10.3), nous faisons apparaître l'attente en dominante 1, et l'attente en dominante 2.

(En nombre d'individus)	DOMINANTE 1	DOMINANTE 2
Indépendance électrique	**Obligatoire (19)**	**Proportionnel (5)**
Débrayage de l'automatisme	**Obligatoire (12)**	**Proportionnel (8)**
Fermeture en cas de vent	**Attractif (8)**	**Indifférent (7)**
Protection contre la pluie	**Indifférent (12)**	**Attractif (9)**
Minimisation des efforts par l'autom.	**Indifférent (12)**	**Attractif (8)**
Simulation de présence	**Indifférent (18)**	**Attractif (7)**
Distinction par l'automatisme	**Indifférent (23)**	**Contraire (9)**
Homogénéité des PDC	**Indifférent (17)**	**Contraire (6)**
Mobilité du PDC	**Contraire (12)**	**Proportionnel (6)**
Prescription du PDC par l'installateur	**Contraire (16)**	**Indifférent (5)**
Protection contre le soleil	**Contraire (15)**	**Indifférent (8)**
Technologie filaire du PDC	**Contraire (13)**	**Indifférent (9)**

PDC = Point De Commande

Fig. 10.3
Extrait des résultats
Étude KANO Volets roulants
pour fabricant de stores
Attentes par dominante
(en nombre d'individus)

2.3 Conclusion

La méthode KANO a suscité un grand intérêt lors des années 80 et 90 quand les techniques de gestion de la Qualité comme la «maison de la Qualité» connaissaient un grand succès en Occident et en France. Elle peut être utilisée en début de phase de «Développement» pour préciser le niveau d'utilité perçu des fonctions envisagées et ainsi orienter l'équipe projet sur les fonctions à fort potentiel de la future offre. Par rapport aux approches Usage, elle permet d'affiner la question de l'affiliation de nouvelles pratiques aux pratiques existantes, ce qui est fort utile pour cadrer la phase de développement.

3. LA MÉTHODE DE TRADE-OFF [6]

3.1 Présentation générale

La méthode de «Trade-off» ou analyse conjointe est une méthode quantitative créée au début des années 70 pour mesurer la manière dont les clients évaluent les attributs d'un produit ou d'un service. Les attributs sont les caractéristiques de la future offre, qu'elles soient fonctionnelles, d'image ou de prix. Comme pour la méthode KANO, cette méthode se positionne dans la phase de Développement, durant laquelle une définition fine des attributs de l'offre tels qu'ils sont envisagés est nécessaire. Par rapport aux approches Usage, elle permet entre autre d'enrichir et de cadrer la question de l'affiliation aux pratiques.

Cette méthode représente un outil puissant de modélisation du processus de choix des individus. L'objectif est de mesurer l'effet conjoint de plusieurs stimuli (les niveaux d'attributs) sur le classement des préférences établies par les personnes testées. Son principal avantage est sa capacité à simuler une situation réelle de choix pour un consommateur et ainsi appréhender les arbitrages (« Trade-off ») réalisés entre plusieurs options.

- Pour évaluer l'importance des attributs d'une offre.
- Pour tester plusieurs hypothèses de mix marketing.
- Pour simuler l'introduction d'une nouvelle offre parmi des offres existantes.
- Pour déterminer le prix idéal, assurant la meilleure part de préférence.
- Pour segmenter une offre.

Quatre types d'analyse conjointe coexistent actuellement. Plusieurs logiciels permettent de réaliser les traitements des données. Nous nous appuierons par la suite sur le logiciel Sawtooth[7], référent dans le domaine.

3.1.1 L'analyse conjointe traditionnelle

Les différents concepts sont présentés sur un support (par exemple des cartes) et la tâche de l'interviewé consiste à classer les cartes par ordre de préférence. Le logiciel Sawtooth[7] permet ensuite d'identifier les « utilités » partielles associées à chaque niveau d'attribut. Un niveau correspond aux différentes possibilités pour un attribut. Par exemple, s'il s'agit d'un choix pour un ordinateur, les attributs peuvent être le prix, la marque, la taille de l'écran, etc... Les niveaux seraient par exemple Mac, Dell, HP et Lenovo pour la marque, 13 pouces, 15 pouces et 17 pouces pour la taille de l'écran, et ainsi de suite.

Cette méthode est intéressante pour des études sur le design produit, elle peut aussi être utilisée sur papier ou en ligne et avec de faibles échantillons (inférieur à 20 interviewés). Elle peut être ainsi adaptée pour des études en contexte professionnel (B2B[8]) où la taille des échantillons est réduite en raison de la difficulté d'accès aux professionnels et peut se réaliser sur un environnement n'offrant pas la possibilité d'une connexion Internet.

La limite de cette technique concerne le nombre maximal d'attributs (autour de 10) puisque un nombre supérieur à 10 représente une charge cognitive trop importante pour le répondant. Le nombre de niveaux associés à un attribut est en général de 3 ou 4.

3.1.2 L'analyse conjointe ACA (Adaptive Conjoint Analysis)

L'analyse conjointe adaptative (ACA) a été développée dans les années 1980 pour permettre de prendre en compte un plus grand nombre d'attributs. Elle se déroule en deux étapes : d'abord, elle s'attache à identifier quels sont les attributs pris en compte dans le choix, pour ensuite proposer des arbitrages entre des concepts incluant les attributs retenus suite à cette première phase. Son principal avantage est la capacité à accommoder un plus grand nombre d'attributs, mais au détriment de la représentation d'une situation réelle de choix. Cette technique est également peu adaptée à des études de prix. En outre, elle est obligatoirement administrée sur ordinateur ou via un support connecté à Internet.

3.1.3 L'analyse conjointe CBC (Choice-Based Conjoint)

L'analyse CBC a été développée il y a une vingtaine d'années. Les répondants se voient présenter une série de cartes décrivant différents produits (trois le plus fréquemment) et doivent indiquer lequel ils achèteraient. Cette méthode permet ainsi de simuler une situation réelle d'achat où le client dans un magasin fait face à diverses options et doit arbitrer entre elles. C'est la technique la plus couramment utilisée sur support papier ou par ordinateur / Internet. Elle demande néanmoins des échantillons plus importants que les deux techniques précédentes ($n > 150$)[9]. Les choix sont aussi plus complexes, donc le nombre d'attributs est limité (de 6 à 9), avec un risque de développement de stratégies de simplification de la part des répondants.

3.1.4 L'analyse conjointe ACBC (Adaptive Choice-Based Conjoint)

Plus récemment[10], cette nouvelle technique ACBC a vu le jour. Il s'agit d'une combinaison des techniques ACA et CBC qui permet dans un premier temps d'identifier les critères de choix pour ensuite présenter des propositions incluant seulement ces attributs et certains niveaux de ces attributs. Ceci permet, à l'instar de l'analyse KANO, d'identifier des attributs obligatoires et des attributs indispensables du concept. Un plus grand nombre d'attributs peut être testé dans une étude et la tâche, malgré une longueur plus importante, semble plus intéressante que celle développée dans CBC. Les premières études menées par Sawtooth Software indiquent que cette technique est prometteuse[11]. Cette technique est à ce jour en développement permanent et de nouveaux algorithmes sont en train de voir le jour[12].

De manière générale, le principe de fonctionnement est le suivant : les différents attributs et leurs niveaux respectifs sont d'abord identifiés (variables indépendantes) ; un certain nombre de concepts sont ensuite définis avec des combinaisons différentes des niveaux d'attributs ; des « clients » évaluent / font un classement des différents concepts (variable dépendante). Ces réponses permettent d'identifier la valeur (utilité partielle) associée à chaque niveau d'attribut. Elle s'appuie sur une hypothèse centrale : le client suit une logique de compensation lorsqu'il choisit un produit / service ou une solution.

3.2 L'organisation d'une étude « Trade-off »

Une étude « Trade-off » comporte trois étapes : une phase qualitative préparatoire, la collecte de données et la réalisation d'analyses et de simulations. Tout d'abord, la phase préparatoire se compose d'une étude qualitative, employant des techniques telles que des entretiens en profondeur, des focus groups, des entretiens d'experts (ou de « lead-users »). Les préconisations issues d'études Usage réalisées précédemment sont utiles lors de cette étape. L'objectif est l'identification des critères de choix du consommateur (attributs) et leurs niveaux. Cette étape est fondamentale pour le Trade-off puisque l'omission d'un attribut primordial biaiserait entièrement l'analyse.

Il s'agit ensuite de préparer le plan d'expérience, l'identification des combinaisons d'attributs interdites et les tâches de choix indispensables au projet. Dans cette étape, l'utilisation d'un logiciel dédié à l'analyse Trade-Off est indispensable puisque le nombre de combinaisons est exponentiel en fonction du nombre d'attributs et niveaux.

La troisième étape, la plus intéressante, permet de répondre aux objectifs de l'étude, c'est-à-dire, d'identifier les critères de choix du consommateur et surtout de réaliser des simulations des parts de préférence. C'est là que se révèle la puissance de l'analyse « Trade-off » : à condition que les données aient été collectées auprès d'un échantillon représentatif du marché cible, il est possible de faire des simulations pour identifier des concepts maximisant l'utilité totale (c'est-à-dire la valeur) pour le client, pour identifier les concepts ayant le meilleur coût/bénéfice pour l'entreprise et le positionnement des nouveaux concepts face aux offres concurrentes et face à l'introduction potentielle de nouvelles offres.

3.3 Etude de cas

Nous présentons dans cette section une étude réalisée pour le compte d'une grande société française leader dans le domaine des solutions de distribution électrique. Le projet en question vise à constituer une offre de solution à partir des boutons de commandes poussoir et d'une technologie de transmission d'information sans fil. Il s'agit notamment de :

- Comprendre quels critères (distance, retour d'information, transmission sans fil, et d'autres) rentrent dans le choix d'une solution de commande et mesurer leur importance

- Déterminer quel prix psychologique l'acteur ciblé est prêt à payer pour acquérir la solution
- Définir, pour les différents pays ciblés (Marchés matures : Etats-Unis, France, Angleterre ; Marchés émergents : Chine, Brésil, République Tchèque), le niveau de prix acceptable de la solution, selon les utilisateurs potentiels.

Méthode

Avant de mettre en place l'étude « Trade-off », une première enquête d'évaluation de l'acceptabilité de la solution a été conduite et a démontré un haut niveau d'acceptabilité du concept (méthode CAUTIC®. Ainsi, le projet comprenait deux phases successives :

- *Phase 1 – Préparation :* 13 entretiens téléphoniques semi-directifs avec des fabricants de machines (OEM) et des utilisateurs de machines (EU) (en France, Allemagne et Italie) ont été réalisés.
- *Phase 2 – Étude Trade-off :* mise en place d'un questionnaire en ligne selon la méthode d'analyse conjointe Trade-off en utilisant le logiciel CBC (Choice Based Conjoint). La partie suivante présente le questionnaire en ligne tel qu'il a été présenté aux participants.

Présentation de l'étude

L'objet de l'étude est présenté aux participants.

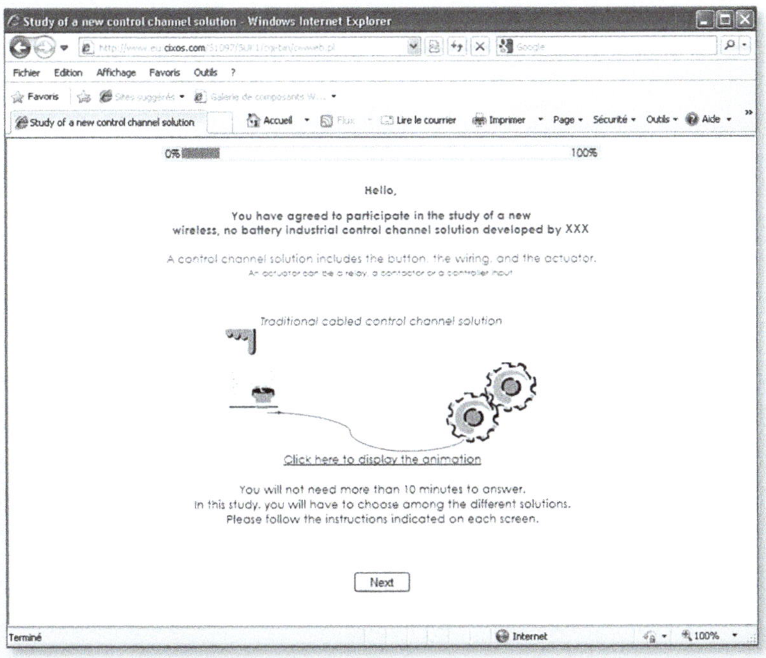

Fig. 10.4
Capture d'écran – Enquête Trade-off – Présentation de l'étude

- *Questions descriptives*. Les participants doivent ensuite répondre à quelques questions de caractérisation de leur activité.

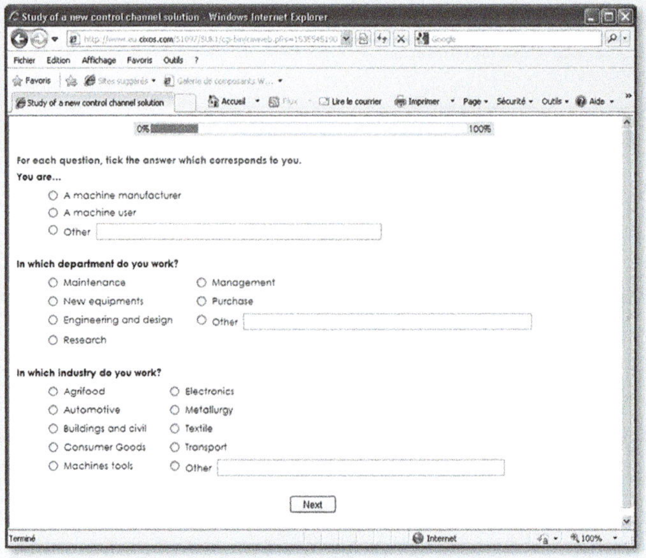

Fig. 10.5
Capture d'écran – Enquête Trade-off – Questions descriptives

- *Présentation du concept*. Le concept est présenté aux participants via un texte descriptif et quelques visuels animés.

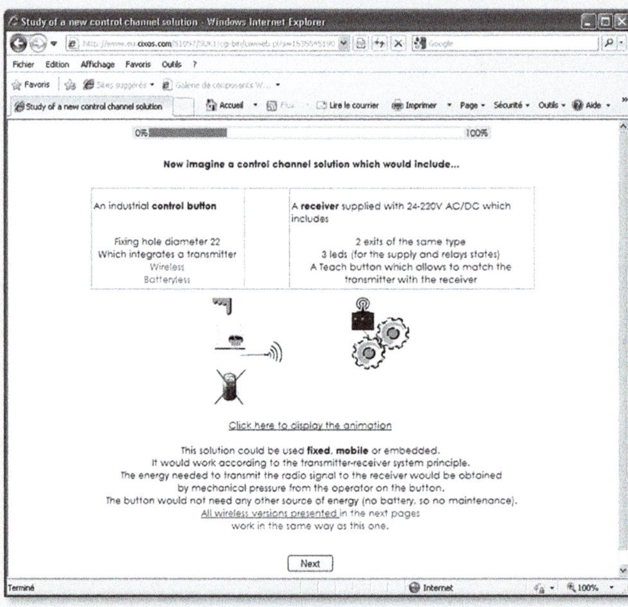

Fig. 10.6
Capture d'écran – Enquête Trade-off – Présentation du concept

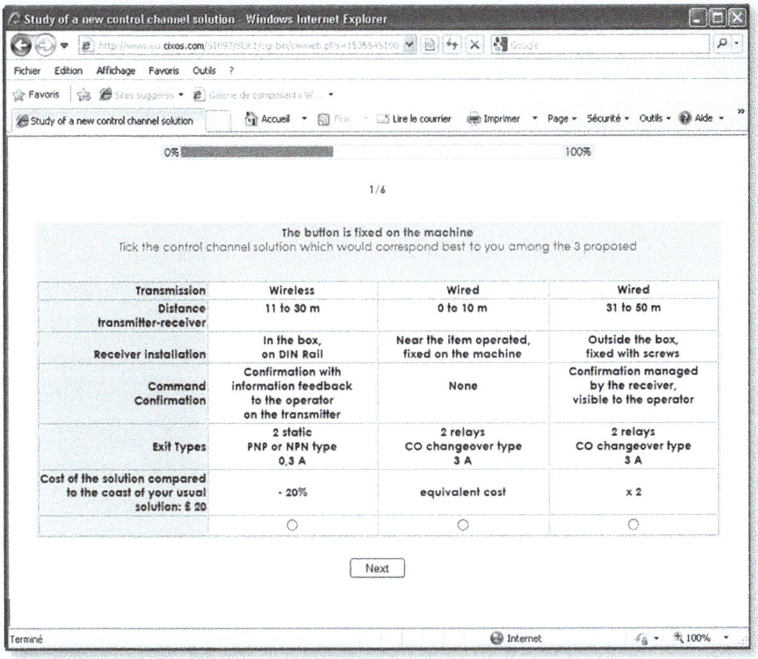

Transmission	Wireless	Wired	Wired
Distance transmitter-receiver	11 to 30 m	0 to 10 m	31 to 50 m
Receiver installation	In the box, on DIN Rail	Near the item operated, fixed on the machine	Outside the box, fixed with screws
Command Confirmation	Confirmation with information feedback to the operator on the transmitter	None	Confirmation managed by the receiver, visible to the operator
Exit Types	2 static PNP or NPN type 0,3 A	2 relays CO changeover type 3 A	2 relays CO changeover type 3 A
Cost of the solution compared to the coast of your usual solution: $ 20	- 20%	equivalent cost	x 2
	○	○	○

Fig. 10.7
Capture d'écran – Enquête « Trade-off » – Exemple de tâche de choix

- *Exemple de tâche de choix*. Enfin, des séries de solutions de chaîne de commande composées d'une combinaison de modalités sont présentées de manière aléatoire aux participants. Ceux-ci doivent alors choisir la solution qui leur conviendrait le mieux, parmi les solutions proposées.

Synthèse des résultats

L'analyse de Trade-off a mis en évidence deux variables déterminantes dans le choix de la solution (le prix, suivi de la transmission sans fil) et l'offre « idéale », c'est-à-dire celle qui maximise les parts de préférence, pour chacun des pays.

4. CONCLUSION

Le couplage des techniques KANO et Trade-off permet de comprendre en profondeur les préférences pour les attributs de l'offre innovante. Ces méthodes se positionnent dans la phase de Développement, où une connaissance fine des attributs fonctionnels de l'offre est nécessaire. Par rapport aux approches Usage, elle permet d'enrichir la question de l'affiliation aux pratiques. Ces deux méthodes sont efficaces et performantes pour orienter le processus de développement afin d'obtenir une offre maximisant la valeur pour le client et pour l'entreprise.

La méthode KANO permet l'identification des fonctions obligatoires, proportionnelles, attractives, indifférentes et contraires. Le principal défi dans l'application de la méthode KANO réside dans la conception des questions pour exprimer les fonctions et dans l'application pour la collecte des informations pertinentes. Elle donne une information potentiellement importante pour le développement de l'offre innovante.

La méthode Trade-off permet, quant à elle, d'aller plus loin grâce à sa capacité à faire des simulations de marché pour établir les parts de préférence de l'offre innovante par rapport aux offres existantes. La collecte de données auprès d'un échantillon représentatif de la population cible informe l'entreprise sur le potentiel économique de l'offre et permet une décision en amont sur la continuation ou l'arrêt du projet. La méthode Trade-off est ainsi une méthode à la fois décisionnelle et prédictive car elle permet de modéliser et simuler des comportements probables, alors que la méthode KANO reste dans le domaine du déclaratif et permet d'obtenir des informations sur les attitudes des clients, sachant que leurs pratiques peuvent évoluer ensuite.

NOTES

1. Pour d'autres méthodes, voir: Gotteland, D., and Haon C. 2005. *Développer un nouveau produit : Méthodes et Outils*. Pearson Education. ; LeNagard, E. et Manceau, D. 2005. *Marketing des nouveaux produits*. Paris : Dunod.
2. L'écriture de cette section s'appuie sur le chapitre 7 de l'ouvrage « Analyser qualitativement les attentes clients » de Shoji, S., Jouslin de Noray, B., Morel, M., and Didier N. 1995. *La conception à l'écoute du marché : Organiser l'écoute des clients pour en faire un avantage concurrentiel*. Editions INSEP.
3. Kano, N., Seraku, N., Takahashi, F. and Tsuji, S. 1984. Attractive quality and must-be quality. *Journal of the Japanese Society for Quality Control*, 14 (2): 39–48.
4. Dianoux, C. 2010. L'identification de la contribution des éléments de qualité à la satisfaction : le problème de la formulation des items dans le cadre d'un questionnaire Kano. *La revue des Sciences de Gestion*, 242 : 87-92.
5. Shoji, S. et al. 1995, op. cit., chap 7.
6. Les explications développées dans cette section sont une synthèse et une adaptation des documents techniques présentés par Sawtooth Software sur leur site web : www.sawtoothsoftware.com.
7. http://www.sawtoothsoftware.com/
8. Business-to-Business
9. Orme, B. 2005. Sample size issues for conjoint analysis. *In Getting started with conjoint analysis*. Research Publishers. http://www.sawtoothsoftware.com/download/techpap/samplesz.pdf (téléchargé le 8 juillet 2012).
10. Sawtooth Software. 2009. ACBC Technical Paper. http://www.sawtoothsoftware.com/download/techpap/acbctech.pdf (téléchargé le 8 juillet 2012).
11. Johnson, R. M., et Orme, B. K. 2007. A new approach to adaptive CBC. Sawtooth Software, Sequim, WA.; Chapman, C. N. et al. 2009. CBC vs. ACBC: Comparing Results with Real Product Selection, *Sawtooth Software - Research Paper Series*, Available online at http://www.sawtoothsoftware.com/download/techpap/chapman09.pdf (téléchargé le 26 novembre 2010).
12. Par exemple, le Fast Polyhedral Adaptive Conjoint Estimation de Toubia, O., Simester, D. I. Hauser, J.R. and Dahan, E. 2003. Fast Polyhedral Adaptive Conjoint Estimation. *Marketing Science*, 22 (3): 273-303.

11

Témoignage : Les études d'usages à l'international

ENTRETIEN AVEC ISABELLE FOURNIÉ

VOUS FAITES BEAUCOUP D'ÉTUDES D'USAGES À L'INTERNATIONAL ?

Oui, ça fait des années que nous en faisons, et de plus en plus. La part des études réalisée à l'international représente 80 % de notre travail et nous couvrons de plus en plus de pays (dont la Chine, les États-Unis, le Brésil, l'Inde...). Ceci est dû à la globalisation des marchés, mais aussi au besoin des entreprises de réaliser des économies d'investissement marketing, et au progrès dans les modes de communication. En plus des variables prises habituellement en compte dans une étude marketing, lorsque l'on réalise une étude d'usages à l'international, il est nécessaire de s'attacher plus particulièrement aux cultures, aux us et coutumes du ou des pays considérés.

POURQUOI PRENDRE EN COMPTE CES DIFFÉRENCES?

Les différences de cultures, la variété des us et coutumes, jouent un rôle dans nos processus de pensée. Nos relations avec l'autre et nos comportements jouent également un rôle dans nos processus de choix, et dans la façon dont nous interagissons avec les produits et services que nous achetons. De même qu'il est nécessaire de prendre en considération ces différences tout au long du processus de conception d'un produit ou d'un service innovant, dès lors qu'il a pour vocation de s'adresser à un marché international, il est nécessaire de les prendre en compte tout au long de la démarche d'étude.

COMMENT FAITES-VOUS, CONCRÈTEMENT ?

Il faut respecter quelques règles de base :

- Réaliser une recherche de fond sur le pays (démographie, tendances, climat social...)
- Impliquer des natifs, des experts culturels ou des spécialistes tout au long de la démarche d'étude, de la conception aux recommandations.
- Adapter le mode de recueil à la culture du pays (Focus group ou face à face).

COMMENT CHOISISSEZ-VOUS LE PAYS, EN PRATIQUE ?

En général, le scope est défini au démarrage de l'étude. De plus en plus, les études sont réalisées hors France et pays européens, dans les pays émergents ou BRICs (Brésil, Russie, Inde, Chine). Ces pays présentent un dynamisme économique prometteur qui fait d'eux l'objet de toutes les convoitises de la part des marques internationales. Ils représentent une part croissante des investissements en matière d'études et notamment d'études qualitatives.

COMMENT PRENEZ-VOUS EN COMPTE LES DIFFÉRENCES SELON LES PAYS ?

Les différences sont nombreuses entre les cultures occidentales, orientales, asiatiques... on le sait. Mais elles sont aussi nombreuses entre pays ou nations appartenant à une même culture, et entre populations appartenant à une même nation. Il faut un minimum de connaissance de ces différences fines afin de garantir la qualité de l'étude d'usages à l'international. Et surtout, il faut tenir compte de ces spécificités et de ces différences fines à toutes les étapes de l'étude, de la conception du plan de recherche à l'analyse des résultats. Il y a des questions simples à se poser pour organise la collecte d'information :

- Quelle est la réceptivité de ce pays aux études ?
- Quels sont les us, coutumes et croyances religieuses à prendre en compte ?
- Quelle(s) langue(s) ou dialectes sont parlés ?
- Quels sont les jours ou périodes non propices pour une rencontre ?

Avec les réponses à ces questions, on peut décider du ou des différents modes de collecte d'information à mettre en œuvre et, plus concrètement, de l'attitude du chargé d'étude lors de l'entretien.

ET PAR RAPPORT À L'ATTITUDE QUE DEVRA ADOPTER LE CHARGÉ D'ÉTUDE, QUELS SONT LES PARAMÈTRES À PRENDRE EN COMPTE SELON LES PAYS ?

- Y-a-il une difficulté si ce chargé d'étude est une femme ou un homme ?
- La tenue vestimentaire est-elle un élément à prendre en compte ?
- Le lieu d'entretien est-il important ? Si oui, quel doit-il être ?
- Quelle langue utiliser lors de l'entretien ?
- Comment le chargé d'étude doit-il se présenter et recevoir la présentation de son interlocuteur ?
- Quelle posture particulière adopter lors de l'entretien ?
- Comment remercier le répondant ?
- .../...

N'Y-A-T'IL PAS UN MOYEN GÉNÉRAL DE RÉCUPÉRER DE L'INFORMATION ?

Non. Il faut prendre en compte toutes ces spécificités, toutes ces différences. Il faut répondre à toutes ces questions pour assurer non seulement la qualité du recueil d'information en utilisant les moyens de collecte les plus appropriés, mais aussi la qualité et la justesse du traitement et de l'analyse de l'information collectée.

Nous devons chercher à créer un climat propice au recueil d'information, c'est-à-dire le plus neutre possible, pour s'assurer que le répondant pourra se concentrer sur lui-même, ses pratiques, ses usages, ses habitudes et éventuellement l'innovation, objet de l'entretien, sans être perturbé par des éléments qui ne lui permettront pas de s'exprimer objectivement ou inhiberont son discours. Non seulement cette neutralité est fonction des cultures, en général, mais elle dépend finement des spécificités locales.

Toutes ces connaissances des différences et des spécificités permettront ensuite au chargé d'étude d'affiner son interprétation des discours pour en délivrer une analyse la plus juste et adaptée possible. Ceci sera d'autant plus important si plusieurs pays ou cultures sont dans le scope de l'étude.

VOUS AVEZ DES EXEMPLES POUR ILLUSTRER CES DIFFÉRENCES FINES ?

Prenons l'exemple d'un terrain d'étude qui a eu lieu en Suisse. Une différence fine concerne l'origine des participants à l'intérieur de la Suisse : est-ce qu'ils viennent de l'un des 17 cantons parlant exclusivement l'allemand, voire le suisse-allemand, ou font-ils partie de la population suisse parlant le français ? Sur cet exemple, la façon de remercier le répondant pour sa participation à l'étude dépendra de son statut social ou professionnel, du titre auquel il répond (privé ou professionnel), des usages dans le pays ou au sein de la profession. Lorsque les uns accepteront un remerciement matériel, les autres le refuseront catégoriquement et certains même, pourraient se vexer. Un autre exemple : dans certains pays, il n'est pas bien vu de regarder son interlocuteur dans les yeux. On apprend à force de faire des études, d'aller sur le terrain, et parfois de faire des erreurs. L'expérience est donc essentielle dans ce domaine.

LA CHINE INTÉRESSE TOUT LE MONDE EN CE MOMENT : POUVEZ-VOUS NOUS EN DIRE PLUS ?

Effectivement, la Chine a des particularités qui posent des difficultés spécifiques sur les entretiens qualitatifs en face à face. Ces difficultés se présentent à tous les stades : lors de la préparation de l'étude, du recrutement et de la prise de rendez-vous, de l'entretien, et bien sûr lors de l'interprétation et de l'analyse du discours.

Lors de la préparation de l'étude, il est important d'avoir à l'esprit quelques données essentielles pour définir le mode de recueil le mieux adapté et ainsi garantir la qualité de la démarche d'étude en Chine. Je pense à la multiplicité des dialectes et éventuellement les us et coutumes locaux. Mais je ne vais pas m'étendre là-dessus.

Traditionnellement en Chine, il est assez facile d'obtenir des rendez-vous et ils se prennent en général très peu de temps à l'avance, ce qui peut impliquer une certaine difficulté pour planifier et organiser le recueil de l'information. De nos jours, le développement extrêmement rapide du pays conduit à une surcharge de travail généralisée et, d'une manière générale, les Chinois n'ont guère de temps à consacrer à une activité qui ne semble rien rapporter, ni à leur entreprise ni à eux-mêmes. En particulier dans le secteur de la construction et de l'équipement industriel, il existe une très forte pression pour conduire des chantiers dans des délais extrêmement rapides. La nécessité pour le pays de tenir un rythme de développement rapide pour assurer son équilibre économique et social fait que les entreprises tournent 7 jours sur 7, les chantiers fonctionnent jour et nuit, les employés ne comptent pas leurs heures de travail. C'est donc plus difficile. Dans ce contexte, il arrive que l'entretien que l'on a durement obtenu soit interrompu par un appel urgent ou même annulé à la dernière minute, et tout s'arrête.

Dans le même ordre d'idées, cela peut sembler anecdotique mais il vaut mieux le savoir avant de commencer toute collecte d'information ! Il est inutile d'espérer, comme en France, réaliser des entretiens autour du 1er Mai. C'est une fête nationale à l'occasion de laquelle de nombreux Chinois retournent dans leur famille. D'une façon générale, les entreprises ferment du 1er mai au 7 mai inclus. Les employés travaillent donc les week-ends précédents pour compenser cette semaine d'absence. D'où une certaine précipitation à cette époque de l'année pour terminer tous les travaux en cours avant cette interruption de l'économie nationale d'une semaine. Ce scénario se reproduit autour du 1er octobre et de façon plus importante pour le Nouvel An chinois qui a lieu entre le 21 janvier et le 20 février.

QUE DEVONS-NOUS RETENIR DE CETTE EXPÉRIENCE DE MENER DES ENTRETIENS EN CHINE ?

Plein de choses mais d'abord le pragmatisme. Là encore, ce sont de grandes tendances, mais elles sont parfois utiles pour comprendre la teneur des entretiens que l'on va réaliser. Alors que les occidentaux en général, et les Français en particulier, sont habitués à faire des représentations détaillées de ce que devra ou pourra être une réalisation, les Chinois s'en tiennent généralement au départ à un projet assez générique. Ils feront ensuite preuve d'une très grande capacité d'adaptation au cours de la réalisation, et traiteront les détails du projet au fur et à mesure de son avancement. En cela, ils sont toujours assez positifs dans l'expression de leur avis. Ils sont ainsi moins sensibles à un planning détaillé ou à un schéma d'organisation tant que la situation ne se présente pas. Ils ne se placent pas dans une situation hypothétique par jeu d'esprit, mais en revanche, ils sont très à l'aise dès que la situation se présente.

Il y a aussi l'esprit communautaire. La première valeur pour les Chinois est l'appartenance au groupe. Les Chinois décident majoritairement en groupe, et un point de vue personnel n'a pas vraiment sa place pour eux, en particulier dans les entreprises. Il est très difficile pour un Chinois de donner un point de vue personnel sans consulter ses collègues, et ceci d'autant plus qu'il sentira que la question posée comporte un enjeu, disons « politique ».

Je pense aussi au sens de la hiérarchie. Une personne interrogée répugnera à donner son avis si elle n'est pas certaine que sa hiérarchie le valide. Elle ne refusera pas la question mais ses réponses seront évasives ou même complètement hors sujet. Ainsi, une réponse à côté de la question ne signifie pas nécessairement que la question n'a pas été comprise, mais plutôt « votre question ne m'intéresse pas » ou bien « je ne souhaite pas vous donner mon avis personnel ».

QU'EN EST-IL DE LA LIBERTÉ D'EXPRESSION PAR RAPPORT AUX QUESTIONS QUE L'ON PEUT POSER ?

C'est certain qu'il règne encore une atmosphère d'interdit sur certains sujets, politiques en particulier. Encore aujourd'hui, il arrive que dans des entreprises ou organisations d'état, certaines personnes soient observées. C'est assez rare, mais il est possible de rencontrer une certaine suspicion par rapport à une « enquête » même marketing. Un refus de répondre aux questions peut être opposé, par crainte d'une recherche de renseignement déguisée.

D'AUTRES CHOSES À PRENDRE EN COMPTE QUI SERVIRONT À INTERPRÉTER LE DISCOURS ?

Il y a aussi la valeur du travail humain. Le coût du travail en Chine est très bas comparé aux pays occidentaux, mais il est important de réaliser que ceci a toujours été le cas. D'où le faible intérêt pour les Chinois pour les machines ou les équipements qui permettent de réduire les coûts de main d'œuvre. Et même plus, certains Chinois considèrent que la main d'œuvre à bas coût est une richesse pour leur pays.

Par ailleurs, la société de consommation commence à apparaître en Chine, et avec elle un comportement d'achat et de choix comparables à celui que nous connaissons. Cependant ce comportement n'est pas encore très répandu dans le secteur industriel, et les professionnels Chinois ont encore tendance à s'en tenir au prix et au relationnel avec le fournisseur, sans s'attacher beaucoup à l'argumentaire produit. La différentiation principale à leurs yeux se situe sur la provenance domestique ou étrangère du produit.

D'autre part, les professionnels chinois ne sont pas habitués aux enquêtes d'opinion, et certaines personnes rencontrées peuvent êtres très déroutées par une démarche d'étude.

TRÈS CONCRÈTEMENT, QUELLE ATTITUDE FAUT-IL ADOPTER PENDANT L'ENTRETIEN ?

La ponctualité est de rigueur pour les rendez-vous professionnels. Ensuite, aura lieu l'échange des cartes de visite. La façon dont ces cartes sont échangées a une grande importance en Chine. C'est la première chose que l'on présente, en la tenant à deux mains, par les coins, dans le sens qui permet à l'interlocuteur de la lire et en commençant par le chef. Aussi, il est d'usage de prendre le temps de lire la carte remise par l'interlocuteur, afin de marquer son intérêt ou sa déférence. De ce point de vue, faire des annotations sur une carte de visite, devant son interlocuteur, est une pratique à éviter.

Les chinois n'utilisent pas leurs mains lorsqu'ils parlent et n'apprécient pas vraiment que leur interlocuteur le fasse. « Parler avec les mains » est donc une forme de langage à éviter. Il en est de même avec les expressions faciales. Par exemple, le sourire n'est pas facilement visible puisqu'un grand soin est apporté pour masquer ses émotions. Le contact physique n'est pas non plus dans les usages, d'autant plus si la personne en face de vous est en position d'autorité élevée. Une rapide poignée de main est donc considérée comme acceptable, la plus grande familiarité étant réservée aux amis. Il est aussi de bon ton d'éviter, autant que possible, de regarder son interlocuteur chinois dans les yeux car il pourrait se sentir offensé.

ET FINALEMENT, POUR RÉALISER L'ANALYSE DES ENTRETIENS, Y-A-T-IL DES PARTICULARITÉS DE LA LANGUE CHINOISE À CONNAITRE ?

Oui. Les mécanismes de construction de la langue sont foncièrement différents entre la langue chinoise et les langues occidentales. La grammaire chinoise est extrêmement simple, la finesse de la langue se situera plutôt dans le choix des mots et des images pour exprimer une pensée. Dès lors qu'ils ont reçu un peu d'éducation, les Chinois ne s'expriment jamais directement et construisent des phrases complexes à double - voire triple - niveau de compréhension. Ce jeu intellectuel permet ainsi de situer rapidement son interlocuteur. Il sera ainsi très dévalorisant pour un chinois instruit de répondre simplement et directement à une question, en particulier lorsqu'il s'agit d'exprimer une opinion.

Par ailleurs la langue chinoise exprime, avec beaucoup de finesse, les sentiments et les relations humaines, mais reste peu précise lorsqu'il s'agit de descriptions techniques. Il est ainsi possible de rencontrer des ambiguïtés. Il est également important de savoir qu'en Chine existent plusieurs langues parlées pour une seule langue écrite. Ainsi les langues parlées à Beijing, Shanghai ou Canton sont différentes. L'importation d'un terme technique en provenance d'Occident devra d'abord passer par le choix d'idéogrammes à même de décrire ce terme, qui recevra ensuite plusieurs prononciations selon les régions. Certaines imprécisions peuvent ainsi en découler et biaiser l'étude d'usages.

12

Récit d'un projet d'innovation piloté par les usages

1. INTRODUCTION

Analyser les usages, c'est détecter de nouvelles opportunités d'innovation et concevoir, pour et avec les usagers, des innovations qui ont du sens. Le projet de « Positionnement du Perçage » (appelé POP) est un très bon exemple d'innovation « orientée usages » et usagers.

Initié en 2009 par le plateau d'innovation de Schneider Electric [1] (site de Grenoble), ce projet est à l'origine de la création d'outils de traçage laser à destination des tableautiers et installateurs de machines. Piloté par le directeur d'innovation, le projet POP est constitué d'une équipe de marketeurs, de designers, d'ingénieurs et de techniciens. Des compétences en sciences humaines et sociales sont également sollicitées au cours de la démarche d'innovation (exploration, idéation, tests d'usage).

Le projet POP fait partie d'un programme d'innovation de grande ampleur dans le domaine des coffrets et armoires électriques afin d'identifier des axes d'innovation porteurs de valeur. Ce programme a aussi donné lieu au développement d'un concept de « poignée de commande rotative » destiné à la commande et à la signalisation de l'état d'un disjoncteur à l'extérieur du coffret ou de l'armoire dans lequel il est installé. Pour sa part, le projet

12

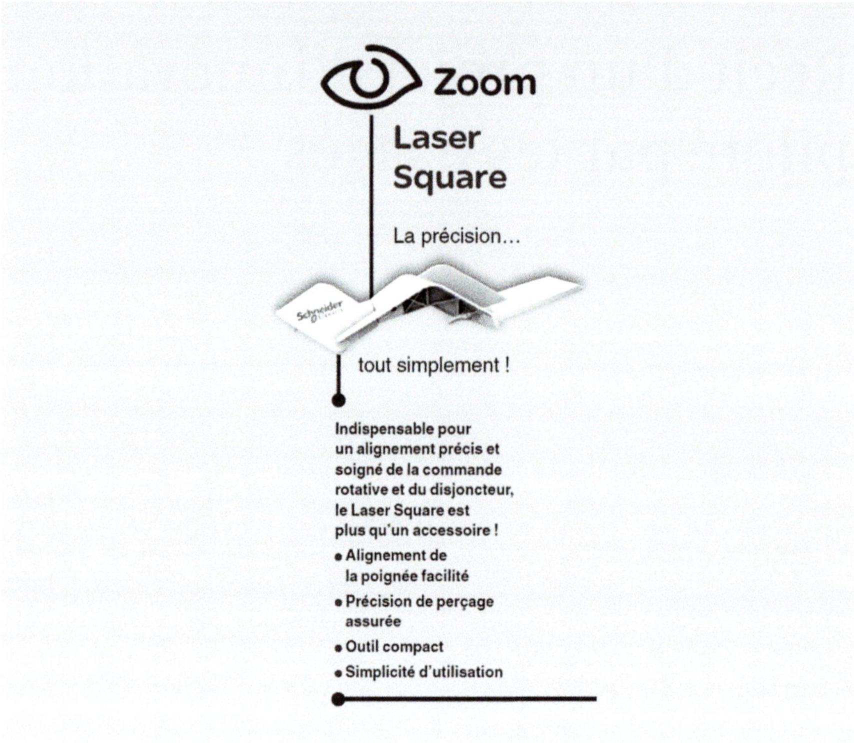

Fig. 12.1
Laser Square

POP a pour objectif de gérer les difficultés de perçage qui entrainent des pertes de temps et de matériel pour les professionnels du montage câblage d'armoires électriques.

Dans ce chapitre nous proposons de retracer l'histoire du projet POP et de décrire les différentes solutions imaginées par le plateau d'innovation tout au long du projet. Ce projet d'innovation « orientée usages » illustre concrètement quelques-unes des différentes méthodes présentées dans cet ouvrage. Nous décrivons les « boucles de co-conception » qui ont permis de développer, dans un premier temps, une solution de traçage laser (appelée Laser Square), intégrée au catalogue de l'offre de « poignée de commande rotative » de Schneider Electric (Figure 12.1) et de définir, dans un deuxième temps, un concept d'outil professionnel de traçage laser. La mise en relation du volet « Usage » et des intentions stratégiques de l'entreprise permet de saisir le cheminement du projet.

La structure de l'exposé suit l'ordre logique de toutes les phases du cycle du projet, illustré dans la figure ci-après (Figure 12.2). Au départ du projet POP, on trouve les difficultés des usagers, liées au positionnement des perçages des coffrets et armoires électriques. Puis, plusieurs séances de recherche d'idées permettent d'identifier des pistes de solutions et enfin

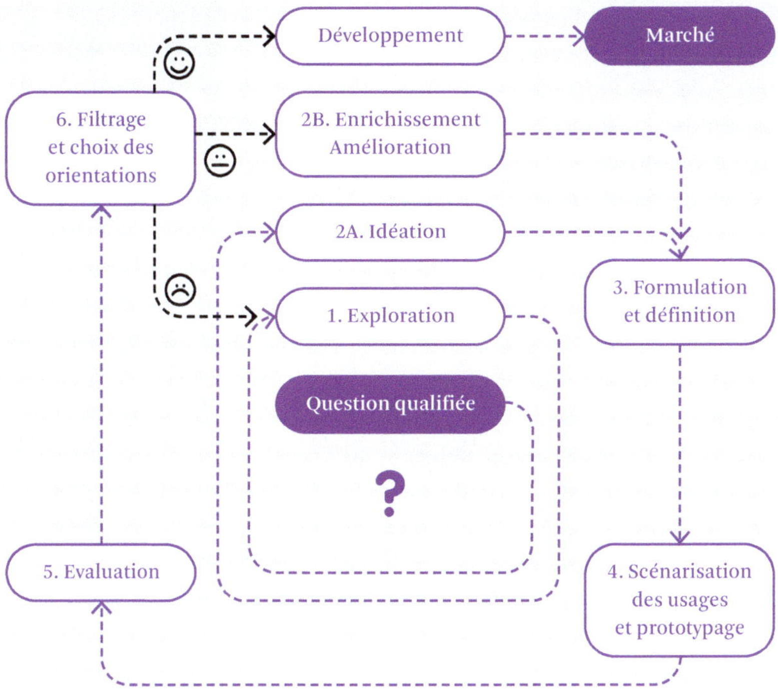

Fig. 12.2
Processus d'innovation pilotée par les usages

de développer, grâce à un processus itératif fondé sur une série de prototypes et de tests usagers, un concept innovant et porteur de valeur.

2. EXPLORATION

Les phases d'exploration correspondent typiquement à celles qui sont décrites dans le chapitre 6. L'exemple proposé ici va nous permettre d'aborder successivement les problèmes rencontrés par les professionnels et les contextes dans lesquels ils s'inscrivent. Nous aborderons ensuite la production d'idées (idéation) afin de voir de quelle manière l'équipe projet a imaginé différentes solutions pour résoudre les problèmes et innover.

Trois cibles, spécialisées dans le câblage électrique des coffrets et des armoires (le scope du projet), sont visées par l'équipe projet au cours de la démarche d'exploration : les tableautiers, les installateurs et les artisans. Ils sont en effet tous touchés par les problèmes de conception et de perçage des armoires électriques :

- Les *tableautiers* réalisent et vendent des tableaux électriques de distribution ou de contrôle-commande. Ils achètent des armoires électriques qu'ils conçoivent de A à Z à partir des spécifications du client ou d'un bureau d'études.

- Les *installateurs* élaborent des solutions répondant précisément aux besoins des utilisateurs finaux. Habituellement, ils traitent avec des tableautiers mais peuvent également réaliser les tableaux eux-mêmes.
- Les *artisans électriciens* pour leur part assument des fonctions plus variées et peuvent intervenir depuis l'achat des matériels jusqu'à l'installation chez le client final. Ils prennent donc en charge la conception d'une armoire, sa maintenance et son évolution dans le temps.

Les phases d'observation et d'entretien avec 12 professionnels révèlent un ensemble de difficultés liées au positionnement des appareils dans une armoire électrique. Nous présentons quelques-unes de ces difficultés en apportant une distinction entre petites armoires et armoires complexes :

- Les *petites armoires* sont des ensembles peu complexes du fait de leur taille. Pour des petits coffrets ou des armoires de faible largeur, le positionnement, le traçage et le perçage sont plutôt aisés puisque les reports de cotes ou les mesures ne sont jamais trop importants. Les petits coffrets contiennent généralement des composants et appareils aux dimensions homogènes, nécessitant des perçages réduits pouvant aussi être effectués à l'emporte-pièce.
- Les *armoires complexes*, par contre, posent le problème de l'hétérogénéité des appareils qu'elles contiennent, obligeant des usinages différents et des alignements problématiques, parfois sur toutes les faces de l'armoire électrique. Non seulement les mesures mais aussi les reports de cotes sont plus difficiles du fait de la longueur des armoires (des structures pouvant atteindre jusqu'à dix mètres).

Les professionnels rencontrent des difficultés de positionnement et de réalisation des orifices par lesquels passeront les axes des commandes rotatives ou autres boutons de commande traversant la porte :

- *Difficulté n°1 (petites armoires et armoires complexes).* Sachant que la liaison entre la commande rotative et l'appareil (disjoncteur ou démarreur-contrôleur) se fait à l'aide d'un axe en acier, le problème qui se pose est la nécessité de percer, au millimètre près, un trou dans la porte de l'armoire électrique afin que le bouton rotatif pilote parfaitement l'appareil (Figure 12.3).
- *Difficulté n°2 (petites armoires et armoires complexes).* les observations et entretiens révèlent l'habitude d'utilisation de différents outils classiques : la règle, l'équerre, le mètre. Le montage des câbles nécessite l'utilisation des reports de cotes, des équerres, des compas, des règles, des gabarits. L'opérateur prend un certain nombre de mesures de cotes et les reporte sur plusieurs plans jusqu'à l'identification du point de perçage final.

Ces manipulations comportent un grand risque d'erreurs car :

- Les surfaces concernées ne sont pas planes et orthogonales ou parallèles entre elles ;
- Les armoires présentent généralement des bords arrondis qui rendent les prises de repères difficiles.

- *Difficulté n°3 (petites armoires et armoires complexes).* les professionnels doivent porter attention à la symétrie des boutons et témoins lumineux, à leur alignement vertical et horizontal et à la régularité des entraxes, etc.
  - Les positionnements et perçages occupent près de 10 % du temps de réalisation d'une armoire en moyenne.
  - Un mauvais positionnement pour le perçage oblige le concepteur à remplacer la porte de l'armoire, ce qui génère un coût supplémentaire.
- *Difficulté n°4 (armoires complexes).* si différents outils permettent de faciliter le travail de l'opérateur, ceux-ci ne résolvent pas pour autant l'ensemble des problèmes rencontrés. En effet, le calcul des mesures complexes par un logiciel ou par le bureau d'études n'est pas toujours possible. Le logiciel ne calcule pas la place nécessaire au passage des câbles dans des goulottes. Finalement, malgré les calculs manuels ou l'utilisation d'outils de calculs logiciels, les risques d'erreurs sont bien présents.
- *Difficulté n°5 (armoires complexes).* certains positionnements sont plus difficiles, notamment lorsque l'opérateur doit réaliser des reports entre

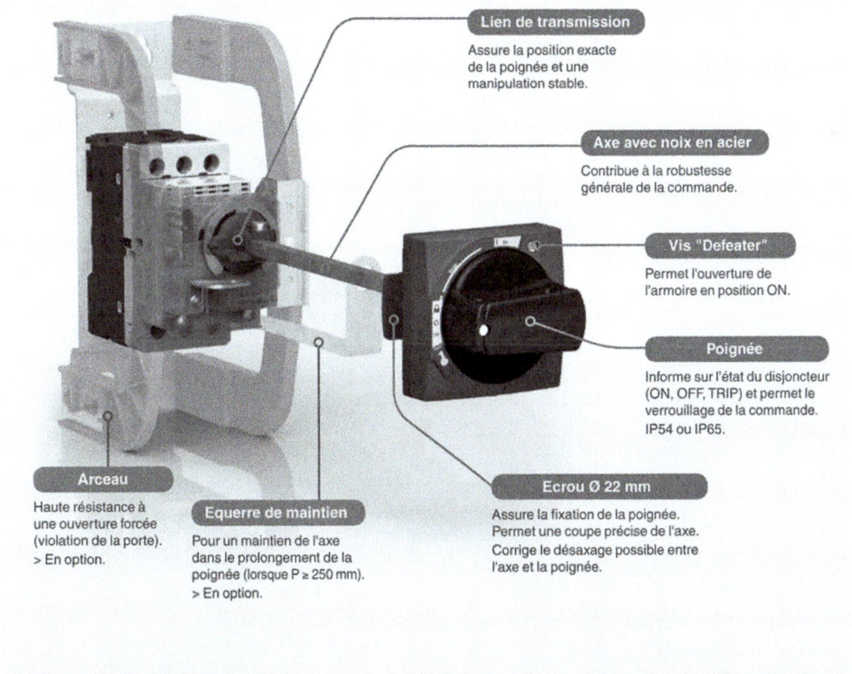

Fig. 12.3
Principe de la liaison entre une commande rotative (poignée) et un appareil de commande via un axe acier

l'intérieur et l'extérieur de l'armoire, comme pour les poignées (commandes rotatives). Les découpes carrées ou rectangulaires sont également sources de difficultés car elles nécessitent un traçage très précis de quatre axes tout en étant attentif afin de réaliser un usinage bien parallèle aux côtés de l'armoire. Notons d'ailleurs que cette tâche est peu aisée puisque les bords des portes et des armoires sont souvent arrondis.

- *Difficulté n°6 (petites armoires et armoires complexes).* les traçages précis avec un mètre sont difficiles sur de grandes largeurs de portes (plusieurs mètres). Il est parfois nécessaire de le réaliser à deux mais le traçage par glissement d'outil amène souvent des risques de décalages. Plus encore, l'utilisation de ces outils génère un temps d'alignement parfois long et fastidieux mais également un temps de vérification important.

L'ensemble des éléments issus des phases d'observation et d'entretien amène l'équipe projet à alimenter la connaissance qu'elle a des professionnels. Il est connu, au point de départ du projet, qu'un perçage décalé par erreur ou par manque de précision, n'est pas rattrapable : la porte de l'armoire, rendue inesthétique, est jetée et nécessite une nouvelle commande en vue de son remplacement. Cependant, l'exploration permet de caractériser plus finement les difficultés rencontrées et les leviers afin d'imaginer un outil susceptible d'améliorer le positionnement des perçages. L'ensemble

PROBLÉMATIQUE : LE POSITIONNEMENT DES PERÇAGES DES PORTES ET DES ENVELOPPES N'EST PAS ASSEZ PRÉCIS

Causes des difficultés	• Sur des tableaux faits à l'unité, l'emplacement des perçages n'est pas connu au préalable. • Les enveloppes et leurs portes ont des rebords sinueux qui rendent difficile le report de cotes. • L'axe des poignées déportées est sujet à beaucoup de jeu en cas de décalage de l'axe. • L'alignement des poignées déportées sur leur axe doit être très précis.
Conséquences des difficultés	• Le client se trompe lors du perçage et doit commander une nouvelle porte. • L'axe des poignées est mal aligné et gêne la manœuvre lors de l'armement ou lors du déclenchement.
Palliatifs identifiés lors de l'exploration	• Coucher les coffrets pour que l'axe soit vertical et ne ressente pas les effets de la pesanteur lors du positionnement et du perçage. • Faire des reports de cotes très précis qui tiennent compte des rebords des coffrets.
Critiques des palliatifs mis en place par les utilisateurs	• Impossible de coucher une armoire trop volumineuse, • Perte de temps importante lors du perçage.

Fig.12.4
Exemple de synthèse du cahier des problématiques

des difficultés est alors consigné dans un cahier des problématiques (Figure 12.4) qui renseigne les causes, les conséquences et également les palliatifs mis en place par les utilisateurs eux-mêmes.

A partir de l'identification des difficultés, mais surtout de leur caractérisation précise et renseignée grâce à l'exploration sur le terrain auprès des professionnels, l'équipe projet avance vers la phase d'idéation qui va permettre de faire émerger plusieurs orientations.

3. IDÉATION

Vers une première solution

L'identification des difficultés permet à l'équipe projet Schneider Electric d'imaginer un ensemble de solutions. Une première séance de créativité, réalisée en interne, autour de la problématique du perçage des portes permet d'élaborer dix-sept idées pour répondre au défi suivant:

« Comment positionner avec précision une poignée déportée sur la porte d'un coffret en alignement de l'équipement qu'elle commande pour éviter les erreurs de perçage ? »

Ces idées sont alors évaluées par la même équipe selon des critères suivants :

- Coût de mise au point et prix de la solution
- Banalisation ou pas par rapport à l'offre Schneider
- Précision
- Difficulté d'utilisation de la solution
- Caractère innovant et expérience utilisateur

A l'issue de ce premier filtrage d'idées, deux orientations principales sont retenues : une première orientation qui demande des recherches supplémentaires et un autre groupe de solutions qui séduit d'emblée l'équipe : il s'agit d'une solution de pointage laser. Chaque solution imaginée retenue fait l'objet d'une fiche idée (Figure 12.5).

Fig. 12.5
Fiches idées 15 à 17

IDEE 15	Utiliser une règle équerre qui se coulisse en prenant appui sur le bord ou sur le dessus de l'armoire ou du coffret. On repère sur la règle, à l'aide d'un taquet avec laser, la position de l'axe du disjoncteur puis on reporte cette position sur la porte après l'avoir refermée.
IDEE 16	On projette un laser parallèlement sur l'axe de la poignée puis on ferme la porte. Le spot laser sur la porte indique l'endroit à percer.
IDEE 17	Pour obtenir la parallaxe du faisceau laser sur la poignée, on monte sur la poignée un petit miroir qui réfléchit le faisceau laser. Lorsque le faisceau réfléchi est confondu avec le faisceau incident, le laser est exactement dans l'axe de la poignée.

Nous voyons dans cette production d'idées le principe technique imaginé par l'équipe : projeter un laser sur l'appareil à l'intérieur de l'armoire, refermer la porte et obtenir le point de perçage précis. A noter qu'à ce stade, la mise en œuvre n'est pas connue.

Une phase intermédiaire de développement est mise en place (Figure 12.6). Plusieurs prototypes plus ou moins avancés émergent cette étape : niveau laser, miroir, trépied, aimants, ventouses...

Des travaux internes de résolution de problèmes permettent à l'équipe projet, en quelques jours, de solutionner les difficultés d'alignement du faisceau laser. Mais bien sûr, la résolution de certains problèmes en amène d'autres, en particulier le fait que le laser associé à l'armoire ne puisse plus être un pointeur mais doive devenir un trait.

On voit donc à cette étape que l'équipe projet persévère dans le choix d'une solution laser mais que les itérations successives amènent à transformer la solution :

- Le pointeur laser laisse place à un trait laser.
- Le laser passe d'une position distante à une association (temporaire) avec l'armoire.
- Le trait laser et, plus généralement, le dispositif, doit être placé verticalement puis horizontalement pour permettre un repérage précis du point de perçage grâce à la rencontre des deux traits de traçage.

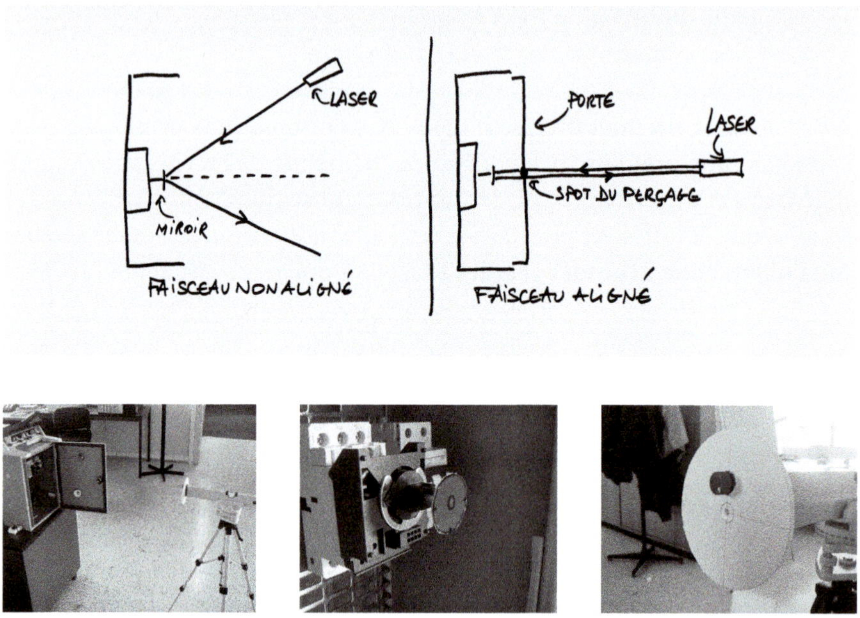

Fig. 12.6
Idées et premiers prototypes

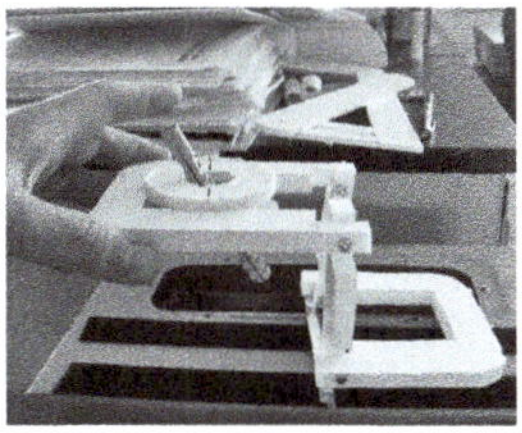

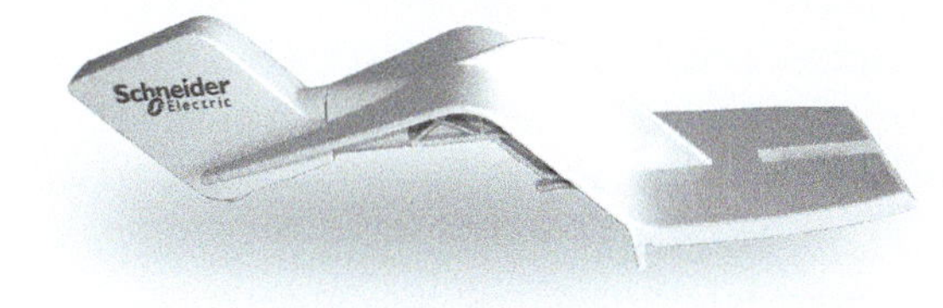

A gauche :
premier prototype
de la solution

A droite :
produit « Laser Square »

Fig. 12.7
Concept Laser Square issu des premiers cycles de développement et produit final

Finalement, en moins de huit mois un dispositif appelé « Laser Square » (équerre laser en français) est prototypé (Figure 12.7), breveté et intégré à l'offre de « poignée de commande rotative » dans le catalogue de Schneider Electric. Une série de tests usagers est alors réalisée afin d'améliorer et d'enrichir la solution.

Evolution de « Laser Square » vers une solution d'outil professionnel
Les premiers retours du terrain concernant la solution Laser Square permettent de pointer de nombreuses pistes d'amélioration qui sont, cette fois, non seulement techniques mais également stratégiques :

- *Sous l'angle technique.* Si les deux solutions permettent le perçage à l'avant de l'armoire (porte), « Laser Square » :
  - ne permet pas le perçage sur le dessus et les côtés de l'armoire,
  - n'apporte pas suffisamment de précision sur des longueurs moyennes (plus d'1,50 mètre),
  - ne peut pas être calibré,
  - n'est pas équipé d'une tête laser orientable.
- *Sous l'angle stratégique.* Le positionnement produit de « Laser Square » semble en décalage avec les intentions stratégiques de Schneider Electric. En effet, si la solution facilite l'installation des matériels par les professionnels, elle n'est pas reconnue en tant qu'outil professionnel. Ces retours clients sont notamment exprimés par des agents commerciaux de l'équipe Schneider Electric, en contact direct avec le terrain.

Une nouvelle séance de recherche d'idées permet d'envisager la création d'un outil professionnel de traçage laser. Un travail participatif entre les différents acteurs de l'équipe projet permet alors de formuler un concept compréhensible à destination des professionnels ciblés.

4. FORMULATION ET DÉFINITION DU CONCEPT

A partir des différentes pistes de solutions envisagées lors de la phase d'idéation, l'équipe projet formalise une proposition de valeur à travers une série de questions, dont l'objectif est de définir le concept « orienté usages » (voir Chapitre 2) : qu'est ce que c'est ? A qui ça s'adresse ? A quoi ça sert ? Qu'est-ce que ça apporte ? Comment ça s'utilise ? Comment ça marche ? Comment cela se situe ? (Figure 12.8)

Le design joue un rôle primordial dans cette phase de définition. L'approche mise en œuvre sert à la fois les attentes des clients mais aussi le positionnement stratégique de l'entreprise. La réflexion des designers est portée sur les tendances technologiques et sociétales, les désirs de l'usager et l'environnement concurrentiel. L'ensemble de ces sources permet de s'assurer de développer une solution porteuse d'innovation et de valeur qui dépasse, grâce à l'ensemble des recherches, la seule opportunité qui proviendrait d'une idée strictement technologique.

5. SCÉNARISATION DES USAGES ET PROTOTYPAGE

Nous abordons à présent deux étapes essentielles du processus de conception : l'élaboration de scénarii d'usages et la conception d'un prototype. La scénarisation du concept permet de décrire des situations d'usage du concept et de répondre de manière très concrète à la question « comment ça s'utilise ? ». Le prototype correspond quant à lui à une preuve de concept fonctionnelle pour les usagers et l'équipe projet.

5.1 Scénarisation des usages

A ce stade du processus de conception, il est indispensable de s'assurer de la bonne compréhension du concept par les usagers potentiels. Il s'agit de mettre en scène le concept dans des situations d'usage « réelles » imaginées par les concepteurs à partir de leur connaissance des pratiques concrètes des professionnels. La méthode consiste à élaborer des « histoires » sous forme de textes, bandes dessinées ou vidéo qui mettent en scène les usages futurs du concept (voir Chapitre 8).

Dans le cadre de ce projet, le format vidéo est choisi. Les films apportent un bon niveau de précision pour se projeter dans l'usage de la solution. Un « story-board » permet de décrire l'usager en interaction avec le concept dans les différents contextes d'usage identifiés lors de la phase d'exploration. Par exemple, le « story-board » ci-après décrit le positionnement du traçage réalisé avec la solution afin de faire coïncider le perçage de la porte avec l'appareil de commande à l'intérieur de l'armoire (Figure 12.9).

Qu'est-ce que c'est ?	Un outil mobile de positionnement de perçage qui utilise la technologie laser. Le concept comprend deux outils, avec chacun leur support coulissant et leur laser intégré.
A qui ça s'adresse ?	Le concept est destiné aux professionnels qui réalisent régulièrement des positionnements à l'intérieur ou à l'extérieur d'une armoire électrique.
Comment ça marche ?	Le principe est de reporter le positionnement sur l'espace souhaité grâce à deux segments lasers qui se croisent. A l'intersection, se trouve le point de positionnement. Ces 2 lasers sont placés : • dans les cônes de droite et pivotés verticalement pour reporter un positionnement sur le dessus ou le côté d'une armoire ; • dans les cônes de gauche pour reporter un positionnement sur l'avant de l'armoire. L'utilisateur peut ainsi choisir le positionnement de Laser Square sur l'armoire.
A quoi ça sert ?	Le concept sert à réaliser rapidement et sans erreur des positionnements, ainsi qu'à aligner des appareillages.
Qu'est ce que ça apporte ?	Grâce à la technologie laser, le concept apporte, à l'usager, plus de précision au traçage et évite les erreurs qui peuvent survenir lors du traçage manuel.
Comment ça s'utilise ?	Selon la configuration choisie, l'usager allume • le laser de droite pour reporter un positionnement sur le dessus ou le côté de l'armoire ; • le laser de gauche pour reporter un positionnement sur l'avant de l'armoire, avec une rotation sur un axe horizontal.
Comment cela se situe ?	Les outils de positionnement laser existent sous de multiples formes : • une veille sur les brevets permet de repérer des dispositifs parfois articulés et avec un seul faisceau laser ; • une veille concurrentielle permet de pointer la banalisation de ce type de technologies : les concepteurs de matériels professionnels, les généralistes de l'outillage et la grande distribution proposent également des dispositifs. Le produit imaginé se situe donc dans un secteur concurrentiel. Cependant, s'il est positionné comme un outil professionnel, il se différencie alors des concurrents moins spécialistes.

Fig. 12.8 Formulation communicante du concept

La porte de l'armoire est ouverte.
Eric positionne le laser supérieur pour repérer l'axe vertical de perçage.
Il positionne ensuite le laser latéral pour avoir un repérage horizontal.
Les deux segments lasers se croisent et, à l'intersection, se trouve le point de positionnement.

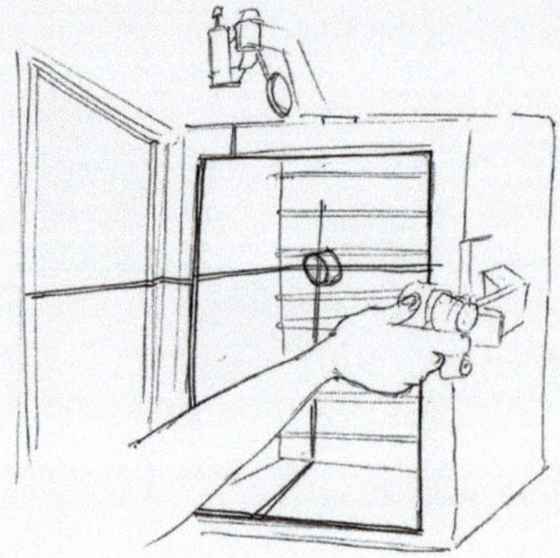

Eric referme la porte de l'armoire et le repérage de l'appareil est alors reproduit sur la porte. L'opérateur peut ainsi tracer et percer avec précision afin de placer la poignée de commande rotative.

Fig. 12.9
Story-board

5.2 **Prototypage**

A partir de la définition du concept réalisée dans la phase précédente, l'équipe projet rédige un cahier des charges fonctionnel qui comprend deux grandes sections :

- *Une partie technique de l'offre* intégrant la description schématique du concept, une modélisation en 3d du support et du boîtier laser, la liste des fonctions à assurer, les contraintes techniques, la notice de montage et les précautions d'emploi ;
- *Une partie non technique de l'offre* avec les conditions de conditionnement, les objectifs de coûts et les conditions de vente.

Le cahier des charges fonctionnel établi, l'équipe projet fait alors appel à un sous-traitant pour développer le prototype. Ainsi ces deux étapes se concluent par la livraison de deux supports qui vont permettre à l'équipe projet de vérifier si le concept fait sens pour sa cible potentielle. L'étape d'évaluation du prototype a été réalisée en huit semaines grâce à une démarche d'entretiens semi-directifs et d'ergonomie.

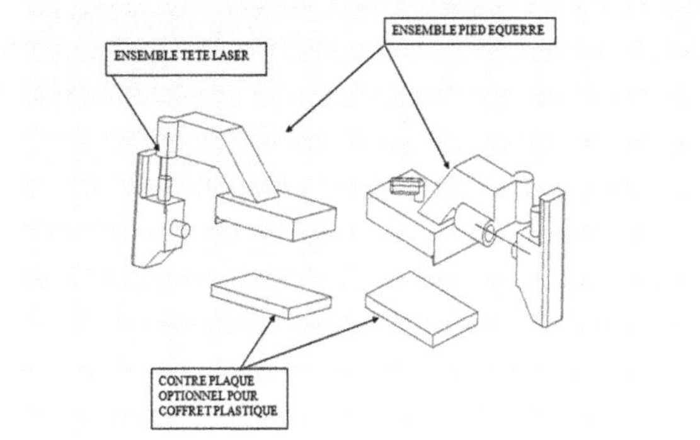

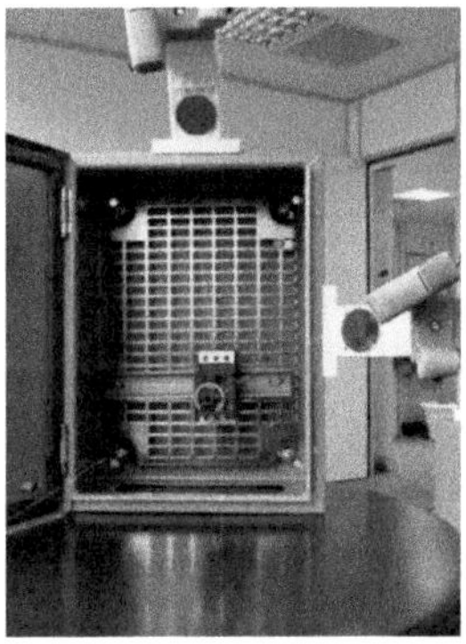

Fig. 12.10
Description schématique du concept

Fig. 12.11
Maquette fonctionnelle

6. ÉVALUATION

Pour les professionnels, quel est le sens apporté par la solution ? Quelles sont les améliorations à apporter du point de vue des pratiques et de l'utilisabilité de la solution ? Pour répondre à ces deux questions, les scénarii d'usage et les prototypes font l'objet d'une évaluation auprès des utilisateurs potentiels.

6.1 Méthodologie et échantillon

La méthodologie CAUTIC® (voir Chapitre 3) est alors mise en œuvre sous la forme d'entretiens semi-directifs. L'échantillon est composé de huit professionnels, sélectionnés sur la base des profils CAUTIC® (installateurs, tableautiers et artisans électriciens). Les entretiens, d'environ 1h30 se déroulent en trois temps :

- *Avant la présentation du concept*, l'exploration des contextes d'usage et une nouvelle exploration des difficultés rencontrées par les professionnels vis-à-vis du perçage des portes des armoires pour le positionnement des commandes rotatives.
- *A la présentation des scénarii d'usage*, l'étude des significations d'Usage du concept. Le guide d'animation CAUTIC® comprend une dizaine de questions centrées sur :
  - le recueil des réactions par rapport aux savoir-faire existants
  - le recueil des réactions par rapport aux pratiques existantes
  - l'exploration du système de valeurs de l'interlocuteur et de son profil d'identité par rapport au changement
  - la compréhension de l'environnement professionnel de l'utilisateur
- *A la présentation des prototypes*, une analyse spécifique des dimensions ergonomiques. Un protocole [2] est mis en œuvre afin de tester les dimensions de simplicité et de praticité de mise en œuvre. Il intègre différentes tâches, en lien avec des contextes d'usage classiques, qui font l'objet d'observation. Par exemple, l'une des tâches est l'alignement d'objets à l'extérieur et à l'intérieur d'un coffret ou d'une armoire.

6.2 Synthèse des résultats d'évalutation du concept

L'analyse CAUTIC® des significations d'usage conclut à un intérêt fort pour la proposition, de la part des professionnels. Le fonctionnement du concept est très bien compris et le concept apparaît simple d'utilisation. L'utilisation de lasers pour réaliser des positionnements et traçages semble à tous ingénieux et très intéressant. Les valeurs d'usage du concept sont *la rapidité*, *la propreté*, *la précision* et *la fiabilité*.

Par ailleurs, l'analyse des dimensions d'ergonomie donne lieu à des recommandations concrètes illustrées par des extraits vidéo. Un rapport consigne les difficultés évoquées par les professionnels et des pistes de solution pour améliorer le concept. Par exemple, la solution doit être associée à d'autres outils (un mètre à ruban) pour une mesure précise du positionnement du laser.

A l'issue de cette phase d'évaluation, l'équipe projet définit les orientations et actions à suivre. Ainsi, un troisième prototype est développé, en intégrant un mètre ruban et un système de fixation plus fiable des supports lasers. Les choix sont réalisés en fonction de la faisabilité de la solution et de sa pertinence par rapport à la stratégie de Schneider Electric. La solution améliorée et enrichie donne lieu à un nouveau brevet afin de valoriser l'innovation. Cette phase est également enrichie par une étude de type « business model ».

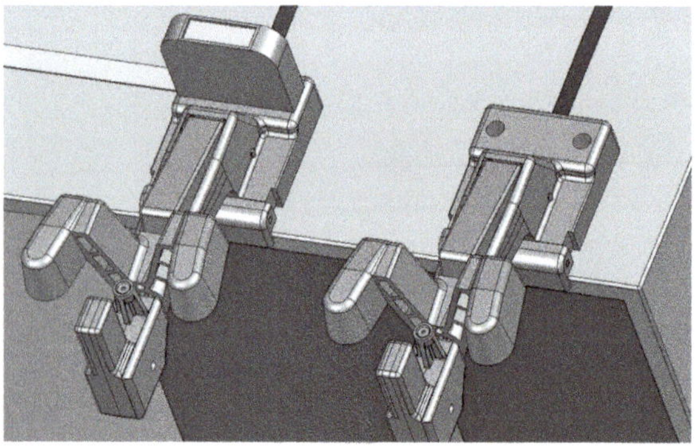

Fig. 12.12
Représentation 3D du prototype final

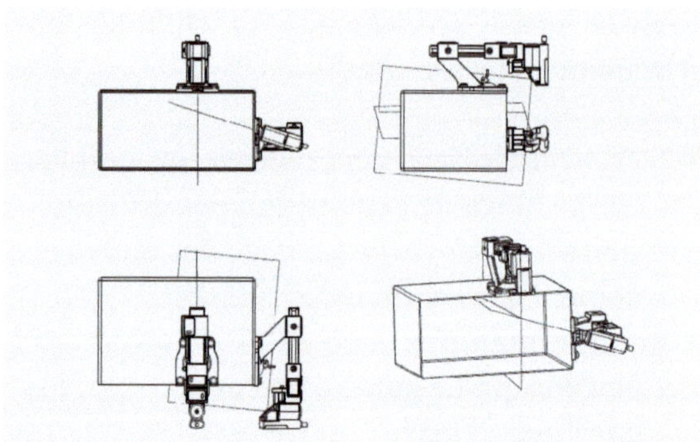

Fig. 12.13
Extrait du brevet

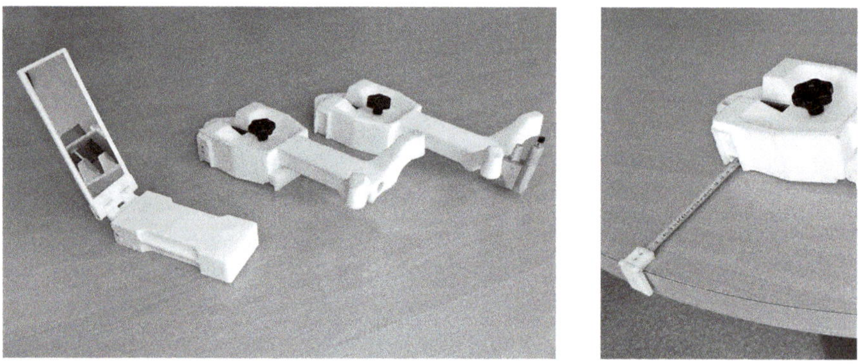

Fig. 12.14
Troisième prototype

Dispositif final équipé de deux supports pour les faisceaux laser ainsi que d'un miroir.

Mètre ruban intégré sur le côté du support afin de mesurer l'écart par rapport au bord de l'armoire.

7. CONCLUSION

La phase d'exploration a mis en lumière diverses difficultés rencontrées par les professionnels lors du positionnement des perçages des coffrets et armoires électriques. Un suivi attentif de la démarche montre une vraie rapidité entre le début de l'idéation et le premier prototype. Dès les premières phases du cycle de développement, un investissement important en prototype et en études clients permet d'améliorer et d'enrichir la solution de traçage. Les prototypes ont fait l'objet de plusieurs tests utilisateurs afin d'enrichir et d'améliorer la solution.

Ainsi, une série d'itérations, fondée sur une collaboration étroite avec les usagers, a permis de développer rapidement une première solution appelée « Laser Square » et d'évoluer ensuite sur un concept d'outil professionnel de traçage laser. Le concept apporte une véritable valeur aux clients de Schneider Electric :

- Le gain de temps lors du perçage des enveloppes pour les manettes, les voyants, les plastrons
- Le gain dû à la suppression des pertes liées aux erreurs de perçage entraînant le rachat de portes ou d'éléments d'armoires électriques
- La réduction du nombre d'outils nécessaires, du fait de la précision du perçage

Ces trois postes peuvent rapidement être chiffrés à plusieurs centaines d'euros d'économie par armoire.

Cette solution laser trouve tout à fait sa place dans le cadre du développement d'une stratégie de services auprès des metteurs en œuvre des produits Schneider Electric. Toutefois, la décision de commercialisation n'a pas été prise. En effet, d'autres éléments de réflexion de nature stratégique liés au « business model » peuvent intervenir dans le processus de décision finale. Les démarches d'innovation sont d'autant plus complexes qu'elles doivent prendre en compte la réalité de l'activité existante et de son positionnement lorsque l'entreprise a une forte antériorité et exposition sur le marché.

A ce stade de la description, cet exemple nous montre qu'un projet d'innovation piloté par les usages doit s'accompagner d'une mise en place d'un processus cumulatif des connaissances Usage afin de faire évoluer la solution et d'initier de nouvelles idées amenant différentes possibilités de création de valeur, qu'elles passent par la valorisation de dépôt de brevets ou l'exploitation à moyen terme de la solution développée ou encore de l'expérience projet associée.

NOTES

1. Schneider Electric est spécialiste mondial de la gestion de l'énergie, présent dans plus de 100 pays. Le Groupe bénéficie d'une position de leader dans les domaines des Régies et Infrastructures, Industries & Constructeurs de machines, des Bâtiments non-résidentiels, des Centres de données et Réseaux ainsi que du Résidentiel. http://www.schneider electric.com/groupe
2. Une démarche de conception s'accompagne généralement d'un test d'ergonomie ou d'utilisabilité. Il s'agit d'observer l'usager en situation réelle d'utilisation du concept développé. Dans un premier temps, l'usager doit réaliser une série de tâches en lien avec les contextes d'usages qui ont été identifiés lors de la phase d'exploration. L'usager est invité à « penser à voix haute » afin de relever ses surprises, les problèmes qu'il rencontre, les questions qu'il se pose et les fonctions qu'il apprécie ou non. L'observation et l'enregistrement sont réalisés en parallèle. L'observateur dispose d'une grille d'observation définie lors de la phase de préparation. L'observation laisse alors la place à un échange avec l'usager sur des points précis de l'étude.

SECTION II.

Les usages : élargir le champ d'actions

La deuxième section ouvre des pistes pour élargir le champ d'actions sur la base des approches usages, couplées à d'autres méthodes ou démarches.

Tout d'abord, le lien entre design et usages est mis en avant. Bien au-delà de la qualité esthétique d'un produit, l'approche design (dans sa conception élargie, industrielle et collaborative) permet de mettre en harmonie la forme et les fonctions d'un objet, la question du sens étant nourrie par les approches usages (première partie).

Les approches Usage sont ensuite revisitées à l'aune de l'innovation collaborative, domaine qui « explose » actuellement et qui permet de tester de nouvelles manières d'innover (deuxième partie). En s'appuyant sur la démarche d'open innovation, il est montré comment l'innovation par les usages peut contribuer à ce nouveau paradigme de gestion de l'innovation.

La question de l'enrichissement des approches Usage est ensuite abordée en présentant deux développements en cours : l'approche par l'émotion et par les logiques paradoxales (troisième partie).

Cette section se termine par un chapitre qui revient sur l'histoire des usages telle qu'elle a pu se construire autour de la méthode CAUTIC®, afin de mieux cerner l'origine et les enjeux de telles approches.

13

Babil : « Designe-moi » les usages

LE PROJET[1]

Babil est un projet de Recherche et Développement sur le thème de la petite enfance. Le projet a utilisé une approche Usage, afin d'identifier des opportunités d'innovation pour faire naître de nouvelles idées de produits adaptés aux spécificités des enfants de 0 à 4 ans (Figure 13.1).

- **OBSERVATION CLÉ**. Une première phase d'exploration réalisée auprès de parents de jeunes enfants (méthode d'entretiens et d'observations) permet d'aboutir à une observation clé : *Les premiers mots d'un enfant sont attendus avec impatience par les parents, mais ces derniers ne peuvent pas toujours être présents lors des premiers babillements bababa... mamama ou des tant attendus « maman », « papa ».*
- **QUESTIONS CLÉS**. L'observation clé est requalifiée, sous forme de questions, par l'équipe projet : *Comment capter les premiers mots de l'enfant ? Comment les trier et les restituer ? Et comment les conserver ?*
- **IDÉE CLÉ**. Ces questions clés permettent d'alimenter de mini-séances de créativité avec l'équipe projet et d'aboutir à une idée clé : *Créer un album sonore pour l'enfant et ses parents*. En effet, si la photo et la vidéo permettent de suivre la croissance d'un enfant et ses premiers pas, l'approche sonore explore une sensibilité différente, celle du son et de la voix.

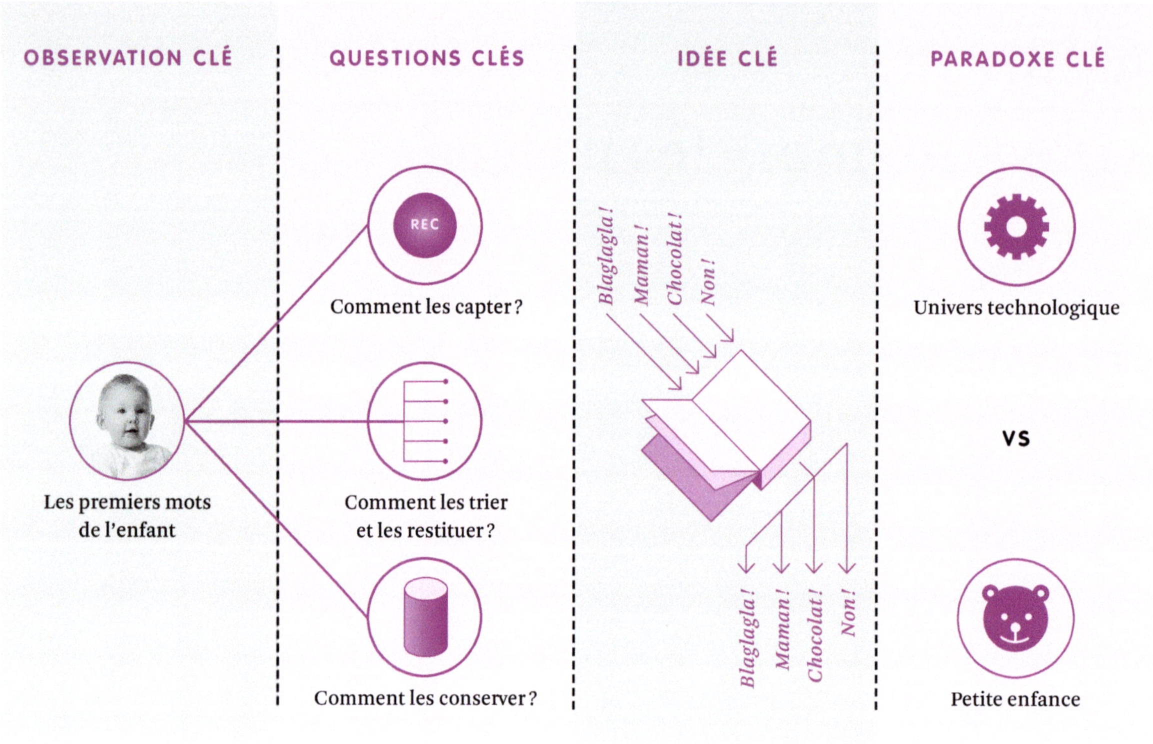

Fig. 13.1
La démarche projet

- **OBJET CLÉ ET PARADOXE À RÉSOUDRE**. L'idée clé est prise en charge par l'équipe design qui a pour objectif de concevoir l'« objet clé » et de composer avec le paradoxe suivant : *Amener de la technologie et des interfaces dans le berceau de l'enfant peut entrer en opposition avec l'univers de la petite enfance*.

ESQUISSE DE L'OBJET CLÉ

Des entretiens réalisés auprès de divers professionnels de la petite enfance (psychologues, éducateurs, instituteurs de maternelles, etc.) ont servi d'appui pour élaborer des premières esquisses de l'objet (Figure 13.2) : *un objet textile rassurant, tout en douceur et en rondeur*. L'objet est appelé « Babil ».

Ainsi, Babil est conçu comme un *compagnon sensoriel* doté d'une personnalité, qui aiguise la curiosité des enfants et les sensibilise au son et à l'écoute.

Le ventre de Babil est équipé d'un micro et d'un haut-parleur haute définition qui enregistrent les sons et les restituent. L'accès aux fonctions se fait sans touche, le déclenchement est automatique et le réglage des paramètres s'effectue grâce à un ordinateur.

Fig. 13.2
Esquisses de l'objet clé

DÉFINITION ET SCÉNARISATION DES USAGES

L'idée clé et les premières esquisses conduisent à l'écriture des scénarii d'usages. Ces derniers permettent de définir le concept Babil et ses fonctions essentielles en relation avec le contexte d'usage. Il s'agit ainsi de répondre aux questions suivantes afin de préciser quel est le concept : *A qui s'adresse-t-il ? Comment s'utilise-t-il ? A quoi ressemble-t-il ?* D'un côté il y a le compagnon sensoriel qui est en interaction directe avec l'enfant et de l'autre les parents qui créent un album sonore afin d'enregistrer, conserver et partager les souvenirs de l'enfant.

Fig. 13.1
Définition et scénarisation des usages

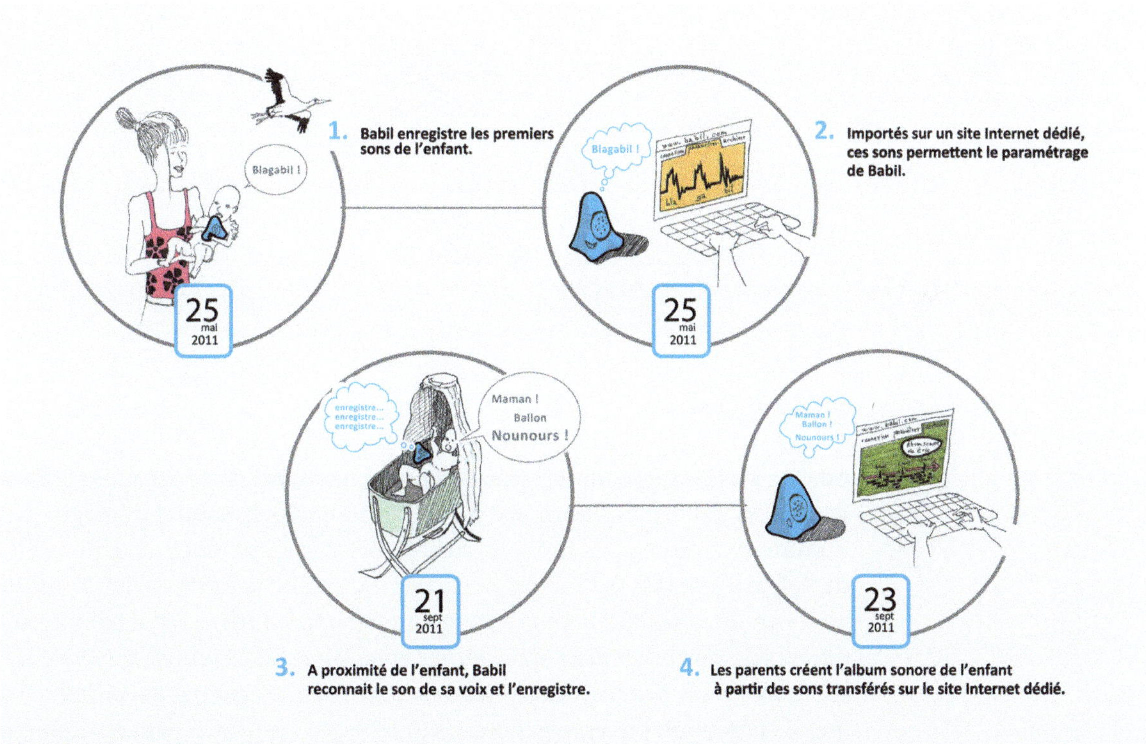

13

FORMES ET MATIÈRES

Une démarche d'analyse et de réflexion permet de définir les formes et les matières de Babil. Elle s'appuie sur un cahier des charges précis qui prend en compte les questions d'usage, la stratégie de l'entreprise, les tendances en matière de jouets, etc.

Ainsi, Babil est doté d'une peau textile et peut intégrer le berceau de l'enfant parmi les peluches et les doudous. Il possède une étiquette inscriptible pour que l'enfant puisse l'emporter avec lui à la crèche. Babil permet d'enregistrer les sons, les restituer et les stocker pour les réécouter plus tard.

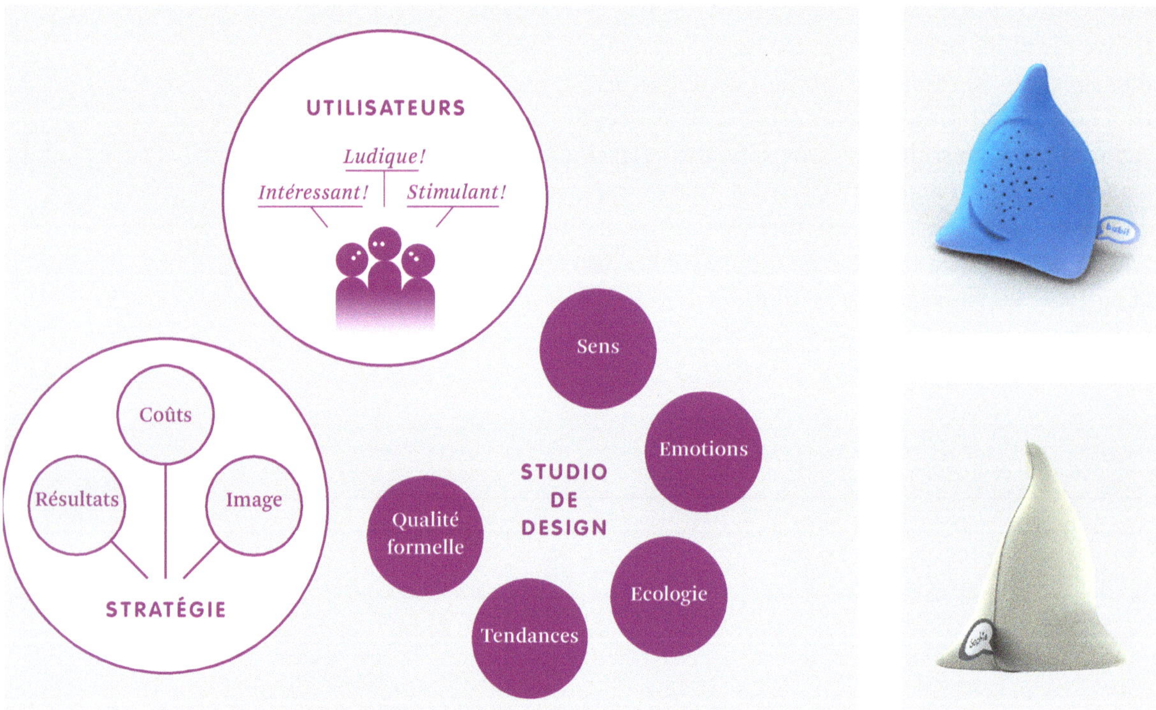

Fig. 13.4
Formes et matières

TEST D'USAGE [2]

Au cours d'une table ronde (« focus group »), Babil est présenté à une dizaine de parents. Cette phase permet d'évaluer le potentiel de Babil et d'imaginer de nombreuses extensions d'usage, c'est-à-dire des développements possibles de l'objet en lien avec l'intérêt porté par les parents (ces extensions « feront sens » pour les parents). Ainsi émerge un jouet qui offrirait la possibilité aux parents d'enregistrer des voix connues et rassurantes, de conserver et de restituer une trace des histoires orales racontées à l'enfant par les parents, les grands-parents, les frères et sœurs, les proches, etc. ; un jouet pédagogique etc.

Fig. 13.5
Maquette en situation d'usage

NOTES

1. Ce projet s'appuie en partie sur la méthode des trois clés (chapitre 5) et les recherches sur les paradoxes menées par Philippe Mallein (voir témoignage Usages et paradoxes 19)
2. Le test d'usage est basé sur la méthode CAUTIC® (chapitre 3).

14

Témoignage : Orienter le design par les études d'usages

ENTRETIEN AVEC LARA MARITON

DURANT VOS ÉTUDES EN DESIGN POURQUOI AVEZ-VOUS SOUHAITÉ VOUS SPÉCIALISER EN ÉTUDES D'USAGES ?

Le designer est souvent pris pour l'artiste inspiré du groupe, le dessinateur qui formalise les projets issus du marketing / communication. En quatre ans d'études en design, je n'ai jamais appris à aller chercher des réponses auprès des publics visés, sauf dans le cadre de quelques micros-trottoirs ou d'observations à la volée. Nous n'avions pas non plus d'outils pour décrypter des données représentatives (issues de Sciences Humaines et Sociales, du marketing et de la communication), afin d'engager / valider des axes d'exploration. L'essentiel de l'enseignement visait à développer sa personnalité, la singularité de son approche esthétique, en gros apprendre à créer sa propre griffe. J'avais envie de comprendre les besoins réels des personnes pour proposer des services chargés de sens, justes et vivants. J'ai donc choisi de travailler en amont du design par les études d'usages. L'idée était de façonner l'outil qui permettait au designer de placer la personne (l'utilisateur, l'usager, le consommateur) au centre de la conception plutôt que de formaliser un produit autour d'un concept peu fondé, d'un matériau ou d'une innovation technologique qui le rendrait gadget.

14

COMMENT AVEZ-VOUS ÉLABORÉ UNE MÉTHODOLOGIE DE CONCEPTION ENDESIGN ORIENTÉE PAR L'ÉTUDE D'USAGES ?

A l'ENSCI-Les Ateliers (École Nationale Supérieure de Création Industrielle), l'année du diplôme est une carte blanche pour les étudiants. J'ai utilisé cette année pour élaborer une méthodologie de conception en design orientée par l'étude d'usages[1] dite « méthodologie de la cartographie renversée ». J'ai troqué mon habit de designer « créa extraverti » contre celui d'un collecteur qui utilise sa créativité dans l'élaboration d'outils de recueil de constats « usages » et de transmission des axes porteurs d'innovation, tout en préservant au mieux la liberté nécessaire à la créativité du designer pour concevoir.

Mon objectif était de répondre à une forte conviction et au bon sens : le service comme le produit doivent d'abord répondre aux besoins d'une personne.

La phase 1 de la méthodologie est l'étude amont : la description des émotions liées (générées) à (par) un usage. Cette expérience a été dirigée par Alain Findeli (chercheur en design à l'Université de Montréal), lieu où j'ai mené l'étude amont qui portait sur l'influence de la téléphonie mobile et de l'email sur les relations affectives entre proches (aujourd'hui, nous étudierions les réseaux sociaux). Les outils de l'étude ont été inspirés de méthodologies issues de SHS et notamment celle d'un groupe de chercheurs en phénoménologie, Lorrain Baritt, université du Michigan, Ton Beeckman, Hans Bleeker et Karel Mulderij, université d'Ultrecht et en recherche design : Stefano Marzano *Vision of the future* (catalogue de produits prospectifs édité par Philips, 1997). Après avoir sondé mon propre vécu, j'ai sélectionné une dizaine de personnes ayant des profils significatifs (identification basée sur des données représentatives) pour participer aux entretiens. Les cadres d'entretiens semi-directifs visaient à recueillir le plus finement possible des pratiques, des habitudes, des représentations existantes. Pour cela, j'ai cherché à entendre l'émotion des gens en leur demandant de me décrire des expériences d'échanges affectifs par email et téléphone mobile. Par exemple, je demandais à la personne de me décrire ses sentiments et agissements lors d'un dimanche pluvieux, sans aucune rencontre amicale le samedi puis aucun appel le dimanche. Les constats significatifs ont été répertoriés en thèmes communs et variantes. Cette matière a ensuite été étudiée avec une logique de polarité et au travers de multiples relectures avec différents angles de vue (rapports à l'espace (ex. proche / lointain), au temps (ex. compression /dilatation), à l'autre (ex : l'Autre et le Monde pour Moi) et à la technique (ex : peur / fascination) influés par ces outils) pour rendre lisibles les phénomènes d'usages générés par l'email et le téléphone, les paradoxes entre intention lors de la conception et perversion lors de l'usage.

La phase 2 de la méthodologie intitulée le projet « Téoùlà » est la conception en design orientée par les constats « usages » porteurs d'innovation. Cette phase du projet a été réalisée à Paris et co-conduite par Alain Findeli, Jean-Pierre Vitrac et Alain Baillon designers. En parallèle de la constitution de l'équipe de six étudiants designers pour tester et valider la méthode, j'ai modélisé les constats. Cette cartographie a servi à l'équipe tout au long de la phase de conception et a évolué en fonction des étapes. Le modèle a été présenté aux jeunes designers après qu'ils aient été immergés dans la peau d'un usager au travers de plusieurs exercices. Ceci afin de faire tomber les *a priori* (freins éventuels à l'imprégnation des constats), de faire rentrer le designer dans le camp des usagers par empathie… se projeter dans les récits, les postures, les tranches de vie, mieux comprendre les interviewés. Cette immersion rend perméable la frontière entre design et usage, les designers enrichissant les constats de l'étude, infirmant ou confirmant les axes de conception. A cette étape le designer repère les paradoxes et axes de conception en phase avec ses inspirations.

PARLEZ-NOUS D'UN OUTIL DE LA MÉTHODE QUI FAVORISE LES INTERACTIONS ENTRE USAGE ET DESIGN ?

Une étape forte du processus est constituée par l'expérimentation personnelle de scénarios catastrophes imaginés à partir des paradoxes révélés par l'étude. Par exemple, le besoin de téléphoner sans temps de silence est poussé à l'extrême pendant quelques heures. Ce type de moment a pour objectif d'émanciper les designers des constats / contraintes « usages » (ceux-ci étant consultables à souhait sur le modèle) pour concevoir librement. De cette expérimentation est né par exemple le concept de « timbre de temps » : pouvoir envoyer à l'instant une lettre postale tout en programmant la réception de cette lettre à une date choisie (type date d'anniversaire). L'objectif étant de communiquer spontanément une pensée affective tout en respectant le temps de l'autre (conception d'une gamme de timbres de temps à un jour / une semaine / un mois).

APRÈS AVOIR MODÉLISÉ LES CONSTATS POUR FACILITER LEUR LECTURE AUX DESIGNERS, VOUS PARLEZ DE « CARTOGRAPHIE RENVERSÉE » POUR ORIENTER LA PHASE DE CONCEPTION, POUVEZ-VOUS NOUS EN DIRE PLUS ?

Le modèle initial montrait que les paradoxes générés par l'usage du téléphone mobile et du mail dans les échanges affectifs plaçaient le rapport à la technique au centre des préoccupations et du vécu des usagers (ex. magie / fascination pour l'objet, absence de maîtrise de l'outil…). Le rapport à l'espace était aussi très important (ex. sentiment de don d'ubiquité).

Essentiel dans cette problématique, le rapport au temps se trouve perturbé le plus souvent (ex. besoin d'immédiateté, augmentation des sentiments de manque etc.). Et le rapport à l'Autre se trouve le plus excentré du cœur du modèle. Souvent la communication entre deux personnes est appauvrie par des « échanges prétextes » et par des gestes rituels autour de l'objet pour vérifier le fait d'être joignable (pouvoir être techniquement contacté 24 h sur 24). L'échange affectif étant le plus souvent réduit à une non-communication entre des personnes retenues par le mythe de la joignabilité.

La forme finale du modèle est la « cartographie renversée ». Elle formalise les objectifs communs à toute l'équipe : par exemple concevoir des services (et éventuellement des produits) de transmission des échanges affectifs construits sur une topographie temporelle. Repenser le décloisonnement issu des performances techniques en termes de miniaturisation et de dématérialisation. La cartographie renversée situe donc la personne au centre, suivie du rapport au temps comme mode de conception, et excentre le rapport à la technique, replaçant cette dernière à son rôle d'outil.

La cartographie renversée permet par ailleurs, au stade de la finalisation des propositions en design, de fédérer les compétences, en permettant à tous de suivre et d'intervenir sur l'ensemble des projets de l'équipe.

QUEL PROJET REFLÈTE BIEN VOTRE MÉTHODOLOGIE DE LA CARTOGRAPHIE RENVERSÉE ?

En 2005, pour l'Arene IDF, j'ai appliqué la méthodologie sur deux cas. Le premier projet portait sur la conception de nouveaux services de mobilité et leurs actions de sensibilisation / communication de l'agence de mobilité de l'association Voiture&co à Nanterre (au sens large, le service de mobilité consiste à s'orienter vers un changement d'usage passant du tout voiture à la multimodalité). Ce projet visait les employés d'une zone d'activité, les habitants du quartier du Petit Nanterre et les étudiants de Paris X. Le second projet, pour la Ville de Morsang-sur-Orge, portait sur la conception d'un système de prêt de vélos (et ses actions de sensibilisation / communication) destiné aux agents municipaux employés dans les maternelles. Cette double application permettant de vérifier la transférabilité de la méthode, j'ai livré à l'Arene une synthèse méthodologique de conception de service de mobilité.

Le déroulé détaillé des étapes et la synthèse méthodologique sont intégralement consultables en ligne sur *http://www.areneidf.org/fr/Methode_transferable_en_faveur_du_changement_de_comportements_de_mobilite-441.html*

VOUS AVEZ CONSTRUIT LA MÉTHODOLOGIE SUR UNE APPLICATION AUX NTC (NOUVELLES TECHNOLOGIES DE LA COMMUNICATION), QUEL ÉTAIT VOTRE OBJECTIF EN L'APPLIQUANT AU DOMAINE DE LA MOBILITÉ ?

Mon objectif personnel dans ce double projet était de tester l'efficacité de la méthodologie pour inciter à des changements de comportements d'usage tout en améliorant la qualité de vie des publics visés sur l'un des grands sujets de réorientation de notre société, essentiels à ce jour, tels que la consommation d'énergie, l'alimentation, la santé, la mobilité. Dans ces deux projets, il s'agissait de faire évoluer les représentations et les pratiques de mobilité autosoliste. L'idée était d'accompagner au mieux la personne dans le passage du besoin à l'acte d'appropriation et d'utilisation de services de mobilité. Là était tout l'enjeu et la pertinence de la méthodologie Usage sur ce projet : arriver à faire évoluer les habitudes et comportements des gens ancrés dans le quotidien.

POUVEZ-VOUS NOUS EN DIRE PLUS SUR « LE PASSAGE DU BESOIN À L'ACTE D'APPROPRIATION ET D'UTILISATION DE SERVICES DE MOBILITÉ » ?

Avant de modéliser les constats sous forme de cartographie, j'ai d'abord utilisé un outil de segmentation issu du marketing pour délimiter les grands

Fig. 14.1
Projet agence de mobilité Voiture&co : segmentation des postures de mobilité

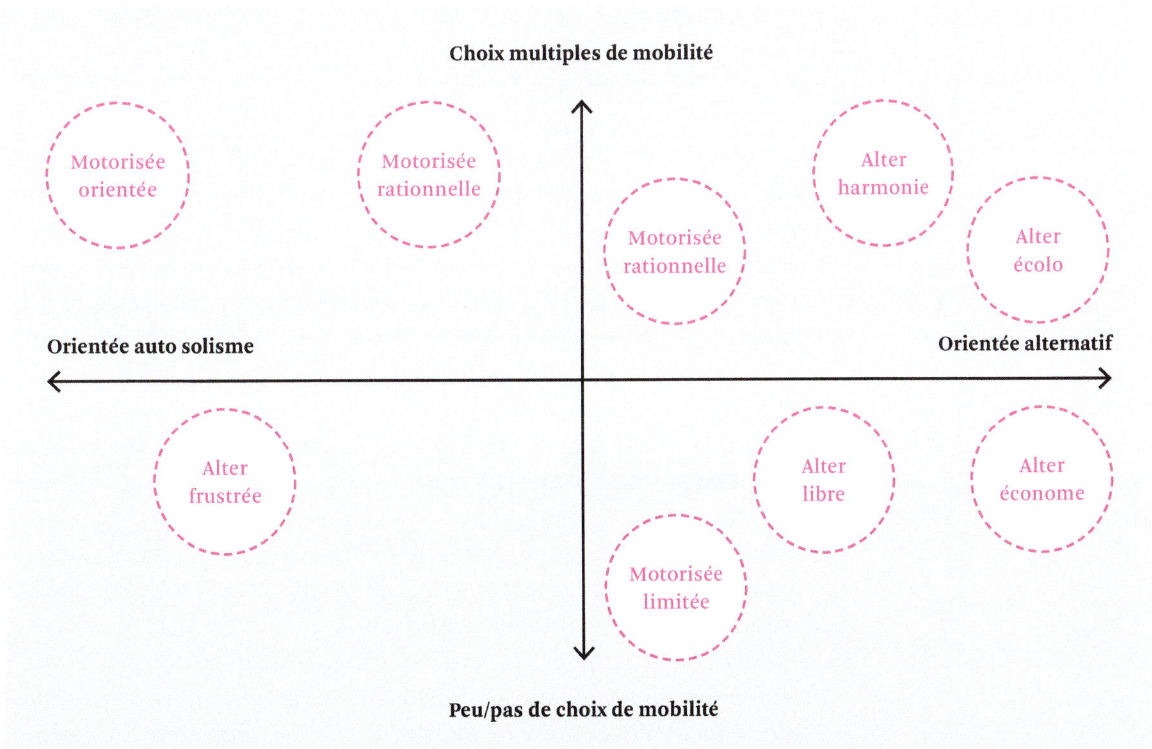

comportements ou postures de mobilité : à partir de l'observation et du croisement des différents rapports influés et influant sur la mobilité de la personne, les thèmes communs et variantes des phénomènes, constatés dans plusieurs interviews, ont permis d'identifier des postures de mobilité.

Pour définir une « posture», la personne est considérée dans ses divers moments de mobilité. On identifie alors un type de pratique en lien avec un niveau de choix basé sur trois critères (le moment, la pratique et l'aspiration.) Il ne s'agit en aucun cas d'enfermer une personne (ou un groupe de personnes) dans une posture figée et définitive, mais au contraire de saisir les différents moments de mobilité qu'elle peut vivre. Ces derniers étant composés de multiples facettes, à l'image de l'individu actuel et de sa vie quotidienne. Par exemple, une même personne peut décrire un moment de mobilité lié aux loisirs ainsi : *Je suis déjà rentrée à pied jusqu'à chez moi, il ne faut quand même pas abuser ! On a des jambes !* Et un moment de mobilité professionnelle ainsi : *Il faut trop marcher pour aller à la gare, on marche trop !*

Par exemple, dans le projet de l'agence de mobilité de Voiture&co, trois postures majeures de mobilité permettent de toucher la majorité des publics sur des moments de mobilité communs : la posture alternative frustrée (ex. je n'ai pas le choix, je suis obligée de me déplacer à pied, à vélo ou en transport en commun), motorisée orientée (ex. je me déplace autant que possible dans ma voiture) et la posture alternative choisie (ex. j'ai une voiture mais je la laisse au garage car j'aime faire du vélo).

L'idée du projet était de diriger progressivement chaque posture vers l'éco-mobilité et de pérenniser des pratiques d'éco-mobilité existantes. Les postures les plus éloignées de « l'éco-mobilité choisie » ont un parcours plus long pour passer de leur posture à une autre un peu plus proche de l'objectif. On ne passe pas du « tout voiture » au « tout transport en commun » ! C'est une évolution. Chaque posture est flexible et il s'agissait par l'outil des cartographies renversées de trouver les leviers pour cette progression.

POUVEZ-VOUS CITER QUELQUES ÉTAPES / ACTIONS DE SENSIBILISATION AU CHANGEMENT DE MOBILITÉ ?

Par exemple, la cartographie renversée (ou cartographie des actions) pour les postures de mobilité orientée a dégagé plusieurs étapes de sensibilisation aux modes alternatifs définies ainsi :

- *L'étape 1* sensibilise l'automobiliste à l'idée qu'être propriétaire d'une voiture n'est plus synonyme de confort et de gain de temps en grande

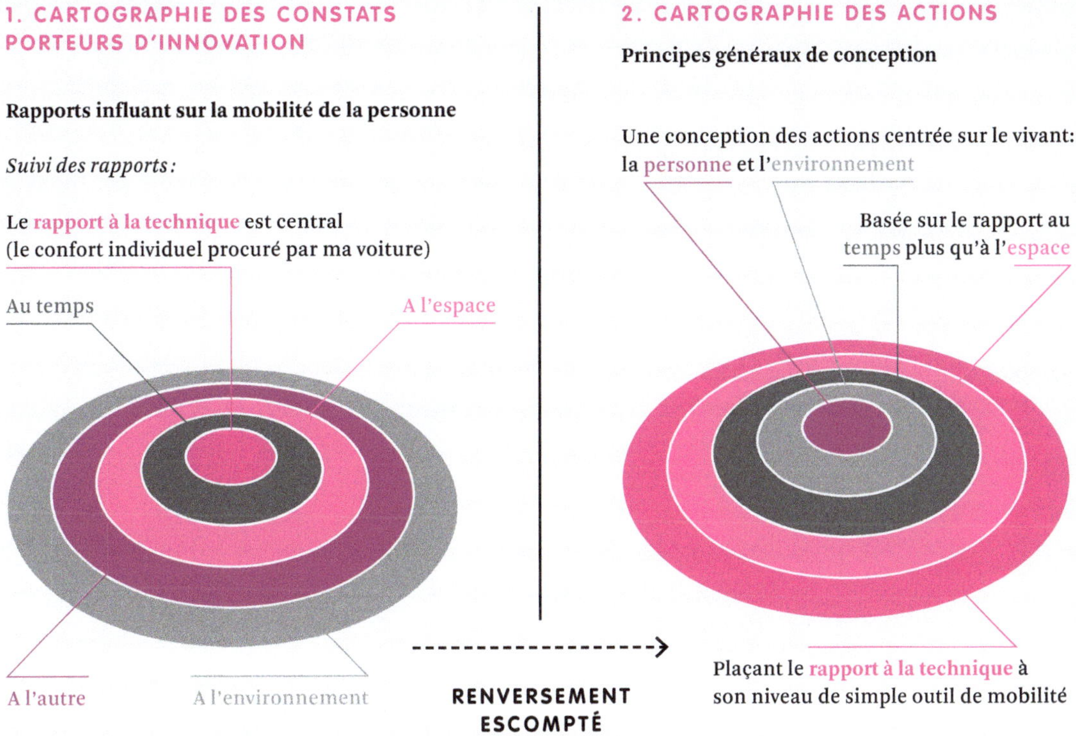

Fig. 14.2
Projet agence de mobilité Voiture&co : cartographie des constats et cartographie renversée pour la posture de mobilité motorisée orientée

métropole. Prendre conscience de l'impact de l'autosolisme / problème des transports.

- *L'étape 2* incite l'automobiliste orienté à comparer la liberté réelle et l'image procurée par les modes alternatifs (percevoir, s'ouvrir aux autres modes).
- *L'étape 3* accompagne la personne à évaluer les différents modes.
- Enfin, la dernière étape vise à accompagner la personne à expérimenter / changer de comportement : essayer un nouveau choix, réaliser que des trajets exceptionnels peuvent se faire autrement.

J'ai conçu des « actions / outil » pour chaque étape. Par exemple deux actions sont proposées pour l'étape 3 :

Animation d'ateliers donnés en pleine rue : conseils style vestimentaire / itinéraires zen évitant de transpirer / conduite sécuritaire – Conseils forme pour entretenir le corps à vélo, par étapes. Cet atelier, proposé en pleine rue, aide l'automobiliste à prendre conscience des avantages du vélo : combattre la sédentarité / faire du sport en rentabilisant le temps des déplacements / économiser le prix / temps des loisirs sportifs.

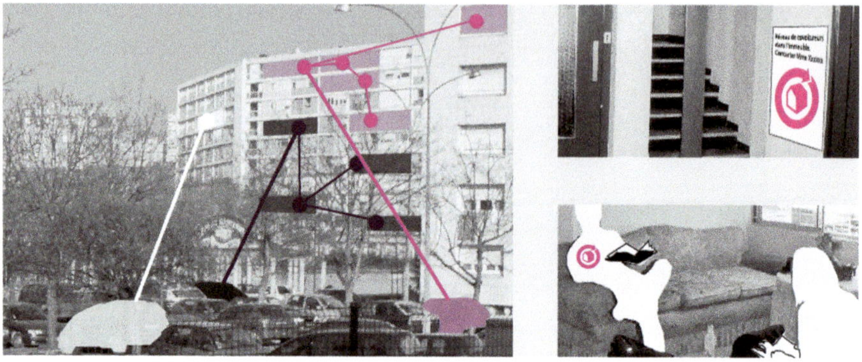

Fig. 14.3 (gauche)
Un Atelier / cours vélo : « forme et style » ou Vélo TRANS-SPORT

Fig. 14.4 (droite)
Un système de covoiturage en « réseau de confiance »

Une action proposée aux habitants du quartier du Petit Nanterre. Ce système est animé par des personnes ressources inactives et en recherche d'autonomie, membres de l'association, et supervisé par Voiture&co. Ce système permet aux personnes d'évaluer les avantages du covoiturage :

- Diviser le budget essence / profiter du confort habituel en supportant moins de bouchons et en générant moins de pollution.
- Troc de service sur présentation de la carte membre : bons essence ou lavage auto gratuit etc.

L'effet indirect de ce système est de favoriser l'insertion des publics du Petit Nanterre (rôle de personne ressource) et de faire tomber un *a priori* fort chez les jeunes publics (recherche d'emploi = possession du permis de conduire et surtout d'un véhicule)

La première action a été mise en application sur les trois secteurs. La deuxième a fait l'objet d'une étude de faisabilité notamment juridique.

COMMENT AVEZ-VOUS INTÉGRÉ CE QUE VOUS AVEZ FAIT À L'ENSCI À CETTE EXPÉRIENCE «USAGE»? POURRIEZ-VOUS DÉCRIRE LE LIEN QUE VOUS AVEZ RÉUSSI À FAIRE ENTRE LA MÉTHODOLOGIE ET LE TRAVAIL DE DESIGNER ET COMMENT CELA S'EST TRADUIT ENSUITE DANS VOTRE MANIÈRE DE TRAVAILLER ?

Durant les 4 années à l'ENSCI, je traitais les projets toujours avec un angle « usage » plus que « design ». Au bout de 4 années d'études en design j'ai décidé de travailler en étude d'usages et donc de travailler en amont du design produit pour orienter la conception de services innovants centrés sur l'usager. Je ne fais plus de design produit par contre j'utilise ma formation, la créativité et l'intuition du designer pour :

- Concevoir des outils de transmission des données usages aux designers ;

- Créer un langage commun ;
- Nourrir la créativité et orienter / diriger les designers dans la formalisation des axes d'innovation issus de mes études d'usages et de mes plans d'actions (essentiellement « creative design » : dessin, illustration, graphisme, scénario d'usage et image de synthèse). En fait je suis garante de la tenue du « cahier des charges usages » tout au long du processus design.

Aujourd'hui « usage » et design sont très liés. La réussite du projet dépend du dialogue entre les deux tout au long du projet. En ce sens si le design et l'usage se complètent, je pense qu'il n'est pas possible qu'une seule personne fasse à la fois l'étude d'usages, l'identification des axes d'innovation et le design de service ou de produit. Une personne ne peut en même temps veiller au respect des contraintes usages tout en ayant la liberté nécessaire à la création. En même temps, le designer par son acte créatif, apporte une liberté à l'enquêteur usage qui permet à ce dernier de rebondir, de détourner ou de transférer les solutions design pour les faire répondre avec précision aux besoins usages.

Pour que chacun préserve la qualité de son intervention et celle de l'autre dans le projet, les rôles doivent être bien définis : chacun des deux acteurs « usage » et « design » doit garder l'essence de sa compétence (pour l'usage, l'écoute et l'analyse et pour le design, la créativité et l'intuition.)

COMMENT SONT PERÇUS LES AXES D'INNOVATION PAR LES COMMANDITAIRES ?

Indirectement par son caractère micro-qualitatif, et dans certains cas participatif, cette approche permet au commanditaire de renforcer son ancrage sur son (ses) secteur(s) cible(s), de tisser ou d'enrichir ses liens. Aussi cette approche facilite l'échange / le dialogue aussi bien en interne qu'avec les acteurs et les publics participant aux entretiens et aux validations.

La présentation des résultats de l'étude sous forme de plan d'actions et de cahier d'avant-projet est très rassurante pour le commanditaire. Souvent ce dernier ne sait pas vraiment appliquer les recommandations sans piste tangible, formalisation, illustration, début de matérialisation. Les recommandations formalisées lui permettent de mieux évaluer la faisabilité / viabilité des projets.

Exemple d'élément d'avant-projet : Système de téléphonie par Virginie Peron, Jean-Marc Vainaux, Jérémy Bataillou / Lara Mariton. Un projet Téoùlà présenté avec la méthodologie de la cartographie renversée à l'exposition Dyson en 2002 à Paris.

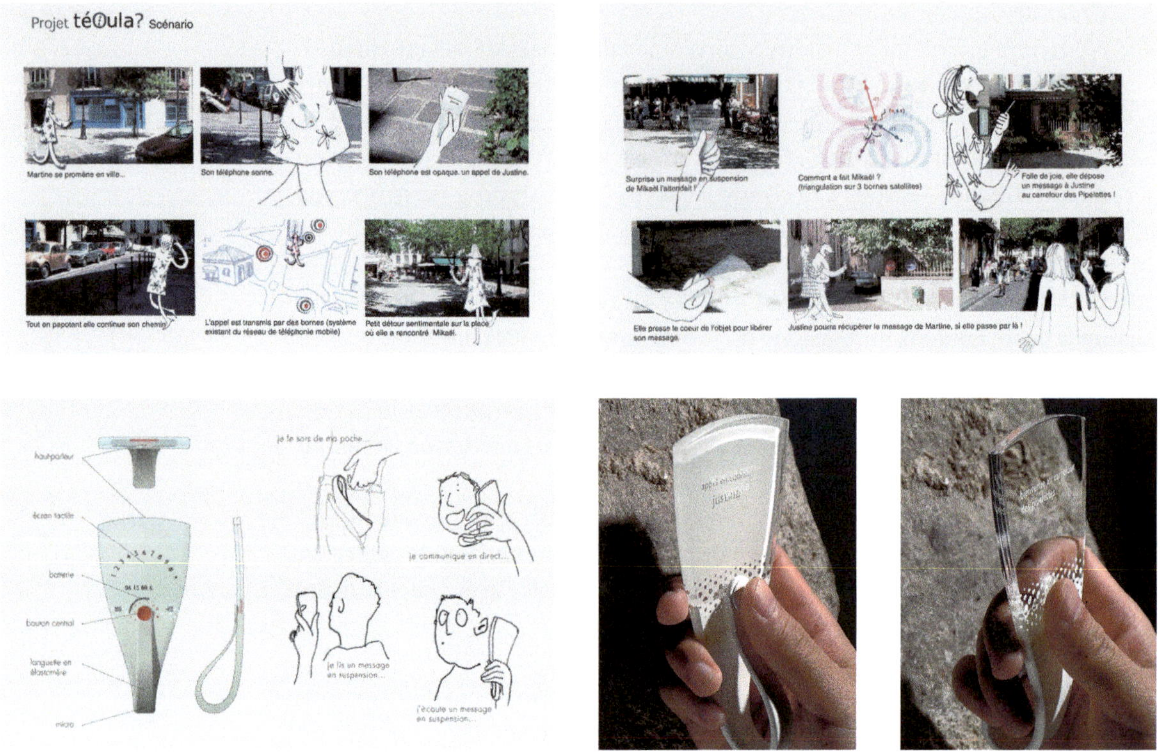

Fig. 14.5
Extrait du projet « Téoùlà » 2001 / Lara Mariton : Système de téléphonie Virginie Peron, Jean-Marc Vainaux, Jérémy Bataillou

La situation de mobilité est souvent inadaptée aux échanges affectifs : non-respect du rythme de l'autre, ubiquité... Ceci dit, l'échange direct en situation de mobilité présente des points positifs : immédiateté, urgence, sécurité... Tout en conservant cette mobilité, nous avons donc décidé que le lieu pouvait devenir un dénominateur commun aux interlocuteurs pour les placer sur une même « longueur d'onde ». En complémentarité à l'échange direct, nous proposons une nouvelle façon de communiquer, centrée sur un lieu. L'idée est de venir « suspendre » un message dans un lieu précis, à destination d'une ou plusieurs personnes qui ne pourront recevoir ce message que dans ce même lieu (projet TéOULA 2001).

NOTES

1. « La méthodologie de la cartographie renversée » a fait l'objet d'un mémoire intitulé « l'expérience de la distance » rédigé sous la direction d'Alain Findeli et présenté à la soutenance de diplôme en séance publique le 4 juillet 2001 ainsi que la totalité de la méthode et des quatre projets qui en sont issus.

15

Une carte des usages pour bâtir des stratégies de designs innovants

1. INTRODUCTION

L'innovation est un moyen incontournable pour les entreprises de se démarquer de leurs concurrents. La recherche de la productivité et de la qualité sont des visions qui ont vu le jour dès l'après-guerre. Depuis quelques années, la concurrence est passée d'une dimension régionale à mondiale. L'entreprise doit maintenant être capable d'enrichir continuellement son offre de produits innovants et de concepts nouveaux de qualité. En effet, *« si l'on n'entreprend rien de résolument nouveau, si l'on ne crée pas sans relâche une « matière disponible diversifiée », on se trouve dépourvu du fonds à partir duquel on pourrait sélectionner les meilleurs produits ou services pour s'adapter rapidement à un marché qui change à toute vitesse »*[1].

Par ailleurs, l'innovation est un phénomène transversal et pluridisciplinaire, combinant les fonctions R&D, marketing et design et sollicitant l'ensemble des acteurs et partenaires de l'entreprise[2] (Musso et al., 05). La transversalité est un moyen pour l'entreprise de rationaliser ses produits, de réduire les coûts de développement mais aussi de favoriser l'émergence d'innovation par la fertilisation croisée des connaissances des multiples services de l'entreprise.

A l'opposé du déterminisme technique [3] qui est sans aucun doute la thèse qui a le plus influencé l'organisation des activités de conception industrielle, de nouvelles voies se développent, de type constructiviste [4]. Parmi ces voies nouvelles, on trouve les études d'usages qui permettent d'articuler les liens entre la technique et la société. Au départ, il y a le constat que les objets et leurs usages évoluent selon différentes vitesses. Cette dualité entre la technique et les évolutions sociales des activités des hommes peut et doit être source de futurs nouveaux. Les études d'usages permettent de nouvelles formes de compréhension du marché et surtout apportent une connaissance et une compréhension fine des clients et des utilisateurs pour innover.

En ces temps de profondes évolutions technologiques, tout le monde admet qu'il devient nécessaire de *«penser les usages»* [5]. Mais comment structurer le processus d'innovation par l'usage et le systématiser pour innover de manière durable ? Comment explorer et structurer les données et connaissances sur l'usage pour générer des innovations de manière répétée au sein de l'entreprise et conduire des stratégies d'innovation ? Comment les usages permettent-ils à une entreprise de se démarquer sur le marché ? Ou plutôt, comment les usages et la connaissance des utilisateurs peuvent devenir des clefs de lecture d'axes stratégiques d'innovation pour les entreprises ?

Dans ce chapitre, nous tentons de répondre à ces questions à travers l'analyse simple d'un cas de conception d'un outil à main. Dans un premier temps nous expliquerons en quoi l'analyse des usages doit être abordée sous une approche duale, à la fois globale et locale, pour la définition de designs innovants et cohérents pour l'utilisateur. Nous proposerons, dans un second temps, la carte des usages comme outil d'exploration des usages, d'identification des trajectoires d'innovation et enfin facilitateur de créativité pour la recherche de concepts innovants.

2. L'USAGE : UN CHAMP DE CONNAISSANCE POUR L'INNOVATION

Pour toutes les entreprises qui placent l'innovation au cœur de leur stratégie, l'objectif est d'adapter son offre aux évolutions des comportements et des préférences des clients afin de capter plus facilement de la valeur et se démarquer plus radicalement de ses concurrents. C'est pourquoi les processus d'innovation tendent de plus en plus à être pilotés par la connaissance du client et de l'utilisateur. Un nouveau type d'organisation de la R&D voit le jour, celle qui met en place un processus itératif de création et de gestion de connaissances combinant les approches marketing et technologiques, en introduisant le client et l'utilisateur à bon escient au cœur même du processus d'innovation. Ces études placent l'observation des comportements des utilisateurs au départ de la créativité des concepteurs et designers. Elles permettent de définir de nouvelles fonctionnalités ou de nouveaux concepts au service des attentes des utilisateurs. C'est ce que l'on appelle l'innovation par l'usage. Le terme « usage » rassemble un ensemble de significations orientées vers les pratiques et comportements des utilisateurs.

L'observation, l'analyse et la compréhension des usages permettent d'appréhender les attentes et désirs des utilisateurs en interaction avec le produit, généralement difficiles à verbaliser par l'utilisateur et non évidents à détecter par ce moyen d'expression[6]. L'observation de l'objet dans son rapport avec l'utilisateur permet de comprendre les logiques d'action, c'est-à-dire les intentions de l'utilisateur. Sur l'étude des usages, deux problématiques majeures ont été identifiées par Branguier[7] :

- Connaître de quel usage on parle. C'est la question du « quoi »,
- Disposer de méthodes pour modéliser cet usage. C'est la question du « comment faire ».

En effet, l'objectif de cette démarche, grâce à son approche analytique des comportements des utilisateurs, est de connaître les modèles implicites derrière les actes et les dires des usagers, mais selon plusieurs points de vue (différents acteurs peuvent interpréter les usages : ergonome, sémiologue, ethnologue, marketeur...). Il s'agit donc de devenir « interprète d'un monde », autrement dit de tenter de comprendre les logiques de l'utilisateur dans son contexte d'utilisation et d'usage.

Or, les comportements des utilisateurs sont complexes, multidimensionnels[8] et nécessitent de mettre en place des outils d'aide à la lecture et à la compréhension de ces comportements.

3. NÉCESSITÉ D'UNE APPROCHE GLOBALE / LOCALE : LE CAS DU TOURNEVIS DANS LES GARAGES AUTOMOBILES

Lorsque l'on s'intéresse aux usages des objets, la première difficulté réside dans le fait qu'ils sont utilisés dans de multiples activités par diverses catégories d'utilisateurs. Il existe non seulement une hétérogénéité des utilisateurs, mais aussi une hétérogénéité des situations. Un raisonnement par la fonction de l'objet, visser ou dévisser avec un tournevis par exemple, nous amène fatalement à ne voir qu'un objet et à confondre les différents environnements sans contextualiser les pratiques d'utilisation. En fait, il faut sortir de la fonction pour comprendre pourquoi l'utilisateur ne fait jamais ce que l'on lui a dit de faire lorsqu'il utilise un produit.

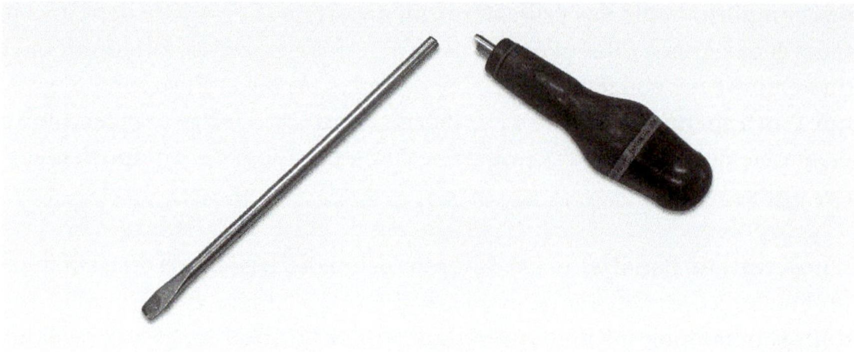

Fig. 15.1
Tournevis utilisé pour séparer des pièces mécaniques d'une automobile

Dans le domaine des outils à main, les utilisateurs manipulent les tournevis, non seulement pour visser et dévisser mais aussi pour écarter des plaquettes de frein ou écarter des pièces mécaniques. Dans certains cas, l'outil peut casser lors de cet usage (Figure 15.1).

Cette prise de recul dans l'observation amène à comprendre les buts poursuivis par les utilisateurs, leurs intentions dans le cadre de leur activité de travail ou d'utilisation. Et donc, au final, ce qui est le plus important : leurs attentes et désirs.

Les usages s'observent donc à différents niveaux. Dans un garage automobile, on regardera aussi bien le contexte global que d'un point de vue local la manière de ranger les outils ou de les prendre en main. Il y a de multiples regards sur les usages. Ces différents regards sont complémentaires et liés les uns par rapport aux autres (Figure 15.2), le contexte global influençant le contexte local de l'utilisation d'un outil.

Dans le cas du tournevis cassé, l'usage a été effectivement détourné. Et tout détournement correspond à l'expression d'un besoin de l'utilisateur. En effet, l'utilisateur a utilisé le tournevis pour réaliser une opération réalisée normalement avec un outil spécifique. Or, dans les milieux de maintenances mécaniques, les utilisateurs préfèrent utiliser l'outil immédiatement accessible (le tournevis qui est toujours présent) plutôt que l'outil spécifique généralement partagé avec ses collègues et qui se trouve au delà du périmètre des outils instantanément mobilisables pour l'action (au fond du garage automobile).

De plus, les outils à main sont utilisés dans des contextes différents. Un tournevis est aussi bien utilisé par un électricien sur un chantier de construction que par un mécanicien de maintenance automobile ou bien un mécanicien de maintenance sur une chaîne de montage industriel. Les environnements dans lesquels s'inscrivent les activités sont différents (Figure 15.3) ; par exemple entre un garage automobile où les tournevis sont salis par les

Fig. 15.2
Les multiples niveaux d'observation dans un garage automobile

Fig. 15.3
Différents contextes d'usage d'un tournevis.
A gauche : chantier
A droite : garage automobile

graisses, solvants et huiles, une cellule de maintenance électrique d'une usine ou pour un artisan sur un chantier de rénovation. L'intérêt de ce positionnement sur l'approche Usage est de pouvoir contextualiser les informations sur l'usage afin d'aider à la construction des modèles d'interprétation et identifier précisément les buts ou motivations poursuivis par l'utilisateur dans le cadre de son activité d'utilisation.

Afin d'aborder la complexité et la globalité des usages, nous préconisons conjointement une approche Locale (Micro) et une approche Globale (Macro) des usages ; ceci afin de prendre en compte l'ensemble des dimensions d'interaction concourant aux comportements réels de l'utilisateur et d'explorer de nouvelles voies d'innovation. Nous appellerons cette approche l'approche « glocale ».

La seconde difficulté dans le domaine des usages est bien de rendre intelligible la réalité observée pour innover. L'objectif de ces analyses à la fois globales et locales est de proposer une interprétation cohérente de la réalité. Cette interprétation nécessite de multiples informations. Trouver ce que l'on appelle « les observations clefs »[9] est rendu plus complexe par la diversité des situations rencontrées dans les milieux de maintenance mécanique. L'innovation par l'usage doit permettre de systématiser la mise en évidence d'usages pertinents par l'observation. Pour cela, nous proposons de construire une carte qui permet de positionner / représenter l'étendue des connaissances sur les usages. L'intérêt d'une carte est de se repérer. L'objectif de notre carte des usages est d'évaluer et de mesurer l'importance des différents niveaux d'observation afin de déterminer les buts ou motivations poursuivis par l'utilisateur derrière les usages observés et d'identifier les voies usages les plus pertinentes pour innover.

Ainsi nous pouvons passer du « quoi » des usages (« le tournevis est cassé »), au « comment » des usages (« les utilisateurs utilisent les tournevis pour écarter les plaquettes de freins car l'outil spécifique n'est pas immédiatement accessible ») pour déterminer le « pourquoi » de ces comportements par intégration des différents modèles d'interprétation des usages locaux. Cette dernière étape est indispensable à toute innovation pertinente : ce n'est pas parce que les utilisateurs utilisent un tournevis comme un burin ou comme un levier qu'il faut leur donner un levier et un burin ou fabriquer des tournevis plus solides. Tant que l'on ignore les buts et motivations des utilisateurs, on est incapable d'innover de manière pertinente.

Dans le cas du tournevis, l'observation permet de rendre compte du « pourquoi » les utilisateurs cassent leur tournevis et permet d'offrir des perspectives nouvelles pour l'innovation. En soi, le fait que les tournevis puissent

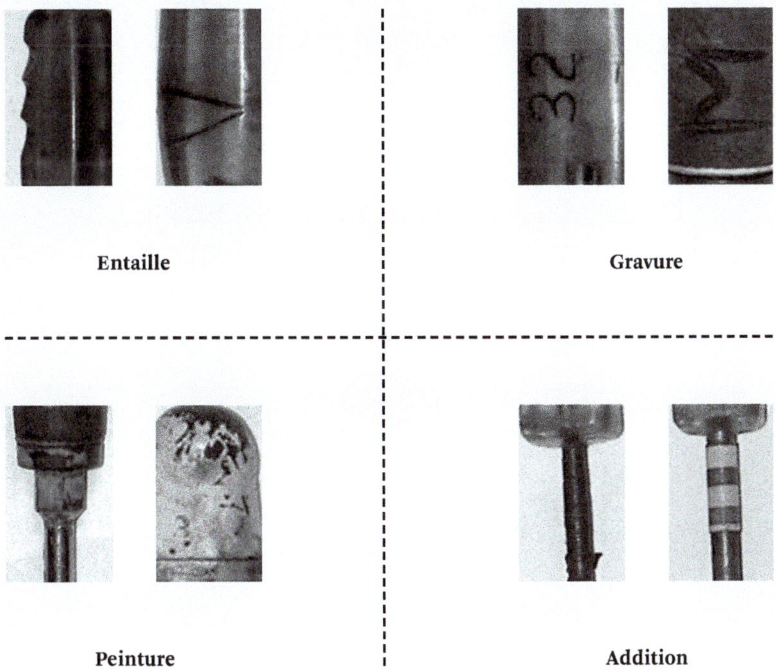

Fig. 15.4
Différentes formes de personnalisation des manches de tournevis

casser soulève une question clef. En l'occurrence, les traitements thermiques (comme le trempage pratiqué sur les lames de tournevis) devraient en principe permettre à la lame du tournevis de ne pas céder. Les trempages sont conçus de manière à ce que la lame se torde sans casser (en raison des graves problèmes de sécurité engendrés par la casse d'une lame de tournevis lors de son usage).

L'observation clef est la suivante : dans les garages automobiles, les utilisateurs personnalisent leurs outils (Figure 15.4) afin de toujours pouvoir retrouver le leur en cas d'emprunt par un collègue, une pratique très courante que l'on retrouve dans tous les milieux de la maintenance mécanique. Ne plus avoir d'outil, c'est être condamné à ne pas pouvoir réaliser son travail.

La personnalisation des outils peut prendre différentes formes comme la gravure, l'ajout d'élément signifiant comme le scotch de couleur ou bien l'utilisation de peinture pour changer la couleur du manche ou de la lame. Ces personnalisations sont généralement indélébiles afin de toujours pouvoir retrouver ses outils, même volés.

Dans le cas du tournevis cassé, la lame a cédé, non pas en raison de l'usage détourné (utiliser le tournevis comme un levier) de l'objet qui avait été prévu,

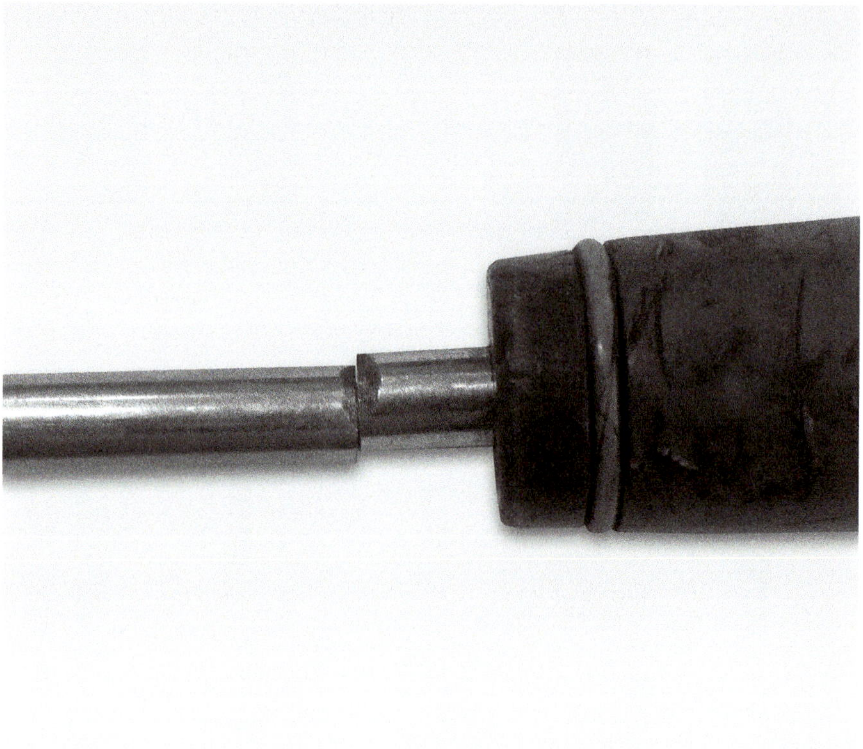

Fig. 15.5
Marque de personnalisation sur une lame de tournevis

mais en raison d'une marque de personnalisation (Figure 15.5) : le propriétaire a volontairement incisé le tournevis à la meule. Il est significatif de comprendre que le souci de la personnalisation passe avant toutes considérations de sécurité. Elle se fait dans l'instant, au moment même où l'objet peut ou va être perdu (juste avant de prêter son outil ou après un emprunt occasionnant un manque important pour l'utilisateur).

L'exemple du tournevis permet de saisir l'importance de l'étape du « pourquoi » des usages. C'est seulement après cette analyse que nous serons en mesure de proposer des solutions nouvelles acceptables et innovantes pour les utilisateurs. On comprend qu'atteindre ce niveau d'abstraction et de conceptualisation des problématiques des utilisateurs est très puissant pour que les données issues des Sciences Humaines et Sociales (SHS) entrent dans une dimension créatrice de valeur pour l'entreprise.

Mais il existe aujourd'hui peu de cadre référentiel pour organiser la recherche des « quoi » des usages et déterminer les observations pertinentes, sources d'innovations. Pour analyser l'usage dans le but de concevoir, les Sciences Humaines et Sociales n'ont guère de repère conceptuel, ni de référentiel permettant d'agir collectivement dans le processus de conception. Dans le domaine des outils à main, il n'existe pas de modèle permettant d'aborder la conception d'un nouvel outil sous l'angle des usages de manière à la fois globale et locale en amont des processus de conception.

4. UNE CARTE DES USAGES POUR STRUCTURER UN PROCESSUS ET ÉTABLIR DES STRATÉGIES D'INNOVATIONS

Il est nécessaire, pour les industriels, d'optimiser leur processus de développement afin de réunir efficacement les connaissances de l'entreprise afin de faire émerger les produits rapidement, de cibler au mieux les innovations pertinentes générant de la valeur financière et de systématiser cette approche dans un contexte d'innovation intensive. L'objectif n'est pas, en effet, d'innover à tout prix, de manière disparate et opportuniste, mais d'initier et entretenir un processus d'innovation permettant de proposer des offres pertinentes et efficaces du point de vue de l'entreprise et de l'utilisateur. L'objet de la carte est double :

- Permettre la détection systématique des observations pertinentes pour innover
- Permettre de bâtir des stratégies de designs innovants en prenant appui sur les connaissances des usages au sein des organisations.

4.1 Les trois niveaux de la carte des usages d'évalutation du concept

Ce travail sur les usages des outils à main nous amène à distinguer trois niveaux d'observation des usages.

Le niveau habitudes sociales / sociétales

A ce niveau, nous regroupons les faits de type social que l'on retrouve dans les milieux de travail et directement liés aux problématiques larges du travail manuel avec outils. Ces faits sont généralement considérés par les industriels comme étant des mauvaises utilisations ou des mauvaises habitudes de travail. Ce niveau permet de mieux comprendre les logiques d'usage et de définir des critères d'acceptabilité comme par exemple les comportements à risque, la création / modification des outils et la personnalisation de ceux-ci comme nous l'avons vu précédemment sur l'exemple du tournevis.

Le niveau environnement d'utilisation

Ce niveau se focalise sur les spécificités de l'environnement d'usage dans lequel l'outil est utilisé. Ce niveau permet de contextualiser et de spécifier les environnements dans lesquels les outils sont manipulés. Par exemple, dans le cas des tournevis, nous pouvons identifier deux grandes catégories d'environnement dont les spécificités influencent de manière très forte la conception de ceux-ci :

15

- Les environnements où les mains des utilisateurs sont grasses et abrasives, du fait des caractéristiques des métiers de la maintenance mécanique : garage automobile, industrie.
- Les environnements où les mains des utilisateurs sont sèches et poussiéreuses, du fait des caractéristiques de l'activité de l'entreprise : bâtiments, construction, rénovation.

Le niveau gestes et manipulations.
Le niveau gestes permet de traduire, grâce à l'utilisation de matrice d'usage, l'ensemble des prises en main réalisées effectivement par l'utilisateur dans le cadre de son activité d'utilisation. Une matrice d'usage réunit l'ensemble des gestes pouvant être effectués pour manipuler un tournevis en fonction du contexte d'usage. Cette matrice identifie les différentes zones du tournevis sur lesquelles sont pratiqués ces gestes.

Ces trois niveaux permettent d'établir une première échelle pour notre carte à l'intérieur du continuum de niveaux d'observation, du local au global (Figure 15.6).

Fig. 15.6
Les trois niveaux de la carte des usages

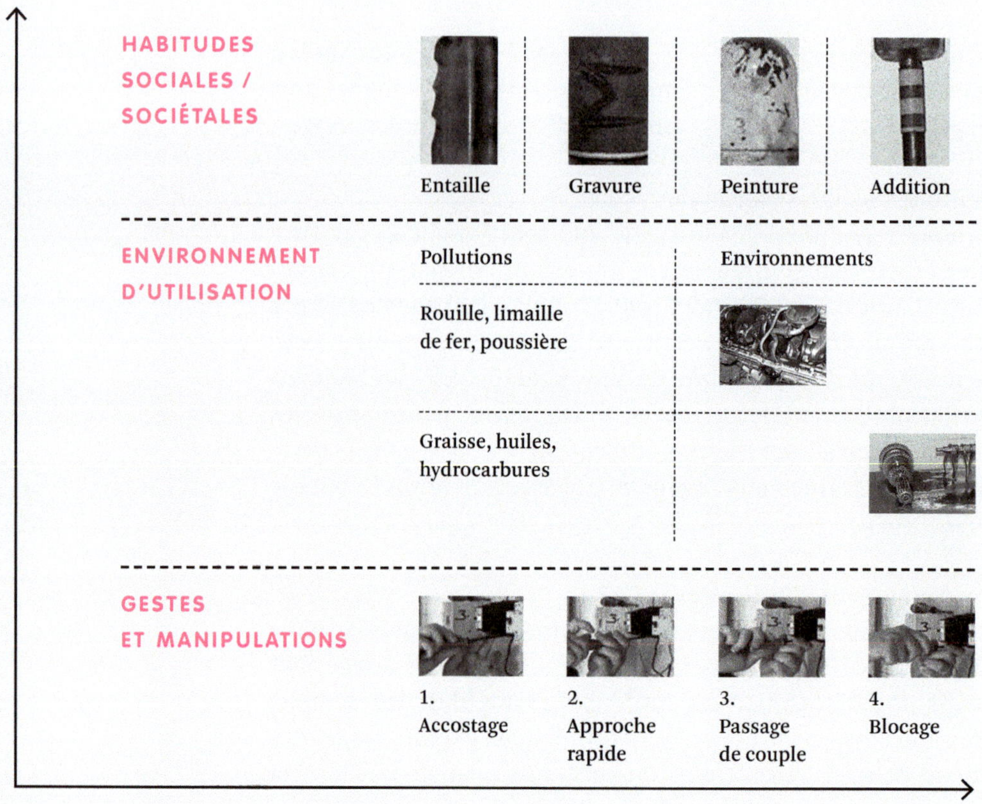

4.2 Une carte pour définir des stratégies d'exploration des usages et de R&D

UNE CARTE DES USAGES POUR BÂTIR DES STRATÉGIES DE DESIGNS INNOVANTS

Dans le contexte de l'innovation industrielle, nous proposons de poser en abscisse de la carte les contextes d'usage des outils à main correspondant aux marchés des fabricants d'outils à main. Ces trois niveaux correspondent aux différents contextes d'utilisation des tournevis et aux différents marchés convoités par les industriels fabricants d'outils à main :

- Le marché de l'Industrie regroupant l'ensemble des activités de maintenance industrielle (garage automobile, carrosserie, maintenance, installateur...)
- Le marché du Bâtiment regroupant l'ensemble des activités de construction et rénovation (électriciens, plaquistes, peintres, maçons...)
- Le marché du DIY (« Do It Yourself » : « fais-le-toi-même ») qui représente le marché Grand Public et comprenant les activités de bricolage.

Plusieurs stratégies d'innovation peuvent guider l'utilisation de la carte :

Générer un regard transversal (Figure 15.7) sur les problématiques des outils entre les experts produits de l'entreprise. Cette approche suppose la génération de collaboration interdisciplinaire entre les experts de l'entreprise,

Fig. 15.7
Regard transversal sur la carte

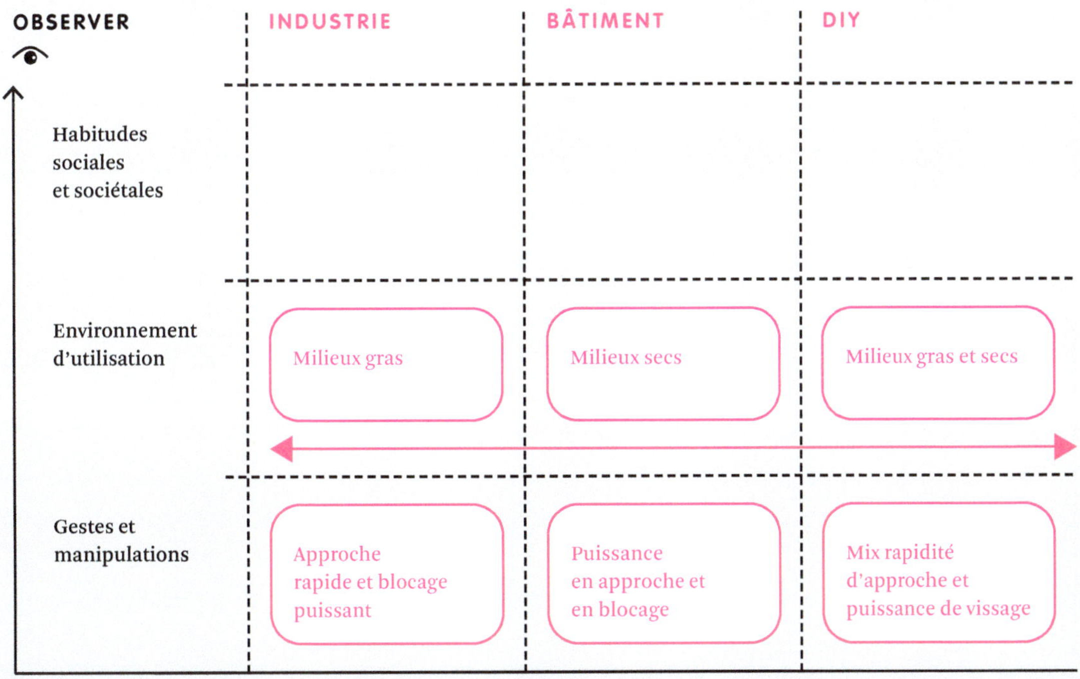

la création de lieux de collaboration, d'outils méthodologiques et surtout de thématiques de travail (l'éclairage dans les activités de maintenance, les outils universels de serrage, le problème de l'accès à l'énergie).

Ainsi, dans le cas du tournevis, ce regard permet d'aborder la question de la différenciation des matières suivant les différents environnements d'utilisation. Un milieu gras nécessitera une forme et une matière de tournevis, pour un vissage performant, différent de celui qui sera utilisé dans un milieu sec ou poussiéreux. Soit une différenciation marketing formulera une distinction de gamme suivant les environnements professionnels, soit une étude R&D permettra de déterminer une forme et une matière permettant une performance de vissage quels que soient ces milieux. De plus, des matières absorbantes pourraient également répondre en partie au problème.

Générer un regard vertical (Figure 15.8) sur des produits ou gammes de produits spécifiques : les tournevis, les clefs, les extracteurs, etc. Cette vision oblige à focaliser le travail des groupes de créativité sur les différents niveaux de la carte d'exploration et d'observation des usages, excepté si une vision stratégique (ce que peut donner une veille des produits de la concurrence) confirme l'intérêt de travailler sur un niveau particulier.

Fig. 15.8
Regard vertical sur la carte

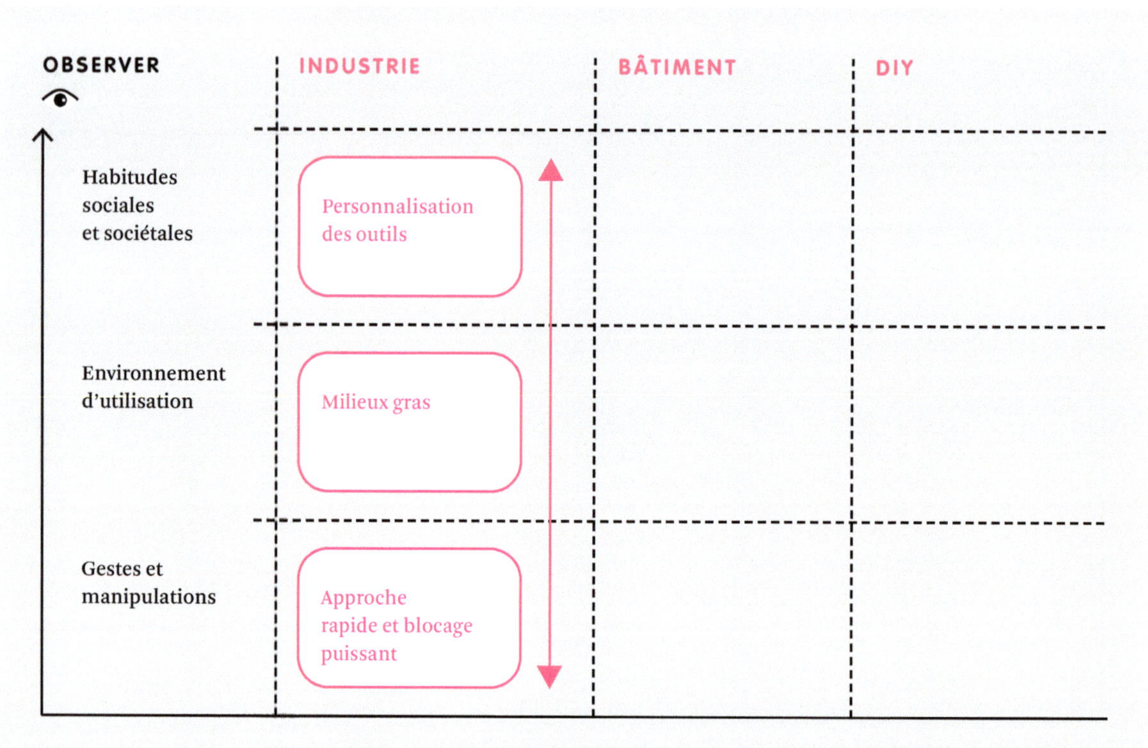

Dans le cas du tournevis, le fait de s'intéresser particulièrement à un marché ou à un environnement d'utilisation permet de spécialiser celui-ci pour un métier. Dans le cas du tournevis sur le marché Industrie, ses caractéristiques seront spécifiques et nécessiteront des développements particuliers. Par exemple, sur le niveau gestes et manipulations, le caractère spécifique du vissage de vis avec pas filetés (contrairement au milieu Bâtiment où les vissages se réalisent avec des vis auto-taraudeuses nécessitant beaucoup de puissance) autorise la réflexion créative à imaginer de nouveaux types d'outils. Ces tournevis seraient hybrides entre une visseuse dévisseuse et un tournevis manuel. En effet, la maîtrise de la phase de blocage est essentielle pour un serrage mécanique sain. Pour un électricien industriel, la réussite de son travail (la connexion de câble par exemple) passe par un serrage ajusté des fils de cuivre : trop serrés, ils cassent ; pas assez serrés, la connexion est mauvaise. La maîtrise du serrage final est essentielle : elle est l'objet des savoir-faire et compétences de ces métiers.

Travailler sur un niveau particulier peut permettre un avantage concurrentiel si le marché n'a jamais proposé de réponse à ce niveau (cas de la personnalisation des outils). En ce sens, l'utilisation particulière de la carte peut être stratégique.

Cette approche focalisée sur une catégorie métier suppose également de s'intéresser à d'autres technologies qui offrent aujourd'hui des solutions pour répondre aux problématiques des utilisateurs. Ainsi, s'intéresser à d'autres technologies permet de garder un avantage concurrentiel sur des produits, comme les tournevis, où les technologies arrivent à maturité et sont accessibles à tous.

Parallèlement, les perspectives que proposent les technologies électroniques dans le domaine des outils génèrent une tendance à la multiplication d'outils dépendant de l'énergie électrique. Cette tendance pose d'emblée des problèmes d'usage auxquels les industriels doivent répondre afin de rendre ces innovations technologiques acceptables dans le cadre des activités de travail des utilisateurs. En effet, la multiplication des outils énergisés de type « cordless » (sans fil) pose des problématiques transversales d'accès aux sources d'énergie pour leur utilisation dans les environnements de travail. Les batteries ne permettent pas aujourd'hui une utilisation intense de l'outil sans recharge régulière. Des solutions innovantes doivent voir le jour pour gérer la disponibilité de l'énergie, notamment dans les environnements d'activités déportées (réparation itinérante, chantier en phase gros œuvre…).

Pour l'industriel, ce type d'approche permet de focaliser son attention sur plusieurs points : l'anticipation des demandes des clients, l'optimisation et la rationalisation du processus de développement, l'innovation ciblée et pertinente pour générer de la valeur pour l'entreprise, l'optimisation des ressources pour la conception, une avance concurrentielle sur des thématiques d'usage comme le transport des outils, l'alimentation en énergie des outils énergisés dans les activités de maintenance, etc.

5. CONCLUSION : L'EXPLORATION CRÉATIVE PAR LA CARTE DES USAGES

La carte des usages est un outil qui aide d'une part à la recherche d'innovations pertinentes et génératrices de valeur pour l'entreprise et d'autre part à optimiser les processus de conception / développement en utilisant

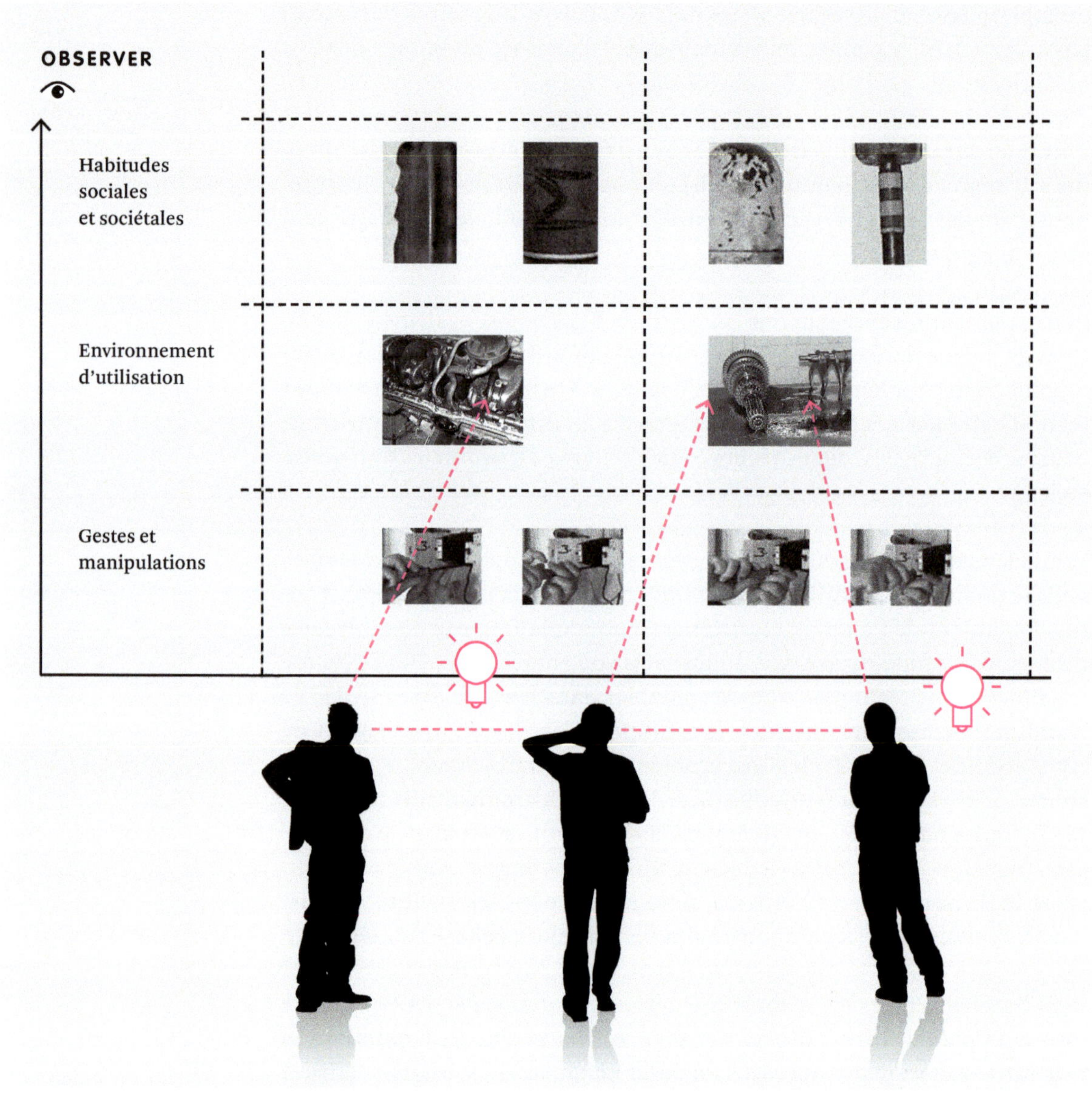

Fig. 15.9
Émergence de solutions par des séances de créativité autour de la carte des usages

les compétences et moyens de l'entreprise afin d'assurer un flux optimisé des informations utilisateurs dans le but d'innover. La carte des usages est un outil pour rechercher de l'innovation pertinente et génératrice de valeur pour l'entreprise. C'est aussi un outil pour optimiser les processus de conception / développement en utilisant les compétences et moyens de l'entreprise afin d'assurer un flux optimisé des informations utilisateurs.

La carte des usages est utilisée pour réaliser des séances de créativité sur les problématiques particulières des utilisateurs. Cela permet de répondre au problème de représentation pluridisciplinaire de la réalité observée en créant une vision partagée d'une situation dans une première phase. Les usages étant multidimensionnels, c'est la confrontation des multiples regards des observateurs / acteurs de l'usage qui permet de reconstruire une réalité qui est morcelée par le cloisonnement des disciplines et l'éloignement de l'utilisateur du processus d'innovation. Concrètement, lors d'une séance de créativité, les participants (designer, marketeur, utilisateur et ergonome) sont amenés à adopter une posture créative pour identifier les parcours d'usage. La mise en évidence des parcours d'usage et la séance de créativité permettent de transformer la carte d'observation des usages en une carte d'exploration d'innovation (Figure 15.9). Ainsi, la carte d'observation des usages permet de faire entrer le groupe de créativité dans une phase d'appropriation convergente des problématiques d'usage rencontrées sur le terrain. Ensuite, la créativité amène le groupe dans une phase de divergence où sont produites de nombreuses idées innovantes répondant aux problématiques d'usage identifiées précédemment.

De part ses différents niveaux, la carte des usages génère une prise de recul sur les problèmes locaux et favorise la génération de réponses créatives nouvelles. Dans le cas du tournevis, il peut s'agir de solutions sur le choix des matières avec de nouvelles propriétés, de nouvelles fonctionnalités mais aussi de nouvelles approches marketing pour la vente des produits.

Notre démarche de conception collective innovante par l'usage, à l'interface entre le marketing et la R&D, couplée à la carte des usages, a pour but de recentrer la recherche de solutions, non pas uniquement vers la technologie, mais sur ce qui fait l'identité de l'entreprise, à savoir la connaissance fine de l'utilisateur. Suivant le type de projet et le niveau d'innovation attendus, la carte d'exploration des usages permet d'identifier les expertises nécessaires sur la thématique des usages et de piloter des études particulières auprès des spécialistes de l'entreprise. Elle structure par ailleurs les raisonnements sur les usages et limite les incohérences de conception ; prendre en compte les trois niveaux d'observation pour concevoir de manière pertinente des outils à l'usage de l'homme.

Les méthodologies développées dans le cadre de cette recherche permettent d'orienter stratégiquement (le « quoi » et le « où » des usages) et de piloter (organiser les équipes d'exploration des usages, le « qui ») les équipes pour l'identification des attentes et désirs des utilisateurs. Notre approche se situe au niveau de l'ingénierie de l'innovation, et nous sommes donc au cœur du R.I.D. (Recherche, Innovation, Développement), tel que défini par les travaux du Centre de Gestion de l'École des Mines de Paris [10]. Par ailleurs, elle rejoint les jalons définis par l'approche des trois épreuves de l'Innovation (chapitre 4), méthode développée au sein du CEA-LETI.

NOTES

1. Peters, T. 1998. *L'innovation, un cercle vertueux*. Paris : Village mondial.
2. Musso, P., Ponthou, L., and Seulliet, E. 2005. *Fabriquer le futur, l'imaginaire au service de l'innovation*. Paris : Village Mondial.
3. « Le déterminisme technologique est ce courant de pensée de la sociologie des techniques qui suppose que la société n'influence pas la technique : la technique tire son évolution d'elle-même ou de la science. Dans cette mouvance, c'est la technique qui influence la société, et pas l'inverse. Le déterminisme technologique s'oppose au déterminisme social pour lequel les structures sociales déterminent unilatéralement les contenus et les formes des objets et dispositifs techniques. Le déterminisme technologique est fortement remis en cause par les avancées de la sociologie des techniques (Vinck, D. 1995. *Sociologie des sciences*. Paris: Armand Colin).
4. Le constructivisme, théorie de l'apprentissage, suppose que les connaissances de chaque sujet ne sont pas une simple « copie » de la réalité, mais une « (re)construction » de celle-ci. La compréhension, constamment renouvelée, s'élabore à partir des représentations plus anciennes d'événements passés, que le sujet a d'ores et déjà « emmagasinées » dans son vécu: c'est le phénomène de restructuration conceptuelle à travers ses expériences. Ces approches permette l'apprentissage par l'expérience et facilite la découverte.
5. Striegler, B. 1997. Perspectives : relations entre besoins, attentes et usages. Évolution des usages et croissance. Forums France Télécom Recherche. *Mémento 10 : 10.*
6. Leonard-Barton, L., Dorothy, E., Wilson, E., and Doyle J. 1993. Commercializing technology : imaginative understanding of users needs. *Sloan foundation conference on the future of research and development*. Boston, Harvard University.
7. Branguier, E. 2004. La boucle usage adaptation-reconception : l'usage comme intégration des points de vue de l'utilisation et de la conception. *39e congrès de la SELF. Ergonomie et Normalisation*. Pp. 535-543.
8. Vallette, T. 2005. Recherche d'un cadre conceptuel d'aide à la conception collective innovante par l'usage: proposition de l'outil « Glocal » pour la conception d'outils à main et des équipements de travail. Doctorat Génie industriel, ENSAM 2005ENAM0025. http://pastel.paristech.org/1886/
9. Voir le chapitre sur « Les trois épreuves de l'innovation » de cet ouvrage.
10. Hatchuel, A., Le Masson, P., and Weil B. 2002. De la R&D à la R-I-D. La construction des fonctions « Innovation » dans les entreprises. In : Colloque IPI, 28–30 janvier. Grenoble

16

Témoignage : La démarche de conception participative

ENTRETIEN AVEC JEAN CAELEN

QU'ENTEND-ON PAR DÉMARCHE DE CONCEPTION PARTICIPATIVE ET QUELS SONT LES ACTEURS ?

La conception participative est un processus collectif dans lequel les acteurs de la conception transforment collectivement un objet intermédiaire[1]. Les acteurs sont l'ensemble des ingénieurs / concepteurs du projet, des utilisateurs, des animateurs du groupe, etc. retenus pour leur compétence dans le projet.

QUELS SONT LES PRINCIPES DE LA DÉMARCHE DE CONCEPTIONPARTICIPATIVE ?

La conception participative utilise le paradigme « concevoir en faisant collectivement » et de manière centrée sur l'usage. L'objet intermédiaire qui n'est peut-être au début qu'une idée innovante, devient un concept puis une maquette virtuelle qui se concrétise au fur et à mesure de l'avancement de la conception et se transforme, en fin de cycle, en un prototype. Cet objet intermédiaire est à tout moment du cycle de conception, le point de focalisation (le topique) de la conception qui permet à chaque acteur de déployer ses pratiques et ses habiletés.

QUELLES SONT LES DIFFICULTÉS DE LA CONCEPTION PARTICIPATIVE ?

Deux problèmes essentiels sont à considérer dans un processus de conception de type collectif. Le premier est dû à l'existence des barrières sociolinguistiques entre différentes disciplines. Le second est le fait que les ingénieurs / concepteurs et les utilisateurs n'utilisent pas les mêmes moyens de communication ni le même niveau de connaissances. L'utilisateur communique presque exclusivement avec des mots tandis que les autres acteurs utilisent à la fois des mots mais aussi leur capacité d'expression technique. De ce fait, ils ont tendance à devenir dominants dans le groupe.

QUELLES SONT LES CONDITIONS DE RÉUSSITE D'UNE DÉMARCHE DE CONCEPTION PARTICIPATIVE ?

Pour mettre en place une démarche de conception participative :

- il y a lieu tout d'abord d'éliciter les connaissances et les pratiques des intervenants dans le processus de conception. Ces connaissances sont souvent de l'ordre du savoir-faire chez les ingénieurs, les pratiques étant issues d'une spécialisation sur le terrain. Il est donc nécessaire de procéder par étapes pour briser les barrières établies depuis de longues années entre les corps de métier et les spécialités. Pour cela un ensemble de moyens doit être mis en œuvre : bases de connaissances, moyens de communication, formations, outils de travail en groupe, outils de management, etc. Le cas le plus souvent cité de réussite de la méthode est celui de chaînes d'assemblage dans lesquelles les ingénieurs de production considérés ici comme utilisateurs et les concepteurs sont évidemment très proches.
- il faut ensuite fonder le processus d'acteurs sur (un) des objets intermédiaires. L'objet initial est peut-être simplement une « idée », tandis que l'objet final est le résultat du processus de conception donc normalement le « produit » ou le « service ». Le processus de conception s'arrête dès que l'objet intermédiaire final est réalisé, il accompagne les autres phases de prototypage, de développement, etc. Pendant le déroulement du processus, l'objet intermédiaire n'a pas encore d'existence concrète. Il peut être une maquette qui peut être purement virtuelle (concept mis en scène dans un environnement virtuel). Il est donc dans ce dernier cas, soit une construction imaginaire dans le monde de la pensée, soit une représentation graphique ou formelle de cette imagination. En d'autres termes, dans le contexte de la conception, l'objet intermédiaire est, soit une maquette matérielle, soit un concept, soit même une représentation de ce concept.

COMMENT INITIER UNE DÉMARCHE DE CONCEPTION PARTICIPATIVE ?

En amont de la mise en œuvre d'une démarche de conception participative, il est important de se poser les bonnes questions:

- De quel processus de conception parle-t-on (acteurs en présentiel ou à distance) ?
- Quelle est la gestion du processus la plus opérante (planifiée ou improvisée) ?
- Comment capitaliser les connaissances et les expériences des acteurs (en vue d'une réutilisation ultérieure) ?
- Comment s'affranchir ou même dépasser la mémoire (sélective) des acteurs (qui pose des limites dans un processus itératif étalé dans le temps) ?
- Comment canaliser le rôle et les jeux des acteurs (comment éliminer les influences ou la domination de certains d'entre eux) ?
- Quelle est la place des utilisateurs et comment les prendre en compte (à quel moment sont-ils le plus utile) ?
- Comment garder une place à l'éthique dans la conception et dans la prise de décision ?
- Comment concilier le dialogue, la tâche et l'activité de conception ?
- Quelles doivent être les bonnes pratiques (management, organisation, etc.) ?
- Quand doit-on s'intéresser à l'usage vs. au comportement d'achat dans le processus ?
- Quelles modélisations viser et pour quelles fonctionnalités dans le processus (acteurs, processus, connaissances) ?
- Que représentent et comment doit-on organiser les artéfacts (outils, représentations) ?

A ces grandes questions correspondent des solutions que la pratique en conception participative a su résoudre depuis maintenant une trentaine d'années en s'adaptant à chaque cas de terrain. Par exemple, il est essentiel de maintenir un niveau de connaissance approprié entre les acteurs (dans ce cas, l'animateur de la séance de conception traduit le vocabulaire utilisé par les ingénieurs pour les utilisateurs qui sont souvent néophytes, de manière à ce que des relations d'autorité ne s'installent pas entre eux) ou de maintenir des relations constructives entre eux (dans ce cas, l'animateur sera vigilant à ce que des relations de pouvoir ne s'installent pas). Ces deux exemples montrent que la pratique en conception participative ne peut s'improviser et qu'elle doit s'inscrire, pour être efficace, dans une approche générale de science humaine.

NOTES

1. Un objet intermédiaire ou artéfact désigne le produit d'un travail humain, transformation d'une ressource naturelle, doté ou non d'une matérialité.

17

Open innovation et approche par les usages : quelle proximité ?

1. UN NOUVEAU MODÈLE DE GESTION DE L'INNOVATION

L'innovation ouverte[1] (« open innovation ») se présente comme un nouveau paradigme pour l'innovation industrielle. Il a été développé depuis une décennie sous l'impulsion des travaux de Henry Chesbrough, notamment dans son ouvrage *Open Innovation*[2]. Il s'oppose au modèle fermé où, au sein d'une même entreprise, l'innovation a pour origine l'activité de R&D et suit un modèle dit en entonnoir afin de lancer de nouveaux produits. Ce modèle fermé est celui de la grande corporation du XXe siècle, représenté typiquement par Bell Labs d'AT&T ou le Xerox PARC aux États-Unis. Il s'agit surtout de réunir le maximum de compétences et de connaissances à l'intérieur de l'entreprise afin de développer des produits sur la base des brevets déposés par l'entreprise.

Cependant, l'accélération générée par le développement des technologies de l'information et de la communication (TIC), par la mondialisation des affaires et par la libéralisation des marchés financiers dans le dernier quart du XXe siècle[3] ont mis progressivement à mal ce modèle. L'information commençait à circuler rapidement, les délais pour la mise sur le marché d'une innovation étaient raccourcis, les demandes des clients devenaient de plus en plus hétérogènes et les demandes de résultats financiers par les actionnaires de plus en plus prenantes.

Dans ce contexte, des dysfonctionnements du modèle fermé de l'innovation sont devenus de plus en plus criants: quoi faire quand une nouvelle technologie n'est pas compatible avec les marchés actuels de l'entreprise ? Quoi faire quand un nouveau brevet met à mal le « business model » actuel de l'entreprise ? Quoi faire des « piles » de brevets stockées dans l'entreprise ? [4]

Un certain nombre d'entreprises [5], notamment dans des secteurs high-tech comme les TIC ou les biotechnologies, ont commencé à structurer leur processus d'innovation d'une manière différente pour faire face à ces questions. Chesbrough (2003) a ainsi observé que ces nouveaux modèles avaient pour caractéristique leur « ouverture à l'environnement externe » de l'entreprise, ouverture analogue à un système ouvert, d'où l'expression « open innovation ».

L'« open innovation » est définie comme le « développement d'un produit ou service avec les contributions d'acteurs multiples qui communiquent à travers les frontières organisationnelles pour la création d'un nouveau bien (physique ou intellectuel) » [6].

Le modèle d'innovation ouverte conçoit qu'un processus d'innovation peut avoir pour origine des technologies internes ou externes et ses débouchés peuvent être une innovation pour le marché actuel de l'entreprise, une « spin-off » pour adresser un nouveau marché ou le « licensing » d'un brevet ou d'une technologie à une entreprise tiers. Dans le premier cas, tout au long du processus d'innovation, l'équipe projet est attentive à des technologies développées pour les intégrer dans l'innovation.

Les « frontières » d'une organisation deviennent ainsi bien moins étanches aux échanges avec différents acteurs de l'environnement de l'entreprise, que ce soit des universités, des laboratoires de recherche, des fournisseurs et même des concurrents. Pour Chesbrough, le cœur de l'« open innovation » est bel et bien présent dans ces flux de connaissance qui rentrent [7] et sortent [8] de l'entreprise pour accélérer l'innovation en interne et élargir les marchés pour l'utilisation externe de l'innovation [9]. Cette fluidité de la connaissance a été grandement facilitée par le développement des TIC qui ont réduit significativement les coûts de mise en lien entre acteurs à une échelle mondiale.

Selon Chesbrough (2006), plusieurs caractéristiques distinguent l'« open innovation » des autres modèles : « l'importance égale attribuée à la connaissance externe vis-à-vis des connaissances internes ; la centralité du modèle d'affaires pour transformer la R&D en valeur pour un client ; (...) ; la gestion proactive de la propriété intellectuelle ; l'essor des intermédiaires de l'innovation (comme Innocentive ou NineSigma) ; le développement de nouvelles métriques pour évaluer les capacités et la performance de l'innovation » [11].

La réflexion sur le modèle d'affaires est centrale tout au long du processus d'innovation. C'est une distinction clé, puisque dans le modèle fermé, l'innovation est confrontée à des métriques internes pour valider son avancement dans le processus de développement, la réflexion sur d'autres formes de valorisation étant inexistante. Si une certaine innovation n'est pas conforme aux attentes de l'entreprise à un moment donné, son développement est arrêté et la connaissance et les brevets générés sont mis « au placard ». Or, dans le modèle ouvert, toute connaissance est reconnue comme ayant une valeur et la question qui se pose est donc différemment orientée : on cherche à savoir comment la valoriser, même si elle ne semble pas indiquée pour un développement en interne.

2. QUEL LIEN ENTRE L'INNOVATION OUVERTE ET L'INNOVATION PAR LES USAGES ?

Les deux approches se situent sur des registres différents dans la gestion de l'innovation. L'« open innovation » se situe au niveau de la stratégie et du management de l'innovation alors que l'innovation par les usages sert surtout d'appui dans le management des projets d'innovation. Cette distinction étant faite, nous observons des liens multiples entre les deux approches.

D'abord dans l'esprit, l'innovation par les usages s'est construite en opposition à une approche techno-centrée ignorant les pratiques et les représentations des utilisateurs. Elle a ainsi depuis toujours invité à une ouverture du processus d'innovation pour y intégrer d'autres parties prenantes.

Elle voit les utilisateurs comme des acteurs et non comme des réceptacles passifs d'une innovation. C'est là un point que l'essor des TIC a favorisé : l'« open innovation », dans sa facette « open source »[12] (Wikipedia, Firefox), reflète le rôle non seulement actif, mais créatif des utilisateurs.

La mise en œuvre des projets d'« open innovation » semble ainsi a priori favorable à la prise en compte des usages. Les cycles d'itération avec des utilisateurs, facilités par la démocratisation des TIC, sont une caractéristique de plusieurs projets d' « open innovation ». Pour autant, être centré « utilisateur » ne veut pas dire que la prise en compte des usages sera effective et l'interaction via les TIC reste un moyen et non pas une fin en soi. Ainsi, les outils mobilisés, comme les utilisateurs introduits dans la boucle, doivent intervenir dans une démarche qui devra de fait être construite dans une visée « Usage » en amont, pour trouver sa pertinence.

Ensuite, la connaissance a un rôle central dans les deux approches. Dans l'« open innovation », ce sont les flux de connaissance qui sont au cœur du processus. Ces flux permettent ainsi d'intégrer à la fois la connaissance explicite (par exemple les brevets) mais aussi des connaissances tacites (via par exemple l'intégration des utilisateurs). Or, l'innovation par les usages et ses méthodes sont par excellence des manières de rendre visibles ces connaissances tacites, en les explicitant. Cette capacité de capture des connaissances tacites via les méthodes exposées dans cet ouvrage constitue potentiellement une des principales contributions de l'innovation par les usages au paradigme de l'« open innovation ».

Du fait de la centralité de la réflexion sur le modèle d'affaires dans l'« open innovation », notre apport sur le modèle d'affaires « orienté usages » est d'une grande actualité. Comme expliqué dans les chapitres 2 et 9, une proposition de valeur « orientée usages » prend en compte les significations d'usage potentialisant l'acceptabilité de l'innovation. Certes, une bonne partie du travail dans l'innovation ouverte se fait en aval, notamment en ce qui concerne la gestion de la propriété intellectuelle, mais une fois un processus d'innovation démarré, que ce soit en interne ou en tant que « spin-off », les approches Usage peuvent s'appliquer.

L'« open innovation », par rapport à l'innovation par les usages, apporte en plus une vision sur l'importance des intermédiaires de l'innovation et sur le rôle des communautés d'innovation. Même si la prise en compte des parties prenantes est centrale dans l'innovation par les usages, elle n'a pas été aussi explicite sur l'intégration des intermédiaires de l'innovation, comme peut le faire Bluenove [13] en France, dans le processus de développement.

En quoi cela est important ? Une fois qu'une problématique d'innovation est proposée à un certain intermédiaire ou à une communauté d'innovation, on peut non seulement chercher des solutions mais aussi évaluer l'intérêt de la problématique. S'il y a abondance de réponses qui semblent impliquées et concernées, cela peut représenter un indice de l'intérêt de l'innovation.

L'exemple de Quirky [14] est représentatif. Dans cette plateforme collaborative, n'importe qui peut proposer son idée (moyennant un paiement de 10 dollars). Elle est ensuite évaluée par la communauté d'internautes de Quirky, qui valide ou non l'intérêt de la développer. En cas de réponse positive, une communauté d'experts valide la viabilité design et marketing de l'idée. Si, une fois encore, elle est validée, des designers et développeurs prototypent le produit en interaction continue avec la communauté. Il s'ensuit la définition de la communication de l'offre et son exposition sur l'e-boutique de Quirky. Si un nombre suffisant de commandes est enregistré, il y a la mise en production. Le système de rémunération est particulièrement affûté, il comporte un pourcentage donné pour celui qui a eu l'idée puis pour chaque personne ayant contribué au développement.

Ce genre de développement ouvert communautaire et collaboratif est partiellement appréhendé par l'innovation par les usages. Les fondamentaux sont les mêmes, il s'agit d'intégrer des utilisateurs experts ou « lead-users »[15] pour avoir leur retour en amont du développement. Sauf que la capacité d'interaction et de retour se voit ici accélérée par l'intégration des outils virtuels et communautaires, dans une logique de « crowdsourcing »[16].

S'inspirer de cette démarche (et vice versa) permet donc d'élargir la perspective de l'approche par les usages tout en donnant des clés méthodologiques pour assurer un recueil « rationalisé » des savoirs tacites concernant les usages.

Enfin, un dernier lien unit les deux approches. Il est particulièrement intéressant pour des pôles de R&D. Dépositaires d'un nombre conséquent de brevets associés à l'activité de recherche fondamentale et appliquée, il n'est pas dans l'intérêt premier de ces entités de développer ces brevets en interne. Au contraire, il s'agit de stimuler la création de « spin-offs » pour les chercheurs ou de valoriser ces brevets auprès des partenaires privés.

Cette valorisation demande de dépasser la simple question technique pour répondre à la double question des usages potentiels d'un brevet et du « business model » associé. L'innovation par les usages et le cadre plus large de l'« open innovation » peuvent être des outils précieux à mobiliser, sur les deux niveaux concernés : la stratégie d'innovation et son management.

3. QUEL AVENIR POUR L'OPEN INNOVATION ?

On peut penser que l'innovation ouverte a de beaux jours devant elle, du fait notamment de la croissance exponentielle de connaissances « en réseau », du contexte économique difficile dans les économies développées, et des coûts de plus en plus élevés de développement de la recherche dans les entreprises.

Une question qui reste en suspens est celle de la capture de la valeur liée à la propriété intellectuelle. Les « batailles de brevets » citées dans le chapitre 9 en sont un témoin criant[17]. Apple, l'entreprise modèle d'innovation du début du XXIe siècle, est le contre-exemple de l'innovation ouverte. L'essor des pays émergents et le développement de leurs capacités d'innovation apporteront un nouvel éclairage sur l'importance de la propriété intellectuelle (PI). Par exemple, la Chine en plus de se doter de législations concernant la PI, commence à appliquer ces mêmes législations. Vu que le pays est en train de passer du stade « d'usine du monde » à celui « d'innovateur », il est dans son intérêt de respecter la PI étrangère pour pouvoir exiger la contrepartie une fois que ces innovations seront exportées.

Néanmoins, faire de l'innovation reste un défi important pour la compétitivité des entreprises dont le développement est souvent adossé à une aire géographique. Les régions pointées en exemple, comme la Silicon Valley aux Etats-Unis ou l'Allemagne, sont celles qui ont réussi une intégration de multiples acteurs (privés, publics) et qui ont favorisé un certain cadre institutionnel permettant la circulation et le partage de l'information dans un esprit d'innovation ouverte.

De fait, l'innovation par les usages semble bien particulièrement riche comme support et complément pour la mise en œuvre du management de projets d'innovation s'appuyant sur l'esprit et la démarche de l'« open innovation ».

NOTES

1. Nous pourrions utiliser la traduction française, innovation ouverte, mais vu la popularisation de l'expression en anglais *open innovation* dans les milieux professionnels, nous utilisons surtout le terme open innovation dans cet article.
2. Chesbrough, H. (2003), Open Innovation: The New Imperative for Creating and Profiting from Technology, Boston, MA : Harvard Business School Press.
3. Kiechel III, W. (2010), The Lords of Strategy, Boston, MA : Harvard Business School Press.
4. Chesbrough, H. (2006), Open Innovation: A New Paradigm for Understanding Industrial Innovation, in Chesbrough, H., Vanhaverbeke, W. and West, J., Open Innovation: Researching a New Paradigm, Oxford: Oxford University Press.
5. Intel, Sun, Oracle, Cisco, Genentech, Amgen, Procter & Gamble. Source: Chesbrough, H. (2006), op. cit.
6. Chauvel, D., Tressols, F. et Despres, C. (2012), The Open Innovation of Management and Organization, in Dibiaggio, L. et Meschi, P.-X., Management in the Knowledge Economy, Paris : Pearson, p. 177.
7. « Inflows of knowledge »
8. « Outflows of knowledge »
9. Chesbrough, H. (2006), op. cit.
10. Ce sont des entreprises spécialisées dans la commercialisation de la propriété intellectuelle ou dans la gestion de plateformes de ressources pour répondre à des problématiques de R&D. Voir Chesbrough, H. (2006), op.cit. pour une caractérisation détaillée, ainsi que http://www.innocentive.com/ et http://www.ninesigma.com/
11. Chesbrough, H. (2006), op. cit., p. 11.
12. L'*open source* est l'une des facettes de l'open innovation. Il implique la participation d'une communauté au développement d'un certain projet sans but lucratif. L'open innovation, en tant que paradigme pour l'innovation industrielle, inclut l'*open source* mais également toutes les situations à but lucratif et dans des domaines d'application divers et variés, alors que l'*open source* est souvent associée à l'industrie du logiciel. L'open source reste le mode le plus pédagogique pour expliquer la dimension collaborative de l'*open innovation* (qu'on désigne habituellement par le terme *crowdsourcing*).
13. Voir bluenove.com et ses les 12 leviers de l'Open Innovation sur les liens : http://www.bluenove.com/raison-d-etre/vision/ et http://www.slideshare.net/Bluenove/les-12-leviers-de-lopen-innovation-par-bluenove.
14. www.quirky.com; voir Sempels, C. et Hoffmann, J, (2012), Les Business Models du Futur, Paris : Pearson.
15. Von Hippel, E. (2005), Democratizing Innovation, Boston: MA: The MIT Press.
16. Difficile de donner une bonne traduction de cette expression. Sur Wikipedia, le 22 juillet 2012, on trouve « externalisation ouverte », on pourrait aussi parler de développement collaboratif. Il nous semble que comprendre l'esprit est plus important que trouver la bonne traduction. L'entrée « crowdsourcing » sur Wikipedia en français en présente largement les contours.
17. Pour une analyse détaillée voir « The smartphone patent wars » publié au *Financial Times* le 17 octobre 2011.

18 Voir les exemples tels Huawei dans les télécommunications ou Haier dans les électrodomestiques.

18

L'innovation sous le coup de l'émotion

1. COMMENT CONCEVOIR DES OBJETS « DÉSIRABLES »?

Passionné par les insectes dès son plus jeune âge, Satoshi Tajiri, l'inventeur des Pokémon, passait son temps à les chasser et à imaginer de nouvelles techniques afin de capturer de nouveaux spécimens. Si à l'origine des Pokémon se trouve le désir de l'inventeur de partager sa passion, le succès des Pokémons tient sans aucun doute au désir des enfants de collectionner différentes créatures et à la capacité des Pokémons à stimuler leur imagination.

Longtemps jugés tabous, les désirs sont pourtant au cœur de nos comportements. Ils renvoient à nos envies qui sont exaltées par l'imagination, la recherche de sens et de plaisir. Plus nos désirs nous permettent de vivre des émotions fortes et plus ils sont importants à nos yeux. Comme Blanche Dubois dans «un Tramway nommé désir», les usagers aspirent à plus de magie dans leur quotidien, ils souhaitent sortir de l'ordinaire et prétendent à des objets «émotionnels» pour mieux vivre, mieux aimer, mieux travailler...

L'usager et ses désirs sont au point de départ de notre réflexion. Les notions d'«Usage» et d'«Emotion» sont abordées d'un point de vue complémentaire car si les approches Usage permettent de concevoir des produits en adéquation avec les pratiques et les représentations des usagers, l'émotion est un ingrédient indispensable pour concevoir des produits « désirables » : des produits engageants, qui génèrent du sens et qui nous permettent de cultiver des expériences émotionnelles positives pour nous-mêmes et notre entourage.

Mais qu'est-ce-que l'émotion ? Et comment intégrer l'émotion dans le processus de conception ? Telles sont les deux grandes questions abordées dans ce chapitre. Le lecteur trouvera des éléments clés pour comprendre l'émotion et mieux prendre en compte cette dimension dans la conception de produits.

2. QU'EST-CE QUE L'ÉMOTION ?

Définir l'émotion

Joie, colère, gratitude, peur, surprise et d'autres émotions encore font partie intégrante de notre vie. Omniprésentes dans nos relations avec les autres et dans nos rapports aux objets, elles donnent goût à notre vie et sont déterminantes dans la manière de percevoir notre environnement, de le construire et de se l'approprier : joie de la découverte, peur d'être envahi par la technologie ou encore fierté de posséder la dernière tablette tactile à la mode.

Les émotions renvoient à des ressentis, faibles ou intenses, qui se produisent sous l'influence d'un événement déclencheur interne (souvenirs, pensées) ou externe (stimuli nouveau). En ce sens, face à des objets ou stimuli nouveaux, nous réagissons de façon cognitive (nous percevons, interprétons les objets qui nous entourent) mais aussi de façon émotive (nous sommes enthousiaste, amusé ou perplexe). Le cœur qui bat la chamade, le rouge qui monte aux joues ou encore les mains moites, sont autant de manifestations physiologiques qui accompagnent l'émotion, comme pour nous rappeler que nous sommes des êtres éminemment émotionnels. La perception et le sens attribués à un objet ne sont, dès lors, pas neutres mais bien colorés émotionnellement.

Deux fonctions importantes de l'émotion : informer et motiver

Avant d'aller plus loin, il nous semble important de se poser la question du pourquoi des émotions. Tout d'abord, les émotions sont là pour nous informer. En effet, si nos sens (vue, ouïe, odorat, goût, toucher) nous renseignent sur divers aspects de notre environnement, les émotions nous transmettent des informations bien spécifiques. Elles constituent d'ailleurs les indices les plus pertinents dont nous disposons : elles nous informent que nous sommes atteints par les choses, elles guident nos goûts et nos dégoûts. Cette fonction informative fait de l'émotion un instrument très précieux pour nous orienter et choisir les actions appropriées. Par exemple, la peur nous alerte d'un danger et nous prévient de prendre des risques inutiles ; la colère nous aide à affronter certains obstacles. Après tout, n'est-il pas courant de considérer la nature de notre ressenti avant de prendre une décision ou de réaliser une action ?

Une autre caractéristique de l'émotion est sa fonction motivationnelle. Les termes *émotion* et *motivation* partagent d'ailleurs la même racine étymologique « movere », littéralement mettre en mouvement. L'émotion est donc par essence à la base de notre motivation, elle nous motive pour agir. Par exemple, l'enthousiasme génère l'approche, l'amusement stimule le jeu, l'intérêt pousse à l'exploration et le dégoût déclenche le rejet. Ainsi, les émotions nous engagent à créer ou à renforcer des liens avec les objets qui supportent notre bien être et à rejeter les objets qui vont à l'encontre de nos valeurs ou de nos désirs. En d'autres termes, elles permettent de traduire la pertinence ou l'inadéquation de certains objets aux yeux des usagers.

Distinguer l'émotion esthétique de l'émotion utilitaire

Deux classes d'émotion sont à distinguer: l'émotion esthétique et l'émotion utilitaire. Ces deux types d'émotions peuvent être rapprochés à l'une des distinctions proposées par Epicure : les plaisirs du corps et les plaisirs de l'esprit. La première renvoie au sentiment de plaisir ou de déplaisir en relation avec la musique ou les objets visuels. Par exemple, les œuvres d'art ou œuvres musicales éveillent souvent en nous des réponses émotionnelles esthétiques. Souvenez-vous de ce sentiment d'émerveillement devant la Joconde ou encore ce sentiment de puissance en écoutant un air de Beethoven. Kant ne disait-il d'ailleurs pas que la musique est la langue des émotions. Il est à noter que l'émotion esthétique n'est pas exclusivement réservée aux œuvres artistiques. Il suffit de regarder autour de nous pour nous apercevoir que les objets de notre quotidien reflètent eux aussi la toile de fond de nos émotions. L'iPod, la Volkswagen Beetle en sont de bons exemples [2].

La deuxième classe d'émotion découle, quant à elle, des significations personnelles que nous attribuons aux objets qui nous entourent. L'émotion est dite utilitaire dans le sens où elle filtre les objets pertinents pour notre bien-être. Elle est la traduction de nos buts, valeurs, désirs et dépend grandement de notre histoire émotionnelle antérieure. Par exemple, les usagers peuvent associer au véhicule électrique différentes significations émotionnelles: la fierté d'accomplir un acte citoyen fort pour la préservation de l'environnement ou encore l'espoir de pouvoir léguer aux générations futures un monde meilleur. Par ailleurs, le succès des médias sociaux tels que Facebook, Twitter ou encore Wikipedia est aujourd'hui largement attribué au désir des usagers de rester connectés : communiquer avec les autres, renforcer les liens familiaux, amicaux etc.

Par ailleurs, une erreur fréquente est de croire que seuls certains produits, voitures ou téléphones portables, peuvent susciter des émotions. Les émotions sont présentes dans toutes les catégories de produits. Si l'émotion représente bien sûr un argument de choix dans un contexte de produit hautement concurrentiel, elle n'en est pas moins décisive dans l'interaction avec des objets moins usuels tels que des dispositifs médicaux ou encore du matériel industriel. Comme tous les autres objets, nous les voyons, percevons, interprétons et ressentons[3]. Plus encore, l'émotion est essentielle à l'instauration d'une relation de confiance pour cette catégorie de produits.

L'ÉMOTION

- Se produit lors d'une rupture de continuité
- Focalise notre attention, nous informe et nous pousse à agir
- Est propre à chaque individu
- Touche toutes les catégories de produits
- Permet de distinguer un produit ordinaire d'un produit captivant

LES ÉMOTIONS POSITIVES (CURIOSITÉ, INTÉRÊT, JOIE, EXALTATION…)

- Favorisent l'approche et stimulent l'engagement
- Favorisent l'adaptation à la nouveauté
- Favorisent le processus de diffusion d'une innovation
- Renforcent le sens de la marque
- Incitent à la recherche des bénéfices potentiels offerts par un nouveau produit
- Favorisent la relation de confiance

LES ÉMOTIONS NÉGATIVES (PEUR, ANXIÉTÉ, FRUSTRATION, DÉCEPTION…)

- Favorisent la prise de distance et découragent l'engagement
- Favorisent le bouche à oreille négatif et la dégradation de l'image de marque
- Favorisent le comportement de plainte
- Incitent au changement de marque

3. COMMENT INTÉGRER L'ÉMOTION DANS LE PROCESSUS DE CONCEPTION ?

Cette seconde partie présente une démarche de conception orientée émotions. Elle s'appuie sur une innovation technologique développée par un centre de recherche, de développement et d'innovation. La technologie en question consiste à graver de l'information à l'échelle nanométrique, par incrustation de platine dans du saphir synthétique, un matériau transparent ultra résistant (Figure 18.1).

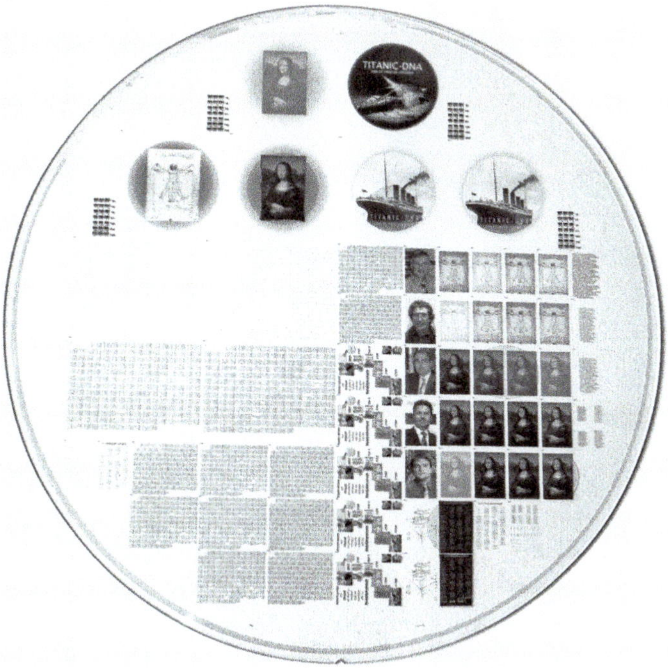

Fig. 18.1
NANOFORME, disque de saphir au cœur duquel les informations sont gravées à l'échelle microscopique

L'objectif de la démarche est d'identifier les potentialités d'usage ainsi que les significations émotionnelles associées à l'innovation technologique. Ainsi, la dimension émotionnelle intervient à chacune des différentes phases du processus de conception (Figure 18.2). Elle s'articule autour de cinq phases :

- L'exploration et l'identification des désirs et aspirations des usagers
- La génération d'idées
- La formulation de concepts et la définition des significations émotionnelles
- La mise en récit de l'expérience d'usage sous la forme d'une relation affective
- L'évaluation de l'impact émotionnel des concepts.

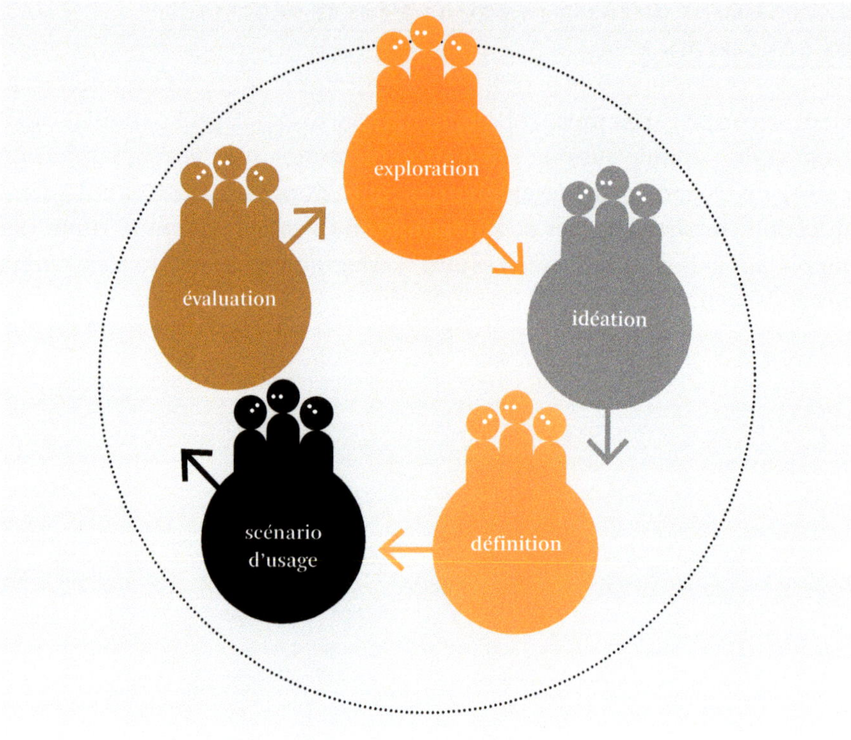

Fig. 18.2
L'émotion intervient à chacune des phases du processus de conception

Chacune de ces phases est décrite dans les paragraphes qui suivent.

L'exploration ou comment accéder aux désirs et aux aspirations des usagers ?
La compréhension des désirs et des aspirations des utilisateurs est un élément critique au succès de tout projet d'innovation. Il n'est pourtant pas simple pour l'usager d'exprimer son ressenti et ses préoccupations. Pour faciliter cet exercice, il existe aujourd'hui des outils variés. Leur objectif est de créer une atmosphère propice à l'émergence et à l'expression des aspirations des usagers, ainsi que de favoriser l'imaginaire, pour la conception de nouveaux usages liés aux technologies émergentes.

Ces outils sont généralement mis en œuvre au cours de séances de créativité ou de « focus groups ». Les supports matériels utilisés (feuille de papier, post-it®, cartes illustrées, feutres, appareil photo, agenda, album photo, etc.) se caractérisent par leur aspect ludique – *favorisant toutes les formes d'expressions possibles* – et leur nature projective – *révélatrice des représentations, préoccupations et désirs des usagers*. Ils ont également l'avantage de favoriser les échanges et la collaboration entre les usagers. Selon les objectifs, ces derniers peuvent être invités à réaliser des dessins, des collages ou encore à rédiger des saynètes. L'utilisation de ces techniques peut varier selon les profils des usagers et les contextes d'étude. Dans certains cas, d'autres instruments peuvent être complémentaires tels que les protocoles d'observation (de type ethnographique), la réalisation de cahiers de tendances sociétales, la mise en place de plateformes communautaires (forum) ou encore de blog.

Dans le cadre du présent projet, trois séances de créativité ont été menées auprès de professionnels appartenant aux différents secteurs des métiers d'art et de la création. Ces séances ont permis d'identifier les potentialités d'usages (Figure 18.3) et les significations émotionnelles associées à la technologie : la circulation, la conservation, le partage et la transmission.

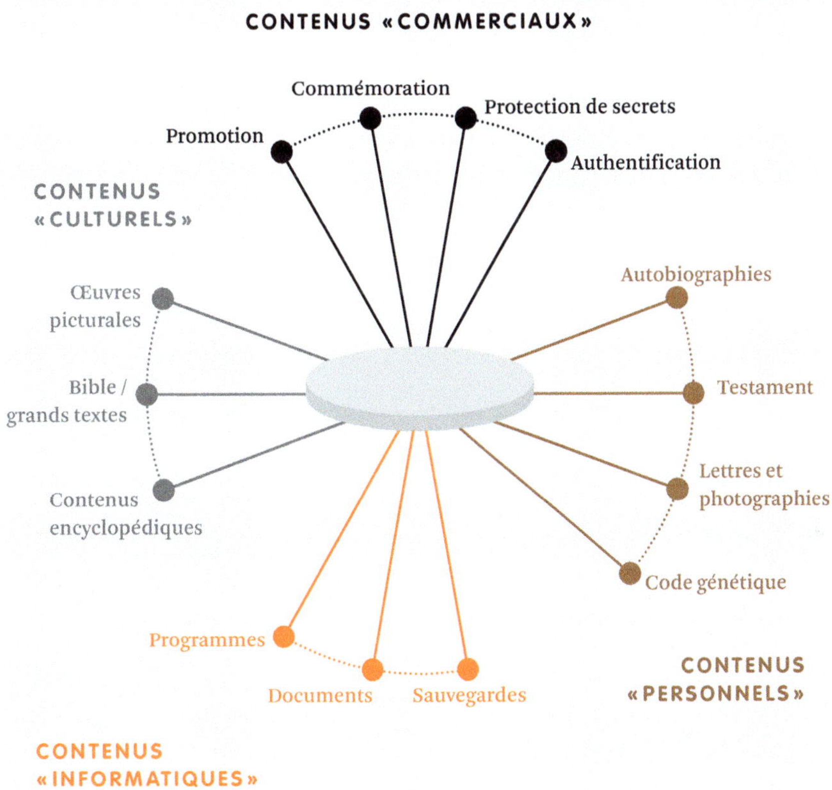

Fig. 18.3
Cartographie des types de contenus possible

L'idéation ou comment générer de nouvelles idées ?

En collaboration avec l'équipe pluridisciplinaire du projet (designer, ingénieur, psycho-sociologue et équipe client), une série de questionnements / incertitudes liés à la technologie a été listée : comment élaborer un contenu accessible et lisible de façon éternelle ? Comment faire pour que le dispositif permette de visualiser de façon simple le contenu ? ...

18

Différentes phases d'idéation, suivies à chaque fois d'une phase d'incubation, ont permis d'imaginer des idées d'objets innovants pour transmettre et partager de façon éternelle, sécurisée (garantie par une institution) et sélective (les personnes que j'ai choisies), un contenu cher (histoires, mémoires, secrets, etc.) à travers un objet précieux et mystérieux.

La définition ou comment définir un concept qui fait sens ?

Les phases précédentes ont permis de développer deux concepts (Figure 18.4) : une boîte à mémoire et un objet de joaillerie, donc deux supports de l'histoire familiale composés de COMET (Composant de Mémoire et de Transmission) (Figure 18.5).

Ces deux concepts prennent tout leur sens grâce à la création d'une « société de mémoire des individus », c'est-à-dire :

- un lieu où chacun peut aller à la découverte de son histoire familiale, apprendre à la retranscrire et la transmettre à ses propres descendants ;
- un écrivain / biographe qui accompagne la personne dans l'écriture de son récit de vie ou l'histoire de sa famille ;
- des registres qui gardent une trace des gravures et des histoires de famille.

Fig. 18.4
Boîte à mémoire et objet de joaillerie avec COMET

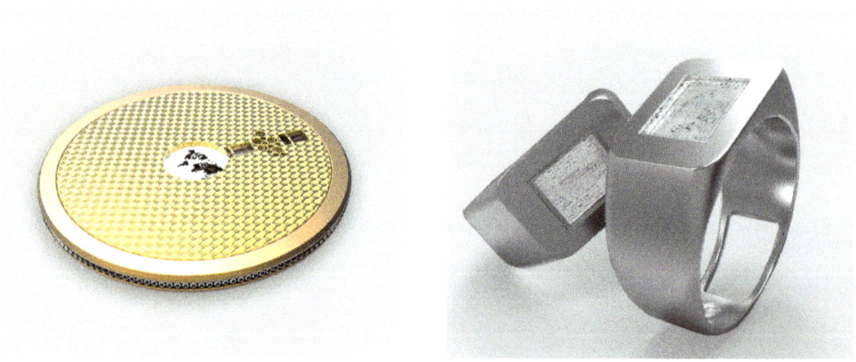

Fig. 18.5
COMET
(Composant de Mémoire et de Transmission)

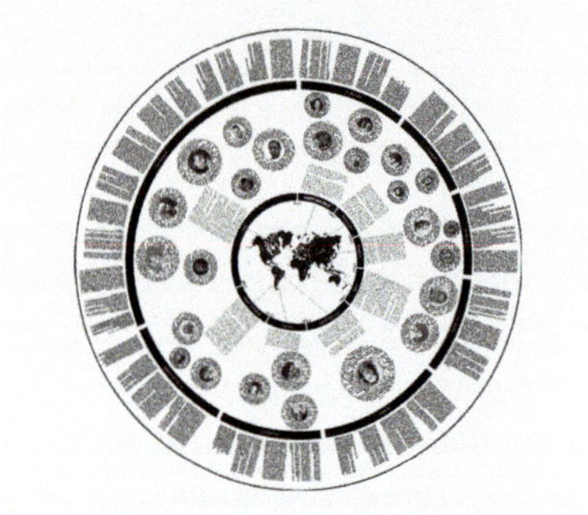

Les concepts développés sont ainsi en lien avec différentes émotions spécifiques : des émotions d'accomplissement – des émotions ressenties lorsque l'on a accompli quelque chose et que l'on est désireux de créer des connexions sociales (fierté, joie, exaltation, etc.) – et des émotions d'approche – des émotions ressenties lorsque l'on est en phase d'exploration et désireux d'apprendre (intérêt, espoir, surprise, etc.).

Scénario d'usage ou comment représenter l'usage du concept ?
Nous avons ensuite concrétisé les concepts développés sous la forme de planches illustrées (Figure 18.6). Ce support est choisi pour des raisons de temps et de coût. L'objectif de ces illustrations est de confronter des usagers potentiels à de nouveaux concepts et de mesurer leurs ressentis émotionnels (phase finale de validation de concept).

La scénarisation du concept prend appui sur des situations possibles et/ou vécues par les usagers potentiels. Elle met en scène une expérience et non pas la technologie ou ses fonctionnalités. En ce sens, l'intégration de l'émotion permet de créer des récits engageants, des récits où l'usager peut aisément projeter ses propres motivations et émotions. La mise en scène en récit d'expérience permet également d'amener le cas échéant de l'ambivalence entre l'expérience décrite et l'expression de ce que le concept permet

Fig. 18.6
Scénario d'usage

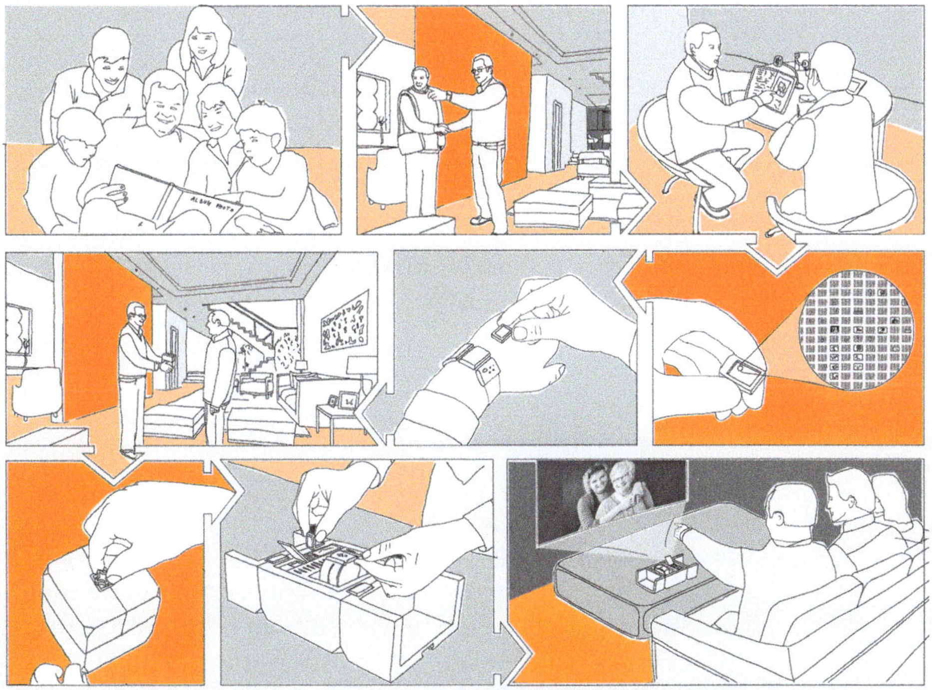

de faire ou échoue à faire, et dès lors, de favoriser l'émergence de nouvelles idées pour répondre aux paradoxes.

L'évaluation ou comment déterminer le potentiel émotionnel ?
La dernière phase consiste à déterminer le potentiel émotionnel des concepts développés. Face aux concepts développés, la réponse des usagers peut être de trois ordres: (1) l'expérience d'émotions positives comme la surprise, l'enthousiasme ou l'amusement, (2) l'expérience d'émotions négatives telles que la déception, l'irritation ou le mécontentement, ou encore (3) l'indifférence, l'absence d'intérêt. C'est ici la pertinence ou la signification de l'objet selon ses motivations importantes, désirs et valeurs qui vont déclencher une ou des émotions (désirable vs non désirable) et influencer, dès lors, la relation de l'usager à l'objet. Inversement, un objet qui ne nous touche en aucun point ne déclenche aucune émotion (insensibilité) et suscite inéluctablement l'indifférence. A noter que confrontés à un objet identique, des usagers issus de contextes différents n'éprouveront pas les mêmes émotions.

Les émotions donnent alors lieu à un ensemble de réponses qui peuvent être utilisées comme critères de désirabilité des produits : expressions faciales, réponses physiologiques ou encore sentiments subjectifs conscients. Il existe trois catégories de mesures de l'émotion :

- les mesures physiologiques (mesure du rythme cardiaque, de l'activité électrodermale, de la fréquence respiratoire, etc.) ;
- les mesures subjectives (auto-évaluation ou « self report ») ;
- les mesures comportementales (expressions faciales émotionnelles, expressions vocales émotionnelles, expressions posturales).

Dans le cadre de ce projet, nous avons utilisé des mesures subjectives de l'émotion. Les résultats indiquent que les deux concepts renvoient à des significations émotionnelles spécifiques telles que la fierté, l'espoir, la nostalgie et l'intérêt.

4. CONCLUSION

Outre la volonté d'apporter les clés de lecture nécessaires à la compréhension de l'émotion, ce chapitre ouvre une réflexion sur la prise en compte des émotions dans le processus de conception. Parce que nous sommes convaincus que concevoir des produits en accord avec les désirs des usagers, c'est s'assurer de donner du sens à l'innovation, il est aujourd'hui indispensable de traiter la question de l'émotion dans les approches Usage.

L'émotion est un ingrédient décisif pour concevoir des produits innovants, originaux mais surtout désirables. Elle permet de comprendre pourquoi certains objets sont acceptés ou rejetés. En d'autres termes, elle permet de mieux comprendre comment s'opère notre relation aux objets.

Aussi, les enjeux se situent-ils aujourd'hui dans le développement d'outils et de méthodes permettant d'explorer et de décrypter les désirs et aspirations des usagers mais aussi dans le développement d'instruments de mesure de l'émotion afin de s'assurer de la valeur potentielle de l'innovation.

LA DÉMARCHE DE CONCEPTION ORIENTÉE ÉMOTIONS

- Intègre la dimension émotionnelle à chacune des phases du processus de conception.
- Ne tente pas seulement de répondre à une ou des difficultés de l'usager mais plutôt de générer du sens, de l'engagement et de faire naître un désir.
- Se base sur la notion de désir (« Market Pull ») et non pas sur la notion de besoin (« Techno Push »). Contrairement au « besoin », le « désir » n'offre pas d'explication rationnelle à nos comportements mais stimule au contraire notre imagination : « Ai-je vraiment besoin de ce produit ? » Vs. « Quelle expérience ce produit va-t-il me permettre de vivre ? »
- Se focalise non pas seulement sur les émotions générées par le produit lui-même mais également sur l'expérience dans laquelle l'usager s'engage grâce au produit.

NOTES

1. Scherer, K. R. (2005), What are emotions? And how can they be measured? *Social Science Information*, 44(4), 693-727
2. Minu, K. & Nitika, G. (2010), Aesthetic principles and cognitive emotion appraisals: How much of the beauty lies in the eye of the beholder? *Journal of Consumer Psychology*, 20, 485-494.
3. Desmet, P.M.A. (2010), Three levels of product emotion, International conference on kansei engineering and emotion research 2010, Paris.
4. Boatwright, P. & Cagan, J. (2010), *Built to love. Creating products that captivate customers.* San Francisco, Berrett-Koehler
5. Tran, V. (2004), *The influence of emotions on decision-making processes in management teams*. Thèse de doctorat. Genève.

19

Témoignage : Innovations, usages et paradoxes

ENTRETIEN AVEC PHILIPPE MALLEIN

DITES-MOI, COMMENT ÊTES-VOUS VENU À VOUS INTÉRESSER AUX PARADOXES ?

Le point de départ de ce travail est une observation dont j'ai tendance à croire qu'elle est importante pour la réflexion sur les usages : toute innovation met en scène un paradoxe qu'elle résout dans le même mouvement. Parfois même, l'innovation ne porte pas un mais plusieurs paradoxes. Bien sûr, il arrive que le caractère paradoxal de l'innovation soit faible, mais il est toujours présent, peu ou prou.

TOUTE INNOVATION SERAIT DONC PARADOXALE ?

Oui, d'une certaine manière. Ce qui se passe la plupart du temps, c'est qu'on oublie le ou les paradoxes que portait l'innovation, à mesure qu'on s'habitue à elle, et qu'elle est de moins en moins une nouveauté à nos yeux. Par exemple, on a oublié à quel point le téléphone était un objet fixe, avant qu'on invente le téléphone mobile. Pour les gens des années 1970, le téléphone est un objet attaché à un lieu : c'est la cabine téléphonique, ou bien le téléphone de la maison. Mais c'est toujours le téléphone d'un endroit précis. Associer les deux mots « téléphone » et « mobile », c'est un paradoxe pour quelqu'un des années 1970. De là peut-être, cette question récurrente dans l'interaction téléphonique moderne : « tu es où ? », comme un marqueur de cette surprise qu'a constitué dès le début de son lancement, l'innovation de pouvoir téléphoner de n'importe où vers n'importe où.

Toujours à propos du téléphone portable, le sociologue Franco La Cecla analysait son succès en expliquant qu'il était pour l'utilisateur « la promesse d'une présence ». Effectivement, avec un téléphone portable, on a ses amis comme en permanence près de soi. Avoir ses proches instantanément disponibles pour une discussion dès qu'on le souhaite, c'est très paradoxal. Les autres, par définition, ne sont jamais en permanence à notre disposition comme sur un claquement de doigt, justement parce que ce sont les autres.

Cette analyse à propos du téléphone portable, on pourrait la faire à propos de toutes les innovations. Le scooter Piaggo MP3, c'est un « deux roues » qui en a trois. La Dacia Logan, c'est une voiture pour les pays du tiers monde que l'on vend dans les pays développés. Facebook, c'est avoir des amis sans prendre le temps de construire l'amitié. Et cætera.

EN QUOI C'EST IMPORTANT POUR CELUI QUI VEUT INNOVER ?

Eh bien, à partir de cette observation, on peut construire un outil très simple pour innover. Il consiste à rechercher systématiquement les paradoxes qui demandent à être résolus dans le contexte qui nous intéresse. Pour rebondir sur le chapitre sur la méthode des trois clefs (chapitre 4), on peut aussi dire : si vous cherchez le paradoxe, vous aurez des chances de trouver une observation clef. Cet outil n'est rien d'autre qu'une méthode, un truc, pour se poser les bonnes questions. Car, en un sens, observer les usages, c'est regarder finement comment les gens résolvent d'eux-mêmes la foule des paradoxes auxquels ils sont quotidiennement confrontés. Il y a des grands et des petits paradoxes dans toutes nos vies. C'est comme si la complexité de l'usager se révélait à travers les paradoxes.

CA PARAIT FACILE DIT COMME ÇA !

Non, c'est difficile. C'est plus facile quand on a compris ça, mais ça reste difficile. En fait, la difficulté est double : non seulement les utilisateurs n'identifient pas les situations qu'ils résolvent comme des paradoxes ; mais aussi nous-mêmes qui les observons, nous peinons à comprendre qu'il y a là un paradoxe.

Par exemple, c'est profondément contre-nature de faire volontairement une marque de meuleuse sur la tige de son outil préféré, comme nous le montre l'exemple du chapitre 15 de cet ouvrage. Non seulement, on l'abîme, mais il devient plus fragile, et donc moins propre à l'usage pour lequel on l'a acheté. Il semble que l'on affaiblit la raison même pour laquelle on voudrait le garder précieusement. Mais voilà, dans le contexte d'un atelier de mécanique, l'ouvrier cherche à résoudre le paradoxe de laisser n'importe qui emprunter son outil sans qu'il ne disparaisse. Cet exemple est particulièrement pertinent en ce qu'il nous montre la difficulté de l'observation. Pour quiconque est extérieur à un atelier de mécanique, *a)* laisser emprunter un outil et *b)* qu'il disparaisse, sont deux propositions qui ne sont pas nécessairement liées. On prête facilement un outil, par exemple à son voisin, et il ne disparaît pas nécessairement. Dans l'univers d'un atelier de mécanique, en revanche, elles sont tellement liées depuis tout le temps que d'associer *a)* avec (*non-b)*) représente un véritable paradoxe !

VOUS PARLIEZ DE PETITS ET DE GRANDS PARADOXES. C'EST QUOI UN GRAND PARADOXE ?

On peut pousser le raisonnement un cran plus loin et se poser la question des paradoxes, non pas dans le contexte d'une activité donnée, mais de la société toute entière. L'idée sous-jacente est que le degré d'innovation d'une invention est d'une certaine manière liée à l'échelle du paradoxe qu'elle résout. Si l'on sait repérer « les grands paradoxes », ceux qui concernent non pas un métier, mais une société, ceux que tout le monde essaye de résoudre, alors on peut réfléchir avant les autres sur les solutions que l'on pourrait trouver. Parfois, la solution arrive très facilement si l'on sait quelle question se poser.

Georges Bataille écrivait « toute vie profonde est lourde d'impossibles ». Ce sont ces impossibilités qu'il s'agit de repérer, pour les rendre, d'une certaine nouvelle manière, possibles. Et alors, peut-être, le fardeau de nos vies s'allègerait.

IL FAUT DONC OBSERVER LA SOCIÉTÉ DANS SON ENSEMBLE POUR INNOVER ?

Non, c'est même le contraire. Pour repérer ces grands paradoxes, il ne faut pas regarder la société dans son ensemble, mais au contraire, il faut observer les minuscules attitudes, les toutes petites « manières de faire » dont parlait Michel de Certeau qui sont étranges et révèlent un paradoxe sous-jacent. C'est profondément un travail d'induction à partir de faits divers, d'évènements qui semblent isolés et néanmoins font sens pour la société toute entière[1].

Par exemple, dans nos sociétés on peut remarquer que l'individu est soumis à l'injonction de construire son identité sociale de manière la plus autonome possible. Le paradoxe est le suivant: alors que l'individu s'efforce à devenir autonome, il devient, dans le même mouvement, parfaitement conforme. Tout individu vit en permanence dans l'injonction paradoxale qu'énonçait Michel Foucault: « il faut obéir à l'ordre d'être libre ». Plus l'individu cherchera à être autonome dans la réussite de sa vie, plus il sera conforme à la norme sociale. Plus il cherchera à être conforme à la norme sociale, plus il devra se comporter de manière autonome.

Du point de vue des grands paradoxes, le domaine de l'usage des nouvelles technologies d'information et de communication (mais sans doute aussi des nouvelles technologies de l'énergie) est un lieu privilégié pour l'observation. C'est notamment le lieu où l'on peut voir se déployer de la manière la plus spectaculaire le phénomène caractéristique de la nouvelle société postmoderne: le passage d'une logique du « OU » à une logique du « ET ». Désormais, on fait exister ensemble des phénomènes ou des valeurs considérés naguère comme incompatibles ou contradictoires. Ces phénomènes affectent toutes les dimensions de nos existences.

VOUS AVEZ DES EXEMPLES EN TÊTE ?

Oui, plein et je les compile sous la forme de « rapport à »:

- Le rapport au temps: gagner du temps et perdre du temps
- Le rapport à soi: rendre publique son intimité et rendre intime l'espace public
- Le rapport aux autres: vivre séparé et ensemble avec les autres
- Le rapport à l'espace: associer l'espace réel « augmenté par les possibilités du virtuel » et l'espace virtuel « enrichi par les perceptions réelles »
- Le rapport au territoire: associer le « local » et le « global »
- Le rapport à l'action: bien réaliser une tâche et plusieurs tâches en même temps
- Le rapport à l'organisation: associer une organisation anticipée et une organisation de dernière minute
- Le rapport au savoir et savoir-faire: associer raisonnement déductif et raisonnement inductif
- Le rapport au pouvoir: vivre un rapport de maîtrise et de compagnonnage à la technique
- Le rapport au marché: mêler le payant et le gratuit

Et cætera ! Je laisse au lecteur le soin de trouver d'autres paradoxes et oxymores, ils ne manquent pas dans l'« obscure clarté » de notre vie quotidienne aujourd'hui.

COMMENT VOTRE MÉTHODE S'INSCRIT-ELLE CONCRÈTEMENT DANS LE PROCESSUS D'INNOVATION ?

Au début elle peut permettre de trouver l'observation clef, évidemment, mais aussi au cours du processus d'innovation. Par exemple, entre l'idée clef et l'objet clef, si l'on comprend que le prototype soulève un paradoxe, c'est un bon signe que l'on va innover. C'est comme un marqueur du fait qu'on est dans la bonne voie.

Dans tous les cas, ça reste « un truc ». Il y a encore du travail pour aboutir à une méthode efficace, surtout sur l'aspect « grands paradoxes ». Mais « un truc » vraiment utile à connaître, je crois, lorsqu'on veut innover par les usages. Je sais que ces paradoxes posent aujourd'hui des questions dont les réponses seront les innovations de demain. Pour moi, les innovations technologiques qui réussiront seront celles qui feront sens pour les utilisateurs, c'est-à-dire qu'elles leur permettront de vivre les paradoxes de tout le monde dans leurs usages particuliers et quotidiens. Maintenant, ça reste une voie d'innovation méthodologique que j'explore.

NOTES

1. Voir aussi : Aubouy, M. and Verchère C. 2008. La créativité raisonnée. In Stiegler, B. et al. (ed.) *Le design de nos existences – A l'époque de l'innovation ascendante.* Paris : Mille et une nuits.

20

Une histoire des usages

Dans sa présentation du recueil princeps de Michel de Certeau, *L'invention au quotidien*[1], Luce Giard nous fait apprécier l'esprit frondeur à l'origine de cette initiative de recherche. L'*invention au quotidien* résulte d'une commande du service des études et recherches au Secrétariat d'Etat à la Culture. Il s'agissait d'un contrat de recherche intitulé « Conjoncture, synthèse et prospective » qui a duré de 1974 à 1977. Tandis que de Certeau et son équipe bénéficiaient des résultats d'une grande enquête quantitative sur les pratiques culturelles des français, les chercheurs ont fait le choix de se démarquer d'une telle approche alors prisée par les technocrates et les prospectivistes. Cette attention accordée aux formes d'inventivité des cultures populaires, à l'élucidation du déploiement de « ruses », de « braconnages » et de « sens tactique » dans les pratiques quotidiennes (l'espace, la lecture, les croyances) irrigue tout un champ de recherche alors en constitution, celui de la sociologie dite « des usages ». Ce « collège invisible » a pour objet et point de fixation l'usage des technologies de l'information et de la communication (TIC).

Introduire le concept d'*usage* relève cependant de la gageure car il échappe à toute tentative de définition : « sa signification résulte d'options théoriques qui la dépassent : elle participe en effet de débats qui opposent, en sociologie, l'agent et l'acteur, les niveaux micro et macro, la technique et le social, l'empirisme et la théorie critique[2]. » L'« école française des usages[3] » a néanmoins consolidé l'essence dynamique du concept, l'*usage* étant compris comme étant avant tout « l'aboutissement d'un processus de négociation et de convergence entre un dispositif technique, des réseaux et des groupes sociaux, des imaginaires et des formes spécifiques d'appropriation[4]. » Son étude peut se situer à cinq niveaux différents[5] :

- Au niveau des interactions matérielles entre hommes et dispositifs techniques
- Au niveau de la conception des interfaces et de l'ergonomie cognitive
- Au niveau du quotidien, des pratiques et des rapports sociaux
- Au niveau des valeurs morales et politiques portées par les TIC
- A un dernier niveau plus macro, traitant de l'ancrage social et historique des usages

Dans ce chapitre, nous souhaitons jeter un regard réflexif sur le concept d'usage. Bien que celui-ci ait déjà été au centre de plusieurs analyses rétrospectives[6], nous décalons ici la focale en mettant l'accent sur les différentes « carrières » empruntées par le concept. Ce concept, emprunté à Hugues[7], est transposé dans l'étude de la déviance par Howard Becker[8] pour décrire le cheminement par lequel un individu va se constituer comme déviant[9].

Dans notre contexte, la « carrière » est ainsi un processus de redéfinition de l'identité sociale à la fois du concept d'usage et de ceux qui le manient. Bien qu'Howard Becker distingue plusieurs étapes dans la réalisation d'une « carrière[10] », nous articulerons notre analyse autour de la figure de l'« outsider » au double sens que lui attribue Becker : soit que l'« outsider » ait transgressé une norme propre au groupe social dans laquelle cette norme est véhiculée ; soit / et qu'il estime que ce groupe et les « entrepreneurs de morale[11] » qui y sont associés sont étrangers à leurs propres mondes et sont eux-mêmes outsiders. L'histoire de l'usage qui est proposée est alors un récit en trois temps rythmé par les dynamiques déviantes à l'origine des trois « carrières » du concept.

Le passage à l'acte déviant : l'usage, de la statistique au construit social
L'« école française des usages » entre en transgression en reconnaissant chez l'usager des TIC une compétence à inventer. Le Minitel peut être regardé comme l'objet idoine de ce courant d'études. Bénéficiant d'une attention particulière de la part des chercheurs en sciences sociales[12], cet objet va permettre de populariser l'intérêt d'une étude fine des usages effectifs dans les années 1980. En effet, durant les expérimentations menées, les chercheurs vont mettre en lumière le « sens tactique » des usagers du Minitel. D'une part, seul le service d'annuaire téléphonique est plébiscité par ceux-ci

tandis que les autres services proposés, qui procédaient d'une volonté de rapprocher l'administration de ces administrés, sont délaissés. D'autre part, les possibilités techniques du Minitel ont été détournées par les usagers qui ont pris appui sur le réseau pour développer et utiliser le minitel « rose ». Cet usage est et restera le plus répandu parmi tous.

Au-delà de la réhabilitation de la parole de l'usager ou de ses capacités d'action, c'est la rationalité techniciste qui prête le flanc à la critique de l'« école française des usages ». En effet, ces chercheurs récusent l'idée du déterminisme technique, c'est-à-dire le fait de considérer le changement technique comme exogène et autonome par rapport à l'évolution de la société. Et c'est parce qu'ils refusent d'envisager la technique comme l'élément déclencheur du changement social, que ces « outsiders » vont se détourner d'une utilisation automatique des méthodes d'enquêtes quantitatives. L'interrogation d'échantillons représentatifs de la population française pour sonder son taux ou ses besoins en équipement ou son opinion vis-à-vis des sciences et des techniques est un procédé jugé trop grossier car il laisse passer à travers ses mailles les processus de construction sociale à l'œuvre dans l'usage. Les chercheurs, en effet, revendiquent une approche qui « consiste à observer les pratiques réelles, de conception, de diffusion, d'usage, mais aussi de construction des représentations et du sens de la technique, au travers d'enquêtes de terrain sociologiques, microsociologiques ou ethnographiques[13]. » L'accent est ainsi mis sur l'observation de la dynamique lente de formation des usages, dont notamment la prise en compte du poids des traditions, des habitudes, qui permettent de comprendre, voire d'anticiper, l'inertie du corps social à modifier son comportement et ses pratiques de manière révolutionnaire[14]. L'*usage* est ainsi envisagé dans une approche généalogique. Cette perspective offre une issue à une appréhension statique et statistique de l'*usage* en prenant en compte les différentes phases qui concourent à la socialisation des TIC[15]. Celles-ci sont donc examinées du point de vue de leur découverte, de leur adoption, du temps d'apprentissage requis pour leur maîtrise mais aussi du point de vue de leur banalisation. De manière liée, les phénomènes de filiation entre technologies sont mis en évidence. Les annonces de *tabula rasa* portées par les quantitativistes et leurs partisans sont révoquées par les observations faisant état de phénomènes d'hybridation entre TIC. L'objet nouveau n'anéantit pas l'ancien monde, il est « domestiqué[16] » dans celui-ci[17]. Ce temps d'accueil de l'usage à l'intérieur duquel se nouent les liens entre le passé et le présent est également le lieu de construction du sens octroyé à la technique par les usagers.

Ces chercheurs se retrouvent donc autour de l'*usage* comme « notion carrefour », « occasion de confrontations entre les disciplines qui se partagent le champ de la communication[18] ». Ces confrontations sont caractéristiques d'un champ de recherche profondément marqué par la variété des disciplines qui ont concouru à son essor[19]. La sociologie des usages est alors marquée par l'« effervescence de bricolage intellectuel et d'artisanat conceptuel » qui s'oppose alors au rigorisme orthodoxe des méthodologies quantitatives.

Cette socialisation de l'activité déviante est stimulée par un contexte favorable[21]. D'une part, la recherche a pu bénéficier du soutien appuyé de l'Etat. Celui-ci s'effectuait soit par l'intervention de grands groupes industriels, alors nationalisés, soit directement, par l'entremise de l'administration publique. La communauté de recherche qui gravite autour des problématiques d'*usage* est alors constituée de sociologues atypiques, universitaires ou indépendants. D'autre part, ces chercheurs ont joui d'une grande liberté d'action leur permettant, le cas échéant, de passer sous silence les *a priori* quantitativistes figurant dans les cahiers des charges des commandes et ce faisant, de mettre en échec l'influence des « entrepreneurs de morale ». Ainsi, s'ils sont étiquetés comme déviants, la position d'agents doubles qu'ils occupent – alternativement dans et hors l'institution, offre aux transgresseurs la possibilité d'assumer leur rôle d'outsiders sans pour autant être victimes d'une stigmatisation violente.

Peu à peu, l'*usage* et la pensée associée vont se diffuser au-delà du cercle original d'« outsiders ». Son succès est vérifié par la sollicitude grandissante d'institutions variées pour les études d'*usage*. Il se construit dans le cadre d'un renouvellement général des modalités de dialogue entre science, technologie et société. Il est également tributaire des stratégies commerciales mises en places par les organisations. En effet, soit celles-ci s'intéressent à l'*usage* dans l'optique d'ajuster leur communication à l'usage réel fait de leurs produits, soit elles font appel aux chercheurs afin d'« intégrer des pratiques d'usages porteurs » dans la « conception permanente » des objets techniques[22]. » Ces phénomènes vont obliger les chercheurs à s'adapter à de nouvelles règles en répondant de trois manières[23] : ne produire que des études empiriques à portée théorique limitée, approfondir « en perruque » les problématiques théoriques en maintenant une production d'études contractuelles satisfaisantes, et enfin réussir à concilier recherche de terrain et ambition théorique, ce qui, cela va sans dire, réclame un investissement supérieur.

CAUTIC®, l'usage au service de l'innovation

En 1999, le CNRS attribue à Philippe Mallein, ingénieur de recherche dans l'institution et officiant à la Maison des Sciences de l'Homme de Grenoble, un Cristal pour la conception de la méthode CAUTIC®. Comme son acronyme l'atteste (Conception Assistée par l'Usage pour les Technologies, l'Innovation et le Changement), la méthode CAUTIC® est une forme d'analyse de l'usage mobilisée au service d'activités de conception et valorisée commercialement en première instance, en 1999, par la société Ad Valor. Elle vise à évaluer l'acceptabilité d'un produit ou d'un service par les populations ciblées par les concepteurs. La revendication du caractère novateur de la méthode tient de son intervention durant les phases de conception du produit afin de pouvoir procéder à des modifications et ajustements, avant que toutes possibilités d'intervention et de modification de la trajectoire de l'innovation ne deviennent trop coûteuses pour le porteur de projet. A partir du recours aux entretiens semi-directifs, cette méthode revendique sonder les « significations d'usage » des utilisateurs potentiels d'une innovation afin de « définir si le dispositif fait sens dans une logique de réception négociée[25] ».

L'adoption d'une méthodologie qualitative pour le recueil de l'opinion ne suffit cependant pas à identifier la méthode comme la fille légitime de l'« école française des usages ». En effet, CAUTIC® prend à contre-pied certains fondements théoriques de celle-ci. Tandis que le discernement des deux logiques (« cohérence sociotechnique » vs. « rationalité technosociale ») participe d'une réflexion au long cours[26], l'engagement de cette réflexion vers la formulation de préconisations opérationnelles ne s'est effectué qu'au milieu des années 90. En ce sens, CAUTIC® constitue une forme d'accentuation revendiquée de ce glissement de l'analyse scientifique au métier de conseil. Il ne s'agit plus de démontrer la pluralité et la contingence des significations d'usages mais de s'en saisir comme d'un instrument de régulation de l'innovation. Ce changement dans la finalité de l'enquête met en doute la conformité de la méthode aux normes défendues par les premiers tenants de l'« école française des usages ». D'abord, parce que la méthode, formalisée et valorisée sous forme commerciale, est ainsi localisée en un endroit où la critique scientifique n'a qu'un faible écho. La performance de la méthode, ainsi que sa viabilité, a moins pour étalon de mesure la somme de critiques qui peuvent provenir des chercheurs travaillant sur l'*usage* que les succès commerciaux attribués à l'utilisation de la méthode. Dès lors, on comprend que les mécanismes d'évaluation académique perdent en pertinence voire en opportunité, que les restrictions portant sur les résultats de la méthode (confidentialité des études) posent problème, que l'opposition entre « cohérence sociotechnique » et « rationalité technosociale » ait pu être transformée en argument de vente soulève des questions, que la création d'une structure commerciale *ad hoc*, voire l'attribution du cristal à Philippe Mallein, puisse exaspérer certains.

Sur le plan du contenu, CAUTIC® détonne également. Examinons, à titre d'illustration, l'un des deux outils de la méthode : les « profils d'utilisateurs ». Ceux-ci sont inspirés d'une typologie issue du modèle « diffusionniste » de l'innovation. Ce modèle est une analyse statistique des comportements d'adoption de l'innovation qui explique le succès d'une innovation comme la capacité à être adoptée, durant son cycle de vie, par des types d'adoptants aux attitudes différentes (Rogers 1983). L'incorporation de ce paradigme pose problème. D'abord, parce qu'il suppose une étude *a posteriori* d'une innovation considérée comme stabilisée. Ainsi, bien que CAUTIC® se place en amont du processus de diffusion, la méthode reprend à son compte des enseignements théoriques élaborés à partir d'une innovation considérée comme stabilisée. Or, rappelons-le, l'« école française des usages », dans son travail de réhabilitation de l'usager comme doté de compétences, d'un « sens tactique », a exclu toute possibilité de considérer celui-ci à travers le prisme d'une figure docile, empreinte de passivité. En incorporant des éléments diffusionnistes dans son outillage, la méthode CAUTIC® fait pourtant resurgir une forme d'attentisme chez l'usager: certains profils sont plus résistants au changement que d'autres et ces résistances sont comprises comme des freins à la diffusion de l'innovation (voir chapitre 4 sur CAUTIC®). En somme, la méthode est colorée par un léger déterminisme technique, bien moins affirmé que celui des champions du quantitativisme, mais un déterminisme technique tout de même. Par ailleurs, CAUTIC® est mobilisée à des fins de conseil sur un modèle « go / no go » privilégiant l'évaluation de l'acceptabilité de l'innovation à l'étude des usages *per se*. Tandis qu'il s'agissait pour l'« école française des usages » de rendre compte de la variété des « arts de faire » et d'en sonder les ressorts, la méthode CAUTIC® renverse la logique. Les ressorts (les « profils d'usagers ») deviennent le terreau d'accueil et les *usages*, d'objets à observer, deviennent des objets à concevoir. En ce sens, ce n'est pas la granularité et la diversité des usages qui intéressent CAUTIC® mais bien la capacité de l'innovation à répondre à ces caractéristiques de l'usage. Ces différences sont ténues mais elles sont au cœur de la compréhension du caractère déviant de la méthode. Dire la déviance de CAUTIC® par rapport aux normes adoptées par l'« école française des usages » permet seulement de saisir la caractéristique illégitime de la filiation. Néanmoins, il nous faut revenir dans le détail sur le travail de Philippe Mallein pour concevoir l'héritage compliqué dont a bénéficié la méthode.

Pionnier des études d'usages des innovations technologiques au début des années 80 avec le magnétoscope comme objet inaugural, Philippe Mallein, économiste de formation, multiplie les incursions sociologiques dans divers terrains. Y sont abordées, sous l'angle de l'*usage* et de l'appropriation de l'innovation, les TIC, la domotique et la profession agricole. Sur ces questions, Philippe Mallein devient alors l'interlocuteur privilégié de diverses institutions, qu'il s'agisse des pouvoirs publics Rhône-alpins (évaluation de l'acceptabilité de mesures novatrices comme le contrat de ville, les états généraux de l'agglomération grenobloise, *Grenoble Campus ouvert*, *Prêt à rentrer étudiants*, etc.) ou d'organisations du monde socio-économique (notamment le Centre Scientifique et Technique du Bâtiment – CSTB ou encore Télé Promotion Rurale). Ingénieur de recherche au CNRS depuis 1978 et membre du CERAT [27], Philippe Mallein initie un programme triennal de recherche hébergé par la Maison des Sciences de l'Homme Alpes et baptisé CAUTIC®. Le programme réunit alors des chercheurs d'horizons disciplinaires variés [28] (économistes, psychologues, sociologues, ergonomes, gestionnaires, linguistes, ingénieurs, psychiatres) ainsi que des partenaires d'organisations privées (Schneider Electric, France Télécom, EDF, Le CSTB, le Mouvement Français pour la Qualité,...). Les ateliers organisés débouchent sur la création de la société *Ad Valor*, chargée de valoriser commercialement la méthode et dont Philippe Mallein est le conseiller scientifique. Cette start-up a bénéficié du soutien de l'incubateur GR-A-IN [29]. Philippe Mallein deviendra même secrétaire du bureau de cet incubateur et sera nommé chargé de valorisation des activités scientifiques à l'Université Pierre-Mendès-France de Grenoble. Il développera, dans le même temps, un nouveau programme de recherche dénommé DICAU (Dispositifs d'Interaction, Cognition et Analyse sociologique de l'Usage) visant à engager CAUTIC®v dans une voie encore plus interdisciplinaire. Ce rapprochement de plus en plus intense avec les organisations industrielles a finalement conduit Philippe Mallein à faire partie des fondateurs du MINATEC IDEAs Laboratory®.

Le parcours de Philippe Mallein nous montre tout d'abord comment le comportement déviant procède d'un changement dans la répartition des rôles sociaux du scientifique. Tandis que durant l'« école française des usages », le scientifique valorisait un étiquetage qui soulignait sa qualité de chercheur, producteur et développeur d'un champ de connaissances, Philippe Mallein fait usage de cette qualité comme un gage de légitimité et de validité de sa méthode. C'est son expérience et son rôle dans l'« école française des usages » qui lui assurent une crédibilité à endosser indifféremment les costumes d'administrateur, de régulateur, d'entrepreneur et de conseiller scientifique ; ces dernières responsabilités prenant progressivement le pas sur l'activité de recherche en tant que telle. Par ailleurs, la mobilisation d'équipes provenant de disciplines diverses durant les programmes CAUTIC®, DICAU puis au MINATEC IDEAs Laboratory®, relève d'une volonté de proposer à la société des solutions abordant plusieurs pans de problèmes considérés comme complexes. Le cloisonnement entre les sciences est compris comme un frein à la mobilisation nécessaire de ressources diverses. Cet avantage *concurrentiel* de l'approche CAUTIC® sur d'autres approches plus académiques constitue « une remise en cause des modes de connaissance que nous considérons fiables, calqués en fait sur un modèle positiviste de la scientificité [30]. »

Ainsi, la méthode CAUTIC®, cristallise un ensemble de pratiques fondamentalement déviantes au regard de la norme instituée par l'« école française des usages ». Son succès est notamment tributaire d'un mouvement de rapprochement des sphères académiques et économiques, contribuant ainsi au succès de la méthode sur une scène industrielle.

L'*usage*, au prisme de l'« expérience »

Le succès de CAUTIC® repose également sur le développement en parallèle d'un réseau de « jeunes ambassadeurs » de la méthode. Hautement diplômés (DEA, DESS ou doctorat [31]) et formés aux rudiments de la méthode, ces praticiens sont présents dans l'ensemble des organisations qui ont contribué au déploiement de celle-ci : l'*Université Pierre-Mendès France* de Grenoble, la *MSH Alpes*, les sociétés *Ad Valor* et *Tell'us* (aujourd'hui intégrées à *Ixiade*, cabinet de conseil pour l'accompagnement de projets d'innovation), *TPR Rhône-Alpes*, le cabinet de conseil en innovation *Faber Novel* ou encore le *CNRS*.

Cette jeune garde a contribué à la diffusion de la méthode et de ses principes. Ces praticiens ont également enrichi leur palette d'outils en s'engageant dans le champ des « recherches spéculatives sur l'innovation [32] ». Ces jeunes chercheurs vont ainsi emprunter le tournant « expérientiel » pris par certains théoriciens de l'activité de conception. Inspiré d'un article au grand retentissement de la Harvard Business Review, dans lequel les auteurs annonçaient l'avènement d'une économie de l'expérience en succession aux économies agraire, industrielle et servicielle [33], le concept a une définition floue dans le cadre de la conception technologique [34]. Cependant, l'accent est mis sur l'importance de la prise en compte des contextes d'utilisation du dispositif technologique, du caractère subjectif et social de la manière de percevoir ce contexte et enfin de la contingence de ceux-ci [35]. Si le tournant expérientiel marque le dépassement des études ergonomiques et des études d'utilisabilité dans les sciences de la conception, il est ici transposé par une prise de distance à CAUTIC®. D'une variable considérée comme condition du succès de l'innovation, l'« expérience » devient un élément à construire, l'un des objets du travail de conception. Ce tournant « expérientiel » a été emprunté de manière plus ou moins affirmée selon les praticiens et les organisations concernées. Chez ces nouveaux « outsiders », beaucoup ont participé activement à des projets européens d'envergure [36] et, dans ce cadre, ont multiplié échanges et contacts avec des chercheurs et ingénieurs étrangers (notamment scandinaves) rompus à la collaboration entre sciences sociales et monde industriel. Ces collaborations ont eu un rôle non négligeable dans le processus de remise en question des savoirs et savoir-faire participant de CAUTIC® et, à plus forte raison, de ceux hérités de l'« école française des usages ».

Tout d'abord, les recherches spéculatives sont contraintes par l'intégration de trajectoires de systèmes techniques au sein desquelles vont s'insérer les technologies en développement. En ce sens, elles s'affranchissent des règles d'un exercice académique des sciences sociales : l'objectif n'est plus du tout la recherche de vérité, il n'est plus complètement la poursuite de véridicité, il s'affirme ici en termes de quête de vraisemblance . Ainsi, le travail de projection se démarque des deux autres formes de mobilisation de la notion d'usage en ce qu'il s'accommode du conditionnel pour s'effectuer : le fait que ni la technologie, ni ses usagers n'existent ne constitue un écueil.

Par ailleurs, les praticiens interviennent également à un moment particulier de l'innovation, en un lieu qu'il est désormais convenu de nommer le « fuzzy front end [38] » de l'innovation. Antérieur à la phase de développement de l'innovation, ce lieu est marqué par l'incertitude en termes de nature du travail à effectuer, de financement, d'attentes en termes de génération de revenus, de date de mise sur le marché et de modalités d'évaluation de l'invention. Tandis que le rayon d'intervention des sociologues des usages était posté soit très en amont ou alors en aval du processus d'innovation, le positionnement occupé ici diffère en ce qu'il oblige les praticiens à « avoir les mains dans le cambouis » du processus de conception. On peut expliquer ce tournant vers l'activité de conception par le type des technologies développées par le CEA-LETI (la microélectronique et les technologies de l'information [39]). Ce travail, qui s'effectue la plupart du temps à partir d'une réflexion sur le devenir de *briques technologiques* [40], s'inscrit dans un processus double [41]: d'une part, a lieu une activité de spécifications techniques durant laquelle le contenu et la fonction d'une option technique particulière sont spécifiés en pratique ; d'autre part, prend place un processus d'articulation de la demande durant lequel concepteurs et utilisateurs (représentés ou projetés) spécifient leurs rapports aux options techniques disponibles. Ainsi, l'indétermination est grande concernant la technologie elle-même, son insertion dans un produit final et le public réceptacle de celui-ci. Il ne s'agit plus seulement d'observer l'*usage* et de rendre compte de ses dynamiques de construction sociale, ni de prophétiser sur la réussite de l'insertion sociale d'une technologie. Ces praticiens interviennent comme acteurs d'un processus technologique.

L'une des modalités d'action de ces praticiens est la production de *projections d'usage* qui émergent par l'édification d'« un cimetière assumé de démos en tout genre » où se peuplent des « représentations intermédiaires de concepts – scénario, démo, maquette [...] » qui « sont quelques-unes des modalités de ce nouveau paradigme de la conception. » (Trompette and Blanco 2009 : 105). Ce travail consiste en la création de *choses* qui représentent des usagers en prise avec des technologies au sein d'une écologie sociotechnique fictive. Cette écologie n'existe pas, elle est la résultante d'un travail de configuration sociotechnique, « arrêt sur image qui fige à un moment donné un agencement social autour d'une technique[42]. » L'*usage* se retrouve ainsi mis en scène, contenu dans les formes d'une représentation, qui dans l'incapacité d'en référer au réel, s'en rapporte au vraisemblable. En effet, ce travail d'encapsulation de l'*usage* projeté est celui *dé-rangement* du monde à advenir. L'*usage* est ainsi une idée à la fois contenue et révélée par les représentations, la production de celles-ci se révélant indispensable au praticien comme instrument de travail et outil de communication. Ces représentations deviennent, dans le monde réel de la conception, des « mobiles immuables[43] ». A l'exemple de la carte géographique, elles conservent leurs formes (immuables) tandis qu'elles circulent dans le temps et l'espace (mobiles). Elles réduisent la distance du vraisemblable à la réalité en faisant venir au monde de la conception un *usage* inexistant.

Ainsi, ces « immuables mobiles » circulent. Reste alors à traiter la question de la finalité de cette mise en circulation pour mieux appréhender le caractère déviant du travail de *projection d'usage*. Les praticiens engagés dans cette activité s'inscrivent dans la lignée des utilisations précédemment analysées de l'*usage* en ce qu'ils accordent une attention toute particulière à l'usager. Les significations qui émergent et se construisent dans son rapport à la technologie constituent leur matière première. Cependant, elles sont mobilisées autrement que comme matériau strictement analytique et pas uniquement comme indices de l'acceptabilité sociale de l'innovation. Cette fois-ci, les significations d'usage peuvent être incorporées comme matériau ressource pour le travail de conception.

D'abord, elles circulent au sein de deux types de réseaux : celui formé par l'équipe de conception (ingénieurs, ergonomes, sociologues, chercheurs, etc.) et celui qui lie des utilisateurs potentiels de la technologie en développement et l'équipe de conception. C'est ce dernier qui nous intéresse particulièrement ici puisque les utilisateurs potentiels, faits de chair et d'os, sont le chaînon manquant de la représentation. Ils ne sont pas directement observables, ne laissent pas de traces, ne sont pas clairement définis par les commanditaires. Parce que ces utilisateurs sont l'« allié » le plus évanescent qui soit[44], on attend également des praticiens qu'ils s'instrumentent pour les rendre suffisamment tangibles et stables afin d'en extraire le matériau nécessaire à la « connaissance stratégique des usages[45]. »

Ce processus de stabilisation[46] s'effectue par l'implémentation de méthodes et d'outils dans le cadre d'activité de conception technologique qui, en plus d'être contingente par définition[47], implique, dans notre situation, plusieurs partenaires. La projection s'en trouve contrainte par les objectifs des projets de conception ainsi que par les agendas de chacun des partenaires. Les méthodes et outils alors déployés sont affectés par l'impossibilité de viser un optimum dans leur utilisation [48]. Ces méthodes sont instables car elles convoquent les entités fuyantes que sont la technologie en développement et les utilisateurs potentiels. Elles se trouvent être nombreuses et constamment renouvelées dans leur utilisation [49].

Cette instabilité questionne la scientificité même des méthodes convoquées car celles-ci voient leur statut profondément modifié. Elles ne constituent plus le cadre conventionnel à l'intérieur duquel s'effectue la pratique (« école française des usages ») ou contre laquelle celle-ci s'adosse pour se fonder comme déviante (CAUTIC®). Selon les contextes, ces normes peuvent être ignorées, utilisées comme source d'inspiration, comme moyen de contrôle parmi d'autres, comme outil d'analyse réflexive, comme contre-exemple, comme base d'exploration, etc. Le caractère déviant du travail des recherches spéculatives se manifeste par le fait qu'il émousse autant le statut permanent et rigide des normes que celui des clients de l'*usage* [50].

Ce changement de perspective, s'il peut paraître anecdotique, a plusieurs implications profondes sur le travail du praticien, le statut du savoir produit et les instruments de production de ce savoir. D'abord, il annihile toute velléité de mise en conformité du dispositif technologique en conception aux usagers potentiels qu'il s'agisse de leurs significations d'usage, de leurs désirs ou encore de leurs compétences. Parce que d'une part, le travail de projection d'usage détraque le centre d'intérêt de la conception : le focus est décalé de l'artefact en conception vers la conception d'un contexte d'usage. En somme, il n'est plus possible de penser un trajet linéaire et diffusionniste qui pose la technologie en point de départ et l'utilisateur en point d'arrivée. En cela, sa déviance à CAUTIC® est un retour aux sources de l'« école française des usages ».

Par ailleurs, l'écart entre usages prescrits et usages observés est intégré comme une donnée non problématique mais *normale*, qu'il ne s'agit ni de dénier, ni de réduire. Dès lors, il n'est plus possible de raisonner en termes de succès ou d'erreurs, de logiques « sociotechnique » ou « technosociale ». L'activité de conception est envisagée non comme tournée vers la production de solution mais vers la formulation de problèmes. Projeter l'*usage* signifie alors entraîner la transformation de l'espace de conception en lieu de débats et de disputes au sein duquel les utilisateurs potentiels ne sont pas une chambre de validation mais un partenaire actif.

Alors, s'il ne s'agit plus (seulement) de dire le bon ou le mauvais, de valider ou d'invalider, mais de (se) poser des questions. Comment alors qualifier la finalité de ces méthodes ? Selon qu'il s'inscrive dans l'exploration ou l'exploitation en termes de dominante de conception [51], le travail de projection d'usage sera plus ou moins tourné vers l'évaluation du dispositif technologique ou vers la création – c'est-à-dire la conception du dispositif technologique. Il devient activité de « pure » création lorsque le processus de conception est exploratoire. Ici, créer signifie alors dépasser le constat d'observation et les préconisations qui en découlent et assumer comme rôle principal celui de force de proposition avec comme outillage possible, l'observation [52] ; mais les propositions avancées sont moins des solutions que des cadrages problématiques qui « transcendent » les paradigmes de style, d'usage, technologiques ou économiques [53]. Dès lors, on comprend encore mieux le statut d'« outsider » de ces nouvelles pratiques de l'*usage* : le flou du statut des jeunes praticiens, de leur identité et de leurs pratiques partage, avec l'art, une forme d'intentionnalité et d'exploration. Il s'en dégage cependant clairement par le dessein poursuivi : l'exploration technologique.

NOTES

1. De Certeau, M. 1990. *L'invention au quotidien*. Paris : Gallimard.
2. Chambat, P. 1994. Usages des technologies de l'information et de la communication. *Technologies et Société*, 6 (3): 249–70.
3. Jaureguiberry, F. 2008a. *Sociologie des usages des TIC*. «L'école française» des années 1980. Istanbul : Congrès AISLF.
4. Bajolet, E. 2005. Technologies d'information et de communication, quotidien et modes de vie (urbains): contours et résultats de la recherche scientifique francophone. 1992–2002. ACI-Ville, Ministère de la Recherche.
5. Proulx, S. 2005. Penser les usages des technologies de l'information et de la communication aujourd'hui : enjeux – modèles – tendances. Dans *enjeux et usages des tic : aspects sociaux et culturels*. Lise Vieira et Nathalie Pinède eds. Pp. 7–20. Bordeaux: Presses Universitaires de Bordeaux.
6. Bajolet, E. Technologies d'information et de communication, quotidien et modes de vie (urbains): contours et résultats de la recherche scientifique francophone. 1992–2002, ACI-Ville, Ministère de la Recherche ; Jaureguiberry, F. 2008b. De l'usage des technologies de l'information et de la communication comme apprentissage créatif. *Education et Sociétés*, 22 (2): 29-42; Jouët, J. 2000. Retour critique sur la sociologie des usages. *Réseaux*, 100 (18): 487–521; Le Marec, J. 2001. L'usage et ses modèles : quelques réflexions méthodologiques. *Spirales*, (28):105–22; Le Marec, J. 2004. Usages : pratiques de recherche et théorie des pratiques. *Hermès*, (38): 141–47.
7. Hughes, E.C. 1958. *Men and their work*. The Free Press.
8. Becker, H. S. 1985. *Outsiders. Etudes de sociologie de la déviance*. Paris : Métailié.
9. « Les groupes sociaux créent la déviance en instituant des normes dont la transgression constitue la déviance, en appliquant ces normes *à certains individus* et en les étiquetant comme déviants. De ce point de vue, la déviance n'est pas une qualité de l'acte commis par

une personne, mais plutôt une conséquence de l'application, par les autres, de normes et de sanctions à un « transgresseur ». Le déviant est celui auquel cette étiquette a été appliquée *avec succès* et le comportement déviant est celui auquel la communauté attache cette étiquette » Ibid. at 32–33.

10. La première est caractérisée par la transgression de la norme par le sujet ; dans la deuxième étape, la transgression se fait régulière et la déviance est socialisée ; elle fait l'objet d'une désignation publique dans un troisième temps avec l'acquisition chez l'individu d'un nouveau statut social ; enfin advient l'adhésion à un groupe de pairs qui génère l'élaboration de rationalisation légitimante de l'identité déviante et la perpétuation de pratiques et savoir-faire déviants.
11. « Les normes sont le produit de l'initiative de certains individus, et nous pouvons considérer ceux qui prennent de telles initiatives comme des entrepreneurs de morale. » Becker, H. S. 1985. *Outsiders. Etudes de sociologie de la déviance*. Pp. 71. Paris : Métailié.
12. Boullier, D. 1984. Autres outils, autres communications. A propos de Telem Nantes. In *Télématique : promenade dans les usages*. Marchand M. and Ancelin C. eds. Paris : La Documentation Française; Mallein P. and Toussaint Y. 1985. La vie quotidienne. *Dans La provocation. Hommes et machines en société*. Cesta ed. Pp. 153–61. Paris: CESTA ; Toussaint, Yves. 1992a. Historique des usages de la télématique. In *Communication et lien social : usages des machines à communiquer*. Chambat, P. ed. Paris: Editions Descartes; Toussaint, Y. 1992b. La parole électrique. Du minitel aux nouvelles machines à communiquer. *Esprit*, (186) :127–39.
13. Bajolet, E. Technologies d'information et de communication, quotidien et modes de vie (urbains) : contours et résultats de la recherche scientifique francophone. 1992–2002. Pp. 29. ACI-Ville, Ministère de la Recherche.
14. Jouët, J. 1993c. Pratiques de communication et figures de la médiatisation: des médias de masse aux technologies de l'information et de la communication. In *Sociologie de la communication*. Beaud, P. et al. eds. Paris : CENT; Perriault, J. 1989. *La logique de l'usage. Essai sur les machines à communiquer*. Paris : Flammarion ; Scardigli, V. 1994. Déterminisme technique et appropriation culturelle: évolution du regard porté sur les technologies de l'information. *Technologies de l'information et société*, 6 (4): 299–314; Scardigli, V. 1995. Les technologies de l'information et de la communication changent-elles les structures de la vie en société ? *Le paradigme informatique : technologies et évolution sociale*. Freeman C. and Mendras H. eds. Pp. 61–76. Paris : Editions Descartes et Cie.
15. Un autre versant du processus d'appropriation suscite un foisonnement de recherches. Il s'agit de la dimension cognitive et empirique qui aborde plus matériellement la relation de l'usager au TIC : Jouët, J. Pratiques de communication : figures de la médiation. *Réseaux*, 1 (60): 291-312 ; Jouët, J. 1993a. Usages et pratiques des nouveaux outils de communication. In *Dictionnaire critique de la communication*. Sfez, L. ed. Paris: PUF. Cette dimension est marquée d'un double mouvement d'acculturation de la technique par l'usage et d'empreinte de la technique sur celui-ci. Dans le premier processus, l'usager doit se plier aux impératifs techniques de TIC porteurs de valeurs spécifiques (rationalité, performance, ordre), tandis que dans le second, ce sont « les mobiles, les formes d'usage et le sens accordé à la pratique » qui sont envisagés en tant qu'ils « se ressourcent dans le corps social. »
16. Silverstone, R. and Hirsch E. eds. 1992. *Consuming technologies. Media and information in domestic spaces*. London and New York : Routledge.
17. Licoppe, C. 2002. Sociabilité et technologies de communication. Réseaux 112-113 (2): 172–210. Ou encore Lardellier, P. 2006. *Le pouce et la souris : enquête sur la culture numérique des ados*. Paris: Fayard.
18. Chambat, P. 1994. Usages des technologies de l'information et de la communication. *Technologies et Société*, 6 (3): 263.
19. Sociologues de la famille, du travail, des modes de vie et mêmes politologues sont les précurseurs d'un champ de recherche qui sera investi, dès la fin des années 80, par d'autres

courants et disciplines : sociologie de la diffusion, sociologie de l'innovation, ethnométhodologie, histoire des techniques, science de l'information et de la communication, approches socio-politiques. Jouët, J. 2000. Retour critique sur la sociologie des usages. *Réseaux*, 18 (100): 502.

20. Ibid. (at 493).
21. Ibid.
22. Jaureguiberry, F. 2008b. De l'usage des technologies de l'information et de la communication comme apprentissage créatif. *Education et Sociétés*, 2 (22): 38.
23. Voir J. Jouët, déjà cité.
24. Le Cristal du CNRS, créé en 1992, distingue chaque année des ingénieurs, des techniciens et des administratifs. Il récompense celles et ceux qui, par leur créativité, leur maîtrise technique et leur sens de l'innovation, contribuent aux côtés des chercheurs à l'avancée des savoirs et à l'excellence de la recherche française (source : http://www.cnrs.fr)
25. Forest, F. 2003. Des sociologies de la réception à la conception assistée par l'usage des techniques d'information et de communication: héritage et enjeux. *Revue Kovex*.
26. Mallein, P. and Toussaint, Y. 1975. *La vie quotidienne*. Association internationale des sociologues de langue française eds. Pp: 153–61. Menton : Editions Anthropos.
27. Centre d'Etudes et de Recherche sur l'Administration et le Territoire. Le laboratoire grenoblois est fondé par Jean-Louis Quermonne en 1965 et est désormais intégré au laboratoire PACTE-CNRS.
28. Une partie de ceux-ci occupe aujourd'hui des postes de chercheur ou d'ingénieur de recherche au sein d'organisations diverses : CEA-LETI, ERT Umanlab, Ad Valor, Ixiade
29. Grenoble Alpes Incubation (GR-A-IN), est un incubateur opérationnel créé dans le cadre de la loi sur l'innovation et la recherche, fondé le 29 avril 1999 par le Commissariat à l'énergie atomique (CEA), le Centre national de la recherche scientifique (CNRS), l'Institut national polytechnique de Grenoble (INPG), l'Université Joseph-Fourier (UJF) et l'Université Pierre-Mendès-France (UPMF).
30. Boullier, D. *1997. La connaissance stratégique des usages. Conseil scientifique de France Télécom*. Pp. 5.
31. Trois thèses de doctorat nous renseignent sur les relations ambivalentes qu'entretiennent ces praticiens avec le monde académique. Par ordre chronologique, il y a d'abord le travail de Céline Verchère, 2004. *Les entre-dits des je(ux). Significations et logiques de l'usage de substances psychoactives en lien avec le contexte festif techno : enjeux identitaires et sociaux*. Thèse de doctorat, Université de Grenoble II qui, bien que portant sur l'usage de drogues en milieu festif, a pour arrière-fondement analytique les logiques d'usage. Hoffmann, J. 2007. *Développement et test d'un Modèle des Déterminants Individuels de l'Adoption des Innovations Technologiques dans l'industrie des TIC*. Thèse de doctorat, Université Grenoble 2, UPMF. a, de son côté, intégré la méthode dans un modèle explicatif de l'adoption des TIC dans l'industrie. Enfin, Nicolas Veyrat en 2008: *Les usages dans la lunette : co-concevoir des produits et des usages innovants*. INPG – Grenoble. Il a mené une réflexion critique sur l'apport de la méthode dans le champ de la prospective industrielle. Ce travail s'inscrit dans la lignée de ceux-ci.
32. « Spéculatives » en raison de leur caractère innovant et parce qu'elles impliquent le fait d'imaginer des futurs différents du présent ; recherches, car elles reposent sur des méthodes scientifiques et sur l'exploration de l'inconnu et de l'inédit ; et innovantes, car elles visent à informer et stimuler l'innovation.Stewart, J. et Claeys, L. 2009. Problems and opportunities of interdisciplinary work involving users in speculative research for innovation of novel ict applications. In *The good, the bad and the challenging. The user and the future of information and communication technologies*. Bartolomeo, S. et al. eds. Copenhague.(Notre traduction).
33. "On parle d'expérience lorsqu'une entreprise fait des services proposés une scène, et des biens offerts, des éléments de décor, afin d'intéresser individuellement les consommateurs de manière à laisser l'empreinte d'un moment mémorable. Les marchandises sont

alors fongibles, les biens tangibles et les expériences mémorables. » Ii Pine B.J. et Gilmore, J.H. 1998. Welcome to the experience economy, Harvard Business Review: 97–105. (Notre traduction)

34. « Si la conception a été affaire de forme physique, sa matière première étant l'objet matériel, il semble qu'il soit de plus en plus question de l'utilisateur et de ses expériences. » Redström, Johan. 2006. Towards user design? On the shift from object to user as the subject of design. *Design Studies*, 27: 123–39 at 127. (Notre traduction)
35. Battarbee, K. 2003. *Defining co-experience. Proceedings of the 2003 international conference on Designing pleasurable products and interfaces*. Pittsburgh, PA, USA: ACM; Forlizzi, J. and Ford, S. 2000. The building blocks of experience: an early framework for interaction designers. *Proceedings of the 3rd conference on Designing interactive systems: processes, practices, methods, and techniques*. New York, United States: ACM; Vaajakallio, Kirsikka et Mattelmäki, Tuuli. 2007. Collaborative Design Exploration: Envisioning Future Practices with Make Tools. *Proceedings of the* 2007 *conference on Designing pleasurable products and interfaces*. Helsinki, Finland: ACM.
36. Il s'agit, pour les plus importants du projet ADAMOS, du projet E-SENSE et du projet SENSEI.
37. Au premier objectif, l'on peut adosser cette question : que se passe-t-il vraiment ? Au second, celle-ci : que se passera-t-il quand ? Et au dernier, la quête de vraisemblance : que se passerait-il si jamais ?
38. L'expression, difficile à traduire, pourrait signifier le front brumeux de l'innovation (Smith, and Reinertsen, 1995 ; Khurana, and Rosenthal, 1998 ; Koen et al. 2001 ; Reid, and De Brentani, 2004).
39. « Peu d'innovations technologiques sont parvenues à associer aussi étroitement à leur développement les plus « sociales » des sciences sociales, que l'informatique et la télécommunication. [...] A la différence des plus « humaines » des sciences sociales, la psychologie ou l'ergonomie, la sociologie est rarement invitée es qualité dans le laboratoire des innovateurs pour être directement impliquée dans la fabrication de prototypes techniques. » (1997: 15 Cardon)
40. L'usage de ce terme est courant au sein d'organisations tournées vers le développement technologique. Il renvoie à des innovations technologiques dont le stade précoce de développement ne permet pas encore de déterminer d'applications précises. Elles sont destinées à être insérées dans un ensemble plus large, le produit final.
41. (1994 : 1212 Koch, and Stemerding)
42. (Vedel, 1994).
43. (Latour, 1987)
44. « Si recherche il y a, c'est bien de celle-ci qu'il s'agit, de cette quête d'alliés de toutes sortes, humains ou non humains, depuis le filament à haute résistance jusqu'aux journalistes chargés d'alerter l'opinion publique... Le laboratoire est un des instruments privilégiés de cette quête tous azimuts. » Akrich, M., Callon, M. et Latour, B. 1991. A quoi tient le succès des innovations. L'art de choisir les bons porte-parole. In *Gestion De La Recherche*. Vinck, D. ed. Pp. 53–76 at 74. Bruxelles : De Boeck.
45. (1997: 2 Boullier)
46. (Bijker, 1992; Pinch, and Bijker, 1989; Pinch, 2003)
47. (Bucciarelli, 1994; Sharrock, and Button, 1997; Vinck, 1999)
48. (Shapiro, 1994)
49. Qu'il s'agisse des interviews in-situ, questionnaires, études de laboratoire, analyses de tâches, brainstormings, cultural probes, magiciens d'oz, simulations logicielles, prototypages papier, focus group, étude d'utilisabilité, observation participante, co-conception, chacune de ces méthodes peut être mobilisée indépendamment ou articulée à plusieurs autres tandis qu'aucune de celles-ci ne peut être associée comme référence exclusive au travail de projection d'usage.
50. (Verchère, and Anjembe, 2009)

NOTES

51. March, J. G. 1991. Exploration and exploitation in organizational learning. *Organization Science*, 2 (1): 71–87.
52. Button, G. and Dourish, P. 1996. Technomethodology: paradoxes and possibilities. *Proceedings of the SIGCHI conference on Human factors in computing systems: common ground*. Vancouver, British Columbia, Canada: ACM; Dourish, P. 2001. *Where the action is*. Cambridge, MA: MIT Press.
53. Ehn, P. 1988. *Work-oriented design of computer artifacts*. Falköping: Arbetslivcentrum.

BIBLIOGRAPHIE

- Bajolet, E. 2005. *Technologies d'information et de communication, quotidien et modes de vie (urbains): contours et résultats de la recherche scientifique francophone 1992–2002*. ACI-Ville, Ministère de la Recherche.
- Battarbee, K. 2003. Defining co-experience. *Proceedings of the 2003 international conference on Designing pleasurable products and interfaces*. Pittsburgh, PA, USA: ACM.
- Becker, H. 1985. *Outsiders. Etudes de sociologie de la déviance*. Paris: Métailié.
- Boullier, D. and Marchand M., Ancelin C., eds. 1984. *Autres outils, autres communications. A propos de Telem Nantes., Télématique : promenade dans les usages*. Paris : La Documentation Française.
- Conseil scientifique de France Télécom. 1997. *La connaissance stratégique des usages*.
- Bourdieu, P., Chamboredon, J.C, and Passeron J.C. 1983. *Le métier de sociologue*. Paris: EHESS.
- Button, G. and Dourish, P. 1996. Technomethodology: paradoxes and possibilities. *Proceedings of the SIGCHI conference on Human factors in computing systems: common ground*. Vancouver, British Columbia, Canada: ACM.
- Chambat, P. 1994. Usages des technologies de l'information et de la communication. *Technologies et Société*, 6 (3): 249–70.
- De Certeau, M. 1990. *L'invention au quotidien*. Paris: Gallimard.
- Dourish, P. 2001. *Where the action is*. Cambridge, MA: MIT Press.
- Ehn, P. 1988. *Work-oriented design of computer artifacts*. Falköping: Arbetslivcentrum.
- Forest, F. 2003. *Des sociologies de la réception à la conception assistée par l'usage des techniques d'information et de communication: héritage et enjeux*. Revue Kovex.
- Forlizzi, J., and Ford. 2000. *The building blocks of experience: an early framework for interaction designers. Proceedings of the 3rd conference on Designing interactive systems: processes, practices, methods, and techniques*. New York: ACM.
- Gaver, B. and Martin, H. 2000. *Alternatives : exploring information appliances through conceptual design proposals*. Pp. 209–16. The Hague : ACM.
- Hoffmann, J. 2007. *Développement et test d'un Modèle des Déterminants Individuels de l'Adoption des Innovations Technologiques dans l'industrie des TIC*. Thèse de doctorat, Université Grenoble 2, UPMF.
- Hughes, E.C. 1958. *Men and their Work*. The Free Press.
- Jaureguiberry, F. 2008a. *Sociologie des usages des TIC. «L'école française» des années* 1980. Istanbul: Congrès AISLF.
- 2008b. De l'usage des technologies de l'information et de la communication comme apprentissage créatif. *Education et Sociétés*, 2 (22): 29–42.
- Jones, J. C. 1988. *Design after modernism: beyond the object*. Thackara J. eds. Pp: 216–26. London : Thames and Hudson.
- Jouët, J. 1993a. *Usages et pratiques des nouveaux outils de communication. Dictionnaire critique de la communication*. Sfez L. eds. Paris: PUF.
- 1993b. Pratiques de communication : figures de la médiation. *Réseaux*, 1 (60): 99–120.
- 1993c. *Pratiques de communication et figures de la médiatisation: des médias de masse aux technologies de l'information et de la communication*. Sociologie de la communication. Beaud, P. et al. eds. Paris: CENT.

- 2000. Retour critique sur la sociologie des usages. *Réseaux*, 18 (100): 487-521.
- Le Marec, J. 2001. L'usage et ses modèles : quelques réflexions méthodologiques. *Spirales*, (28): 105-22.
- 2004. Usages : pratiques de recherche et théorie des pratiques. *Hermès*, (38): 141-47.
- Mallein, P. and Toussaint, Y. 1975. *La vie quotidienne*. Association internationale des sociologues de langue française eds. Pp: 153-61. Menton : Editions Anthropos.
- 1985. La vie quotidienne. In *La provocation. Hommes et machines en société*. CESTA eds. Pp: 153-61. Paris : CESTA.
- March, J. G. 1991. Exploration and exploitation in organizational learning. *Organization Science*, 2 (1): 71-87.
- Papon, P. 2001. *L'Europe de la science et de la technologie*. Grenoble : Presses Universitaires de Grenoble.
- Perriault, J. 1989. *La logique de l'usage. Essai sur les machines à communiquer*. Paris : Flammarion.
- Pine, B.J., and Gilmore, H. 1998. Welcome to the Experience Economy. *Harvard Business Review*. Pp. 97-105.
- Piriou, O. 2006. *La face cachée de la sociologie. A la découverte des sociologues praticiens*. Paris : Belin.
- 2008. Le nouveau tournant de la sociologie en France dans les années 2000. *Sociologies Pratiques*, (16): 123-30.
- Proulx, S. 2005. Penser les usages des technologies de l'information et de la communication aujourd'hui : enjeux – modèles – tendances. In *Enjeux et usages des TIC: aspects sociaux et culturels*. Lise Vieira and Nathalie Pinède eds. Pp. 7-20. Bordeaux: Presses Universitaires de Bordeaux.
- Redström, J. 2006. Towards user design? On the shift from object to user as the subject of desin. *Design Studies*, 27 (2): 123-39.
- Rogers, E. M. 1983. *Diffusion of Innovations*. 3rd edition. New York : Free Press.
- Scardigli, V. 1994. Déterminisme technique et appropriation culturelle: évolution du regard porté sur les technologies de l'information. *Technologies de l'information et société*, 6 (4): 299-314.
- Scardigli, V. 1995. Les technologies de l'information et de la communication changent-elles les structures de la vie en société ? In *Le paradigme informatique : Technologies et évolution social*. C. Freeman and Henri Mendras eds. Pp. 61-76. Paris : Editions Descartes et Cie.
- Silverstone, R. and Hirsch, E. eds. 1992. *Consuming Technologies. Media and Information in Domestic Spaces*. London and New York : Routledge.
- Stewart, J. and Claeys, L. 2009. Problems and opportunities of interdisciplinary work involving users in speculative research for innovation of novel ICT applications. In *The Good, the bad and the challenging. The user and the future of information and communication technologies*. Bartolomeo, S. et al. eds. Copenhague.
- Toussaint, Y. 1992a. Historique des usages de la télématique. In *Communication et lien social : usages des machines à communiquer*. Pierre Chambat eds. Paris : Editions Descartes.
- 1992b. La parole électrique. Du minitel aux nouvelles «machines à communiquer». *Esprit*, (186): 127-39.
- Uhalde, M. 2008. L'instrumentalisation de la sociologie en situation d'intervention : analyse critique d'une notion ordinaire. *Sociologies Pratiques*, (16): 95-113.
- Vaajakallio, K. and Mattelmäk, T. 2007. *Collaborative design exploration: envisioning future practices with make tools*. Proceedings of the 2007 conference on Designing pleasurable products and interfaces. Helsinki, Finland : ACM.
- Verchère, C. 2004. *Les entre-dits des je(ux). Significations et logiques de l'usage de substances psychoactives en lien avec le contexte festif techno : enjeux identitaires et Sociaux*. Université de Grenoble II.
- Veyrat, N. 2008. *Les usages dans la lunette : Co-concevoir des produits et des usages innovants*. INPG – Grenoble II.

Postface : Innover aujourd'hui et demain

Dans la plupart des travaux consacrés à l'innovation, la théorie l'emporte sur la pratique. Nous avons cherché ici à concilier les deux pour donner à cet ouvrage une visée opérationnelle. Ainsi, la théorie et l'expérience se conjuguent dans les conseils, les exemples et les témoignages que nous avons rassemblés. Ils s'inscrivent en complément des approches explorant les dimensions stratégiques du management de l'innovation. Ils viennent en support possible à des démarches plus récentes, telles que l'innovation ouverte ou l'innovation collaborative. Nous avons souhaité présenter quelques-uns des outils nécessaires à la mise en œuvre de l'approche par les usages, et surtout insister sur la nécessité de « mettre en musique » ces outils, de manière à ce qu'ils conduisent à l'intention première : « fabriquer de l'innovation ».

Tous les acteurs de l'innovation, quel que soit leur degré de connaissance et leur niveau de pratique, peuvent être stimulés par ce sujet. Ils peuvent véritablement mettre en œuvre des démarches d'innovation par les usages. Celles-ci prennent tout leur sens dans les situations de forte incertitude et permettent de réduire le risque d'échec des démarches d'innovations, de réduire le temps de mise sur le marché ou encore de rationaliser les moyens à affecter sur les projets. Elles incitent, avant de se lancer sur un marché, à mettre en place des expérimentations à petite échelle, dans une logique d'innovation accélérée et de démarche « à petits pas ». Le cumul d'expériences permet d'aborder la question du marché de manière dynamique : à l'image d'une stratégie « océan bleu », la structure du marché et ses frontières peuvent être redéfinies par l'action de l'entreprise.

L'innovation évolue elle-aussi dans sa proposition de valeur au fur et à mesure que la démarche avance. C'est ainsi que le développement d'une innovation gagnante peut prendre des années, avec des faux départs, des petits succès et des réajustements nécessaires découlant d'une meilleure connaissance possible de la réalité. D'ailleurs, cet effort d'innovation continue peut permettre aux expériences concluantes de s'étalonner et de se développer dans le temps à un niveau plus important. Les maîtres-mots sont ici expérience et capitalisation.

L'objectif de cet ouvrage est de prendre davantage en compte le facteur humain dans la démarche d'innovation, souvent confiante à l'égard du potentiel technologique (brevets, performance, nouveauté technologique, etc.) mais laissant de côté certaines dimensions jugées moins immédiatement nécessaires ou trop compliquées à saisir, comme les paramètres / caractéristiques du comportement humain dans une stratégie technologique et commerciale par exemple. Or, la technologie doit être autant interrogée sur sa capacité à s'adapter à la demande que sur ses performances (dans une logique dite « techno-push »). Le consommateur d'aujourd'hui, grâce aux moyens numériques à sa disposition, peut remonter dans la chaîne de valeurs (co-concevoir, influencer, paramétrer, fabriquer) : son acceptation d'un nouveau produit est motivée, certes par sa perception de la performance, mais surtout par l'impression d'une facilité d'usage, une frustration, un désir d'utilisation, etc. D'où l'importance de travailler en amont sur le sens de l'usage et « l'expérience utilisateur ». Certaines dimensions plus ciblées de l'individu ouvrent un champ très porteur pour l'innovation, comme les émotions et le sensoriel. Ces dimensions de l'individu n'étaient pas restées en sommeil jusqu'alors. Dans notre approche, ce sont les outils et la démarche mise en œuvre qui ont évolué. Les émotions et la sensorialité ne sont plus des données qui surgissent de façon périphérique dans le processus d'innovation, mais des dimensions sur lesquelles l'équipe d'innovation s'oriente. Il en va de même avec l'étude des paradoxes : des besoins contradictoires exprimés par un utilisateur ne sont plus considérés comme des points de blocage mais comme des opportunités pour innover.

Dans ce type de démarche, l'utilisateur a moins un rôle d'évaluateur que celui de contributeur. Cette posture est d'autant plus tenable qu'il est possible, plus rapidement et avec moins de moyens qu'avant, de passer de l'idée à sa réalisation grâce à des moyens de type « prototypage rapide ». Si, dans un premier temps, les matières et la finition n'étaient pas nécessairement au rendez-vous, les possibilités d'impression bi-matière et l'augmentation de la précision des imprimantes 3D en font aujourd'hui des outils incontournables. L'intérêt principal du prototypage rapide, de la même manière que celui de l'innovation ouverte ou collaborative, est l'implication toujours plus forte de l'utilisateur dans la démarche d'innovation. Renforcer le rôle de créateur d'un individu « extérieur » à l'équipe d'innovation, puis l'intégrer dans la dynamique d'innovation, revient en quelque sorte à faire de lui un des membres de l'équipe d'innovation. Il ne s'agit pourtant pas de questionner directement l'utilisateur sur ses souhaits d'innovation, ni même de lui donner « les clefs » du projet. Il s'agit plutôt de l'impliquer dans une démarche créative, soutenue par une équipe d'innovation convenablement outillée.

Enfin, l'humain en question n'est pas uniquement l'utilisateur final ou l'acheteur, loin s'en faut. Cette démarche est le fait d'une équipe d'innovation plutôt que d'un inventeur génial et isolé. De fait, nous ne saurions que trop insister sur le rôle central de la gestion du changement dans tout processus d'innovation. Les méthodes de gestion du changement dépassent le cadre de cet ouvrage mais il est déterminant que l'équipe en charge du développement prenne en considération ce domaine très en amont pour l'intégrer dans sa dynamique d'innovation.

Présentation des auteurs et contributeurs

PIERRE ALEX

Designer diplômé de l'ENSCI en 2007, **PIERRE ALEX** a travaillé deux ans à Tokyo avant de rejoindre le pôle design du groupe Ixiade en 2010. Il y exerce son métier de designer. Les articulations entre design, technologie et prise en compte du facteur humain sont au cœur de sa pratique du design.

EMMANUEL ANJEMBE

Au sein de l'UMR PACTE / CNRS de Grenoble, **EMMANUEL ANJEMBE** a travaillé sur le développement des nouvelles formes d'expertise liées à l'usage des technologies de l'information et de la communication. Après avoir collaboré à plusieurs projets de recherche industrielle en tant que spécialiste des problématiques d'usage des TICs, il est actuellement chef de projet associé dans un studio de design.

MIGUEL AUBOUY

Docteur en physique théorique, **MIGUEL AUBOUY** travaille actuellement au Commissariat à l'Énergie Atomique et aux Énergies Alternatives (CEA), MINATEC Campus, au sein du Laboratoire d'Électronique et de Technologies de l'Information (Léti). Il dirige un groupe dont l'objectif est de rendre plus innovante la R&D technologique du CEA (microélectronique, télécommunication, capteurs, gestion de l'énergie...) au service des entreprises industrielles. Son intérêt est de se positionner à la rencontre des défis stratégiques des partenaires industriels et des opportunités technologiques qu'offrent les micro et nanotechnologies. Il travaille depuis l'idée jusqu'au prototype industriel.

JEAN CAELEN

Ingénieur en informatique et fort de son expérience en sciences cognitives et en intelligence artificielle, **JEAN CAELEN** travaille sur l'interaction homme-machine multimodale (dialogue oral et gestuel), les objets communicants et l'intelligence ambiante (particulièrement dans le bâtiment intelligent). Il a été directeur de recherches au CNRS et directeur de laboratoire, de programmes scientifiques et d'instituts au cours de sa carrière de chercheur. Il est actuellement conseiller scientifique du groupe Ixiade.

CATHERINE CAYUELA

Économiste de formation, **CATHERINE CAYUELA** a dirigé Ad Valor, cabinet d'études d'usages et conseil en innovation et 1re société sous licence de savoir faire CAUTIC® pendant 10 ans. Dans ce cadre, elle a piloté plus d'une centaine de tests de concepts pour de grandes entreprises (Bouygues, Schneider Electric, Orange, André, Seb) ou des collectivités. Aujourd'hui, elle guide la création de start-up au sein de GRAIN (Grenoble Alpes INcubation), une structure d'accompagnement qui favorise la valorisation de technologies innovantes, liées à des laboratoires de recherche publique, par la création d'entreprises.

MICHEL DUBOIS

Professeur des Universités (Université Pierre Mendes France, Grenoble 2), **MICHEL DUBOIS** mène des activités d'enseignement et de recherche sur l'acceptabilité et l'utilisabilité des technologies, la psychologie du travail, la conception émotionnelle des produits et systèmes et l'approche des compétences en situation de travail.

ISABELLE FOURNIÉ

Après un parcours professionnel de près de 12 ans dans différentes sociétés, dans le domaine du marketing à international, **ISABELLE FOURNIÉ** dirige depuis 2000, la société Tell'us (groupe Ixiade) spécialisée dans le marketing de l'innovation. Elle partage depuis quelques années son expérience de terrain d'études, en France et à l'étranger, au travers de formations et d'accompagnement à l'écoute clients.

JONAS HOFFMANN

Docteur en marketing de l'innovation, **JONAS HOFFMANN** est professeur à SKEMA Business School et consultant chez Ixiade. Il est expert sur le thème des marchés émergents. Dans le cadre de son activité de consultant, il conseille des entreprises en France et à l'international. Il est aussi auteur de nombreuses publications sur le marketing et l'innovation et co-auteur des ouvrages « Les Business Models du Futur » (Pearson, 2012) et « Sustainable Innovation Strategy » (Palgrave, 2013).

DONGO RÉMI KOUABENAN

Professeur des Universités en psychologie du travail et des organisations (Université Pierre Mendès France, Grenoble 2), **DONGO RÉMI KOUABENAN** est en charge du master de psychologie du travail et du certificat d'études spécialisées en management psychologique des organisations. Il dirige également l'UFR Sciences de l'Homme et de la Société de l'Université de Grenoble.

PHILIPPE MALLEIN

Économiste et sociologue de formation, après de nombreuses expériences dans la recherche (CNRS, universités), **PHILIPPE MALLEIN** s'est fait connaître pour ses travaux de sociologie de l'usage, en grande partie synthétisés dans la méthode CAUTIC® (Conception Assistée par l'Usage pour les Technologies, l'Innovation et le Changement). Il a reçu pour cela le Cristal du CNRS en 1999. Il est actuellement conseiller scientifique du CEA-Léti et conseiller du MINATEC IDEAs Laboratory®.

LARA MARITON

Diplômée de l'École Nationale Supérieure de Création Industrielle (ENSCI – Les Ateliers, Paris) en 2001, **LARA MARITON** est designer. Elle a très vite intégré la question de l'usage dans ses travaux et à ce titre, elle a élaboré une méthodologie de conception de services innovants, centrés sur l'usager (« méthodologie de la cartographie renversée »). Elle a travaillé en tant que consultante « usage & design » en agences de communication, marketing pour Sidel et en stratégie marketing (TNS département quali-stratégie) avant d'appliquer sa méthodologie au domaine de la mobilité douce (pour l'Arene IDF, Association Voiture&co, Villes de Morsang-sur-Orge et Université de Nîmes), ou encore pour le CEA-Leti.

PASCAL PIZELLE

Ingénieur ESIEA, économiste ENSAM et coach certifié HEC, **PASCAL PIZELLE** s'est consacré pendant près de 20 ans au développement de nouveaux produits et services, au sein de grands groupes industriels (CEA, Schneider Electric). En 2005, il a créé Ixiade qu'il dirige actuellement. Il intervient auprès des entreprises dans l'accompagnement de leurs projets d'innovations. Il intervient en tant que professeur vacataire dans le domaine du marketing de l'innovation et de la sociologie des usages à l'université et en écoles d'ingénieur.

EMMANUEL RADO

Diplômé en design industriel de l'École Nationale Supérieure d'Architecture de Grenoble (ENSAG), **EMMANUEL RADO** exerce le métier de designer depuis 1999. Il a notamment travaillé pour des fabricants d'équipement de sport et d'outillage professionnel. Il a reçu de nombreuses reconnaissances comme, entre autres, l'Etoile de l'Observeur du Design (2011 et 2012), le Red Dot Design Award (2009 et 2013) et le Trophée du Design de Batimat (2009 et 2011). Depuis 2008, il est design manager au sein de l'agence Innosens Design Lab du groupe Ixiade.

NAOIL SBAI

Docteur en psychologie sociale et expérimentale, **NAOIL SBAI** est spécialisée dans le développement de méthodologies centrées « usage et émotion ». Au sein du groupe Ixiade depuis 2008, elle a accompagné et mis en œuvre divers projets d'innovation dans les domaines du sport, de l'habitat collectif et de l'énergie. Ses intérêts portent sur l'étude du lien entre émotions et désirabilité, ainsi que sur l'analyse des tendances sociétales et technologiques.

JULIEN SOLER

Docteur en sociologie, **JULIEN SOLER** s'intéresse aux thématiques du corps, de la santé et des nouvelles technologies. Depuis 2011, au sein du groupe Ixiade, il accompagne des projets d'innovation en combinant différentes disciplines : l'ethnographie pour l'exploration des pratiques, l'approche par les usages pour l'évaluation de l'acceptabilité d'une innovation et enfin l'ergonomie pour l'évaluation de l'utilisabilité des dispositifs innovants.

CHRISTINE THOMAS

Ingénieure ergonome de formation, après une carrière chez IBM, en France et aux États-Unis, **CHRISTINE THOMAS** a accompagné de nombreuses équipes ou porteurs de projets d'innovation en tant que consultante au sein du groupe Ixiade. Elle capitalise son expérience en créativité et dans l'élaboration de scénarios d'usage.

THOMAS VALLETTE

Docteur en génie industriel, **THOMAS VALETTE** est chef de projet « innovation centrée utilisateur ». Il développe ses travaux de recherche sur les processus d'innovation par les usages. Après avoir intégré l'équipe marketing – Recherche et Développement du groupe Stanley Works, Thomas Vallette a exploré aujourd'hui les pratiques et usages des espaces de vie(s), secteurs domestiques pour l'innovation au service des industries de l'ameublement, de l'agencement d'intérieur et de la construction bois au sein de l'Institut Technologique FCBA. Il est actuellement manager de projet d'innovation chez Stanley Black & Decker, Inc. Industrial & Automotive Repair Division.

CÉLINE VERCHÈRE

Docteur en sociologie, après un parcours en Sciences Politiques, **CÉLINE VERCHÈRE** travaille actuellement pour le Commissariat à l'Énergie Atomique et aux Énergies Alternatives (CEA) MINATEC Campus, au sein du Laboratoire d'Électronique et de Technologies de l'Information (Léti). Experte « Usages » pour le CEA, elle est aussi responsable opérationnelle du Programme Valorisation Usages de l'Institut de Recherche Technologique Nanoélec (IRT PVU), un des programmes d'investissement d'avenir lancé par la France en 2012. Depuis une dizaine d'années, elle a développé une expertise et une réflexion sur l'application de méthodologies issues des sciences humaines et sociales en milieu industriel dans le but d'accompagner les démarches de conception d'innovations technologiques. Elle s'intéresse particulièrement aux problématiques de l'interdisciplinarité et de modes de production de l'innovation technologique.

TABLE DES AUTEURS ET CONTRIBUTEURS PAR CHAPITRE

1. LES SIGNIFICATIONS DES USAGES
   Céline Verchère, Julien Soler
2. LE CONCEPT «ORIENTÉ USAGES»
   Pascal Pizelle, Jonas Hoffmann
3. LA MÉTHODE CAUTIC®
   Céline Verchère, Pascal Pizelle, Jonas Hoffmann
4. LA MÉTHODE DES 3 ÉPREUVES DE L'INNOVATION
   Miguel Aubouy, Céline Verchère
5. LE PASSAGE DE L'OBSERVATION CLEF À L'IDÉE CLEF
   Céline Verchère, Miguel Aubouy
6. LES PHASES D'EXPLORATION
   Pascal Pizelle, Julien Soler
7. USAGES ET ENTREPRENARIAT
   Témoignage de Catherine Cayuela
8. LA SCÉNARISATION DES USAGES
   Pascal Pizelle, Christine Thomas
9. LA CONSTRUCTION D'UN MODÈLE D'AFFAIRES «ORIENTÉ USAGES»
   Pascal Pizelle, Jonas Hoffmann
10. VALIDATION DE L'ACCEPTABILITÉ ENRICHIE PAR LES MÉTHODES KANO ET TRADE-OFF
    Jonas Hoffmann, Pascal Pizelle
11. LES ÉTUDES D'USAGES À L'INTERNATIONAL
    Témoignage d'Isabelle Fournié
12. RÉCIT D'UN PROJET D'INNOVATION PILOTÉ PAR LES USAGES
    Naoil Sbai, Julien Soler
13. BABIL : DESIGN MOI LES USAGES
    Emmanuel Rado, Pierre Alex
14. ORIENTER LE DESIGN PAR LES ÉTUDES D'USAGES
    Témoignage de Lara Mariton
15. UNE CARTE DES USAGES POUR BÂTIR DES STRATÉGIES DE DESIGN INNOVANTS
    Thomas Vallette
16. LA DÉMARCHE DE CONCEPTION PARTICIPATIVE
    Témoignage de Jean Caelen
17. OPEN INNOVATION ET APPROCHE PAR LES USAGES: QUELLES PROXIMITÉS?
    Jonas Hoffmann, Céline Verchère
18. L'INNOVATION SOUS LE COUP DE L'ÉMOTION
    Naoil Sbai, Michel Dubois, Dongo Rémi Kouabenan
19. INNOVATIONS, USAGES ET PARADOXES
    Témoignage de Philippe Mallein
20. UNE HISTOIRE DES USAGES
    Emmanuel Anjembe

Remerciements

Cet ouvrage est le fruit d'une amitié et d'une réflexion collective réunissant des praticiens de l'innovation et des chercheurs en sciences sociales. Nombreux sont ceux qui ont joué un rôle dans sa réalisation.

Nous tenons à remercier particulièrement Michel Dubois, Emmanuel Enjambe, Rémi Kouabenan, Naoil Sbai et Thomas Valette qui ont bien voulu, par l'écriture de certains chapitres, nous prêter main forte.

Merci aussi à Jean Caelen, Catherine Cayuela et Lara Mariton, qui nous ont fait partager leurs expériences et ont accepté d'apporter leurs témoignages, ainsi qu'aux membres de l'équipe d'Ixiade qui ont contribué à l'écriture de certains chapitres, et particulièrement merci à Pierre Alex, Emmanuel Rado, Julien Soler et Christine Thomas.

Merci aussi à toutes les personnes et organisations qui nous ont permis de collaborer à leurs projets d'innovations et, par là, de forger l'expérience que nous partageons dans cet ouvrage. En particulier, merci au Commissariat à l'énergie atomique et aux énergies alternatives (CEA) pour son soutien, à Romain Gassion et Bernard Cartoux, des plateaux d'innovation de Schneider Electric, pour leurs encouragements et les illustrations fournies sur certains exemples de projets.

La réalisation de cet ouvrage a été un long chemin sur lequel nous avons fait le choix de prendre en charge tous ses aspects, y compris son identité visuelle. Merci donc à Julien Notter qui, avec beaucoup de patience, en a réalisé la conception graphique, les illustrations et la mise en page ; merci à Michèle Andrieu qui nous a donné du temps en réalisant sa relecture, et enfin merci à Isabelle Fournié qui, outre son témoignage sur son expérience de l'écoute «clients» à l'international, a assuré avec cœur et efficacité la coordination entre les auteurs, les relectures, le suivi de la conception graphique et de son édition.

Enfin, nous ne pourrions pas terminer sans remercier spécialement Philippe Mallein sans qui ce projet ne serait pas né. En effet, sa contribution dépasse son témoignage dans cet ouvrage. Depuis les années 90, Philippe et ses travaux de recherche appliquée en sociologie de l'usage ont infusé et constitué, pour nous, une source d'énergie, d'inspiration et de renouvellement.

PHOTOS ET ILLUSTRATIONS

Les illustrations de cet ouvrage ont été réalisées, pour la plupart, par Notter+Vigne. Le reste des illustrations et les photographies nous a été fourni par les auteurs eux-mêmes, par Romain Gassion et Schneider Electric pour certaines photos et illustrations du chapitre 12, et par Fotolia. Les Editions d'Innovation s'excusent à l'avance pour toute erreur ou omission et sont disposées à les corriger dans les futures éditions de cet ouvrage.